Susanne Kleinhenz

Der Mann im weiblichen Jahrhundert

Susanne Kleinhenz

Der Mann im weiblichen Jahrhundert

Was Männer und Frauen voneinander lernen können

GABAL

Bibliografische Information der Deutschen Nationalbibliothek

Die Deutsche Nationalbibliothek verzeichnet diese Publikation in der Deutschen Nationalbibliografie; detaillierte bibliografische Daten sind im Internet über http://dnb.d-nb.de abrufbar.

Persönlichkeits-Mythenrad® und Senseability® sind eingetragene Markennamen, deren Rechte bei Susanne Kleinhenz liegen. Aus Gründen der Praktikabilität verwenden wir sie im Buch ohne Markenzeichen.

ISBN 978-3-89749-850-1

Lektorat: Susanne von Ahn, Hasloh
Illustrationen: Sabine Mrasek-Stübner, Köln
Umschlaggestaltung: Koemmet Agentur für Kommunikation, Wuppertal
Umschlagfoto: Getty Images / Darren Robb
Satz und Layout: Das Herstellungsbüro, Hamburg | www.buch-herstellungsbuero.de
Druck und Bindung: Salzland Druck, Staßfurt

www.gabal-verlag.de
Abonnieren Sie den GABAL-Newsletter unter:
newsletter@gabal-verlag.de

Inhaltsverzeichnis

Vorwort

»Die größte Revolution des Jahrhunderts ist die veränderte Stellung der Frau in der Gesellschaft.« Dieser Satz, der in einem aktuellen Trendbuch stehen könnte, stammt in Wahrheit von Theodor Heuss, dem ersten deutschen Bundespräsidenten. Er sprach ihn Ende der 1950er-Jahre. Was vor Jahrzehnten begann, beschleunigte sich in jüngster Zeit und schickt sich an, die Welt zu verändern. Der Anteil der Frauen in den Parlamenten der Erde steigt. Der Anteil der Professorinnen steigt. Der Anteil der weiblichen Führungskräfte in Politik und Wirtschaft steigt. Der Anteil akademisch gebildeter Frauen steigt. Und wer macht die besseren Abschlüsse in Schule und Hochschule? Die Mädels. An der Universität Oxford hat ein Forscherteam ermittelt, dass die Siegerzeiten im 100-Meter-Lauf bei den Frauen rasanter steigen als bei den Männern. Schriebe man die Entwicklung fort, wird dereinst eine Frau die 100 Meter schneller laufen als der schnellste Mann. Tröstlich für die Männer ist, dass sie dies erst bei der Olympiade des Jahres 2156 erleben werden.

Es deutet viel darauf hin, dass die Frauen der Zukunft mit den geeigneteren Fähigkeiten begegnen können. Sie nehmen mehr wahr, denken komplexer und entscheiden intuitiver. Das Resultat der großen Trends und Technologien, die die Lebenswelt der Zukunft prägen werden, lässt sich auf einen einfachen Begriff reduzieren: Komplexität. Heute schon groß, nimmt sie weiter zu, und so werden wir immer häufiger überrascht. Die notorisch weibliche Intuition, welche die Männer in Seminaren und Coachings erst mühsam wieder entdecken und zulassen, ist sozusagen »best practice« im Umgang mit Komplexität. Einfache Lösungen, nicht selten in Gestalt der so gut wie immer von Männern ausgehenden Gewalt und des Krieges, wirken nie so wie gedacht. Die letzten Jahre Weltpolitik zeugen wieder einmal davon. Eine weiblicher regierte Welt wäre eine Welt mit weniger Gewalt und Zerstörung, wissen die Soziologen und Psychologen. So ist es ein hoffnungsvolles Signal für eine friedlichere Zukunft, wenn man gerade in Afrika, in Asien und im Nahen Osten beobachtet, wie immer mehr Frauen die Wartezeit auf ihren Flug ganz selbstverständlich mit ihren Laptops überbrücken.

Susanne Kleinhenz hat recht mit dem Titel ihres ersten Buches *Das 21. Jahrhundert ist weiblich.* Meine Frau Claudia wollte dieses Werk kaum aus der Hand legen. So fasziniert war sie – wie die vielen anderen Leser, denen wir das Buch empfahlen. Fasziniert hat die präzise Systematik und die unterhaltsam geschriebene, inspirierende und gleichermaßen erhellende Gedankenwelt.

In diesem Buch, *Der Mann im weiblichen Jahrhundert,* geht Susanne Kleinhenz noch einen Schritt weiter. Sie finden brillante und erstaunlich entlarvende Analysen der männlichen Psyche, die in einer patriarchischen Entwicklungsgeschichte der Menschheit entstand und nun binnen weniger Jahrzehnte mehr hinzulernen muss als in den vielen tausend Jahren zuvor.

Warum schreibt ein Mann das Vorwort zu diesem Buch? Erstens, weil es ein Buch auch für Männer ist. Und zweitens, weil es in der weiblichen Zukunft nicht um den Sieg der Frauen und die Niederlage der Männer geht. Susanne Kleinhenz stellt dar, wie Sieg und Niederlage so wie auch erbitterte Konkurrenz zwischen den beiden Geschlechtsseiten des Menschen einer archaischen Denkweise entstammen, die nicht mehr in die Zukunft passt. Es geht ihr in diesem Buch darum, die Grundzüge eines neu zu gestaltenden Zusammenlebens zu zeichnen, in dem Frauen und Männer ihre jeweils weibliche und männliche Seite besser erkennen und bewusster leben.

Mit den vielen Streitschriften für die Stärkung der Frauen hat dieses Buch wenig gemein. Mit einer sanften Weisheit, wie sie wohl (noch) vor allem eine Frau haben kann, hält Susanne Kleinheinz ein versöhnliches und zugleich erhellendes Plädoyer, das zu lesen ich sehr genossen habe.

Jungs, es wird anders, aber besser!

Dr. Pero Mićić, Mai 2008

Einleitung:
Was kommt nach dem Patriarchat?

Als ich mit dem Buch *Das 21. Jahrhundert ist weiblich* an die Öffentlichkeit gegangen bin, wurde ich häufig gefragt: »Warum, Susanne, sollte das 21. Jahrhundert weiblich sein?« Dafür gibt es verschiedene Begründungen, aber nur eine emotionale Antwort: »Weil es Zeit ist.« Diese Welt war lange genug männlich – und es muss sich etwas ändern, wenn es besser werden soll. Das Denken, Fühlen und Handeln muss weiblicher werden, damit die Welt sich wieder ausbalancieren kann. Die Menschen beuten seit Jahrtausenden die Erde aus, sie beuten die Frauen wie die Männer aus, und sie merken nicht, dass sie sich selbst ausbeuten. Fritjof Capra schreibt in *Wendezeit*: *»Die Ausbeutung der Natur ging Hand in Hand mit der der Frauen, die in allen Zeitaltern mit der Natur identifiziert wurden.«* (Capra, S. 38) Die Menschen haben bis heute nicht wirklich begriffen, dass alles mit allem zusammenhängt. Exoterisch auf die Welt zu blicken, also zu glauben, wir seien nicht Teil eines größeren Ganzen, sondern stünden außerhalb und oberhalb der Natur, ist eine männliche Denkweise. Auf diesem männlichen Verständnis der Welt gründet die jahrtausendealte Ausplünderung der Natur. Dabei ist es ganz egal, ob ein Mann oder eine Frau männlich denkt und handelt. Es geht im Grunde nicht um Männer oder Frauen – es geht um männliche und weibliche Verhaltens-, Denk- und Handlungsweisen.

Wie sehr sich diese Welt nach authentischer Weichheit sehnt, offenbart der US-Wahlkampf 2008, in dem eine Hillary Clinton, nachdem sie sich weich und verletzlich gezeigt hat, an Stimmen gewinnt und immer dann, wenn sie ihre männliche, harte Seite zur Schau stellt, Stimmen einbüßt. Ihr Gegenkandidat Barak Obama ist nicht deswegen eine große Konkurrenz für sie, weil er männlich und draufgängerisch auftritt, sondern weil er so empathisch, smart und weich wirkt.

Das Leben in einer Zwischenzeit

Wir leben in einer Zwischenzeit. Fritjof Capra schreibt in seinem Jahrhundertwerk *Wendezeit:*

> *»Die Umwälzung, in der wir uns heute befinden, könnte weitaus dramatischer werden als alle vorangegangenen, weil das Tempo des Wandels heute schneller ist als je zuvor, weil die Veränderungen heute umfassender ausfallen und den ganzen Erdball betreffen und weil mehrere größere Umwälzungen zeitlich zusammenfallen.*
>
> *Der Niedergang des Patriarchats, das Ende des Zeitalters der fossilen Brennstoffe und der Paradigmenwechsel, der jetzt in der Abenddämmerung der auf Sinnwahrnehmung bauenden Kultur stattfindet, tragen zum gleichen globalen Prozess bei. Deshalb ist unsere heutige Krise nicht einfach eine Krise der Individuen, Regierungen oder gesellschaftlichen Institutionen; es handelt sich vielmehr um einen Übergang von weltweiten Dimensionen, eine Wendezeit für Individuen, für unsere Gesellschaft und Zivilisation und für das planetare Ökosystem.«*
>
> Capra, S. 25

Das Patriarchat geht seinem Ende entgegen, aber es ist noch präsent. Und wie immer, wenn sich etwas verändert, gibt es Kräfte, die sich gegen den Wandel stemmen und das Neue bekämpfen. Das Neue, das sind die Frauen, die ganz selbstverständlich ins Berufsleben und in die Chefetagen einziehen. Die Bildungswilligkeit der Frauen wächst gegenläufig zu ihrer Bindungswilligkeit. Die Bildungsfreude der Männer geht eher zurück, was Studien belegen.

Frauen bekommen mehr und mehr Lust an der Macht und sie bekommen nie dagewesene Chancen, sie zu erlangen. In einer Zeit des Wandels, in einer Wissens- und Dienstleistungsgesellschaft, in der die weibliche Kommunikationsfähigkeit gefragt ist und die politischen Entwicklungen den Frauen recht geben, etablieren Frauen sich in immer mehr Berufen und machen den Männern ihre Rolle streitig. Es ist schon ganz selbstverständlich, dass eine Frau einen Beruf ausübt, dass sie auch Karriere macht, daran gewöhnen wir uns gerade, aber es ist noch nicht normal, dass der Mann zu Hause bleibt und das Kind erzieht. Wir leben in einer Zeit des Übergangs. Die Männer hatten lange das alleinige Sagen in der Politik und im Wirtschaftsleben – und nun verlieren sie ihre Alleinstellung. Und das ist gut so, für Männer und für Frauen. Denn das Sagen sollten in Zukunft diejenigen haben, die uns alle in eine ausgeglichenere Welt führen können. Das sind vor allem sozial und emotional kompetente und spirituell entwickelte Menschen – Frauen wie Männer. Es geht um Entwicklung, sozial, gesellschaftlich und geistig und damit um das männliche und das weibliche Prinzip der Weltverfassung – weniger um Männer oder Frauen.

Letztes Aufflackern männlichen Heroismus

Den letzten heldenhaften Auftritt von Männlichkeit konnten wir am 11. September 2001 erleben, als selbstlose und wirklich mutige Feuerwehrmänner im Steinhagel und Ascheregen der zusammenstürzenden Zwillingstürme ihr Leben einsetzten, um die Opfer des wohl brutalsten Terroranschlags der Welt zu retten. Dieses mutige Handeln wäre aber gar nicht notwendig gewesen in einer weiblicheren Welt – denn Terror ist männlich. Weibliches, integrierendes Fühlen und Tun würde Technik und Fortschritt nicht dazu verwenden, anderen zu schaden. Nicht aus Altruismus – nur aus dem sicheren Bewusstsein heraus, dass alles mit allem zusammenhängt und jeder Schmerz, den jemand einem anderen zufügt, zum Verursacher zurückfinden wird. Diese Art des Denkens ist weiblich.

Heute gilt noch das männliche Prinzip »der Stärkere schlägt den Schwächeren«. Wir erleben aber auch, dass sich dieses Prinzip immer mehr verliert. Der körperlich Überlegene ist in Zukunft nicht mehr der Stärkere. Kann der männliche Held vielleicht im Moment der Gewalt den Betroffenen helfen – so kann das weibliche Fühlen und Denken den Terror an sich verhindern. Nur wer begriffen hat, dass er mit dem anderen verbunden ist, weiß, dass Gewalt sich am Ende auch gegen ihn selbst richtet. Politisch, beruflich und privat.

Männlichkeit und Weiblichkeit in neuem Licht

Damit diese Welt besser wird, dürfen nicht männliche Frauen an die Macht kommen, sondern es müssen sowohl Männer als auch Frauen ihre weibliche Seite entdecken oder wiederentdecken. Wenn eine Frau ihre Weiblichkeit lebt, kann der Mann in ihrer Nähe ganz und gar männlich sein, ist die Frau zu männlich, verdrängt sie ihn von seinem Platz: Unzufriedenheit und Frust auf beiden Seiten sind die Folge. Erkennt der Mann seine männliche Seite und kann zu ihr stehen, fällt es ihm leichter, auch seine weiblichen Anteile zu entdecken und zu leben. Männlichkeit (Animus) und Weiblichkeit (Anima) sind zwei Seiten derselben Medaille: Mensch zu sein. Da die letzten Jahrhunderte männlich geprägt waren und Frauen adaptive Wesen sind, haben sie es sehr gut gelernt, ihre männliche Seite auf Kosten ihrer Weiblichkeit weiterzuentwickeln. Das hat ihnen große Vorteile gebracht, sie aber auch so manchen Preis gekostet. In einer männlichen Welt ist es sehr wohl erlaubt und anerkannt, dass sich eine Frau männlich zeigt. Sie verliert dadurch keineswegs an Charme und Sex-Appeal, wie uns Marlene Dietrich schon in den 1940er-Jahren bewies. Frauen in Hosenanzügen sind schon lange akzeptiert, Männer in Röcken werden schräg angesehen. Das Männliche war und ist gesellschaftlich beherrschend – jetzt aber ändert sich die Welt.

Wandelgeberin und Wandelnehmer

Es sind die Frauen, die den Wandel einleiten, und es sind die Männer, die mit einer Veränderung leben müssen, die sie so bewusst nicht initiiert haben. Das gibt zunächst Verwirrung, Ablehnung und Kämpfe, beruflich wie privat. Männer sind es nicht gewohnt, sich anpassen zu müssen, sie sind nicht daran gewöhnt, dass weibliche Fähigkeiten gefragt sind, obwohl sie sehr wohl darüber verfügen. Wir sind konfrontiert mit einem sterbenden Bild von traditioneller Männlichkeit und Weiblichkeit. Ein neues

Selbstbild von Männern und Frauen hat sich noch nicht etabliert, aber es wächst, es bildet sich und gestaltet sich aus. Das ist zum einen spannend, zum anderen irritierend. Wie gehen wir miteinander um? Viele Männer nehmen mittlerweile Erziehungsurlaub und ihre Frauen gehen arbeiten, aber was müssen sich diese Männer alles anhören – und zwar von ihren Geschlechtsgenossen: Warmduscher und Kinderversorger sind da noch die harmloseren Schimpfworte. Die Vorgesetzten der Zukunft werden immer häufiger weiblich sein, und Männer werden mehr Erfolg haben, wenn sie sich in einer Zeit, in der eine große Sehnsucht nach Harmonie und Nähe besteht, ganzheitliches Denken aneignen. Diese Fähigkeit, die Welt ganzheitlich mit allen Sinnen wahrzunehmen, nenne ich *Senseability*. Sie ist eine weibliche Tugend.

Frauen so weiblich, Männer so männlich

Wäre es nicht wunderbar, wenn zukünftig die Geschlechter wieder zurückfinden würden in ihre kraftvollen archaischen Geschlechterrollen und Männer ganz und gar männlich wären und Frauen unbeschreiblich weiblich – und das absolut nichts mit ihren Rollen im Beruf zu tun hätte?

Wenn es ganz normal wäre, dass sich Frauen und Männer im Business auf der Sachebene als Geschäftspartner, Konkurrenten oder Vorgesetzte begegneten und auf der persönlichen Ebene einfach nur Männer und Frauen wären, mit einem höheren Verständnis dafür, was den anderen antreibt? Sie könnten wirklich partnerschaftlich miteinander umgehen, weil sie das Männliche und das Weibliche gleichsam schätzten und mit Achtung behandelten. Der Mann, der aufhört, seine weiblichen Anteile (Anima) zu bekämpfen, kann den Frauen genauso offen und vorbehaltlos begegnen wie die Frau, die ihre weiblichen und männlichen Aspekte integriert hat, den Männern. Es geht heute vor allem um die Integration der Anima bei Frauen wie bei Männern. Blicken wir auf die Entwicklung von Frauen und Männern, so stellen wir fest, dass, geprägt von der patriarchalischen Welt, in der wir leben, die Frauen ihre männlichen Anteile (Animus) weit häufiger integriert haben als umgekehrt die Männer ihre Weiblichkeit, gerade Frauen aber sehr oft ihre Anima zu Gunsten ihrer Karriere verleugnet haben.

Erst wenn die Verachtung für das andere Geschlecht schwindet und auch die Frauen wieder mehr zu ihrer Weiblichkeit zurückfinden, können die Geschlechter den kleinen Unterschied besser genießen. Erst dann tritt Wertschätzung ein, in einer Welt der beruflichen Gleichberechtigung und der klaren Rollenverteilung in den Schlafzimmern. Die Männer würden die Frauen wertschätzen für ihre neue Weiblichkeit und die Frauen die Männer für ihre Männlichkeit.

Frauen sehnen sich nach Männern und Männer nach Frauen. Sie brauchen einander genauso, um sich zu streiten wie um eine gemeinsame Zukunft aufzubauen: eine individuelle, private Zukunft und eine Zukunft in der gemeinsamen beruflichen Welt.

Rollenbilder in Mythen und Geschichten

Dieses Buch will Lösungsansätze für Männer wie für Frauen zeigen, damit sie sich schneller und geschmeidiger mit den anstehenden Veränderungen der Geschlechterrollen anfreunden und den Wandel leben und gestalten können. Nachdem in *Das 21. Jahrhundert ist weiblich* die weiblichen Archetypen behandelt wurden, geht es hier um die männlichen Pendants dazu – die Helden aus der griechischen Mythologie – und darum, was Männer und Frauen voneinander lernen können, um eine moderne Zukunft mit einem neuen Rollenverständnis zu formen. Erst wenn wir mit den Beziehungsmythen in unseren Köpfen aufräumen, haben Männer wie Frauen die Chance auf eine ehrliche und gleichberechtigte Partnerschaft. Entwicklung entsteht immer nur durch Beziehung. Wir begegnen uns, beruflich oder privat, und wir sind voneinander angezogen oder abgestoßen oder gelangweilt. Noch glauben die meisten, das hätte ausschließlich mit dem anderen zu tun. Dass dem nicht so ist und Menschen immer nur sich selbst begegnen, das soll dieses Buch anhand vieler Geschichten aus Mythologie und Historie deutlich machen. Es soll helfen, kraftvolles männliches und weibliches Handeln für sich zu erkunden und sich dieses Wissen zu Nutze zu machen. Es beschreibt die Weisheit, aber auch die Fehler vieler mutiger Menschen, die diese Heldenreise bereits erlebt haben. So können wir heute von Mythen und Metaphern über alte und neue Männer auf der Suche nach dem Leben schmunzelnd lernen.

1. Adams Erbe: Der Mann zwischen der starken und der schwachen Frau

Lilith und Eva

In der hebräischen Urfassung der Bibel ist Adams erste Frau Lilith. Erst nachdem er sie, weil sie ihm zu dominant ist, von Gott aus dem Paradies hat vertreiben lassen, bekommt er die sanfte Eva. Männer sind seitdem hin- und hergerissen zwischen diesen Frauentypen: der starken, ebenbürtigen Lilith und der sanften und unterwürfigen Eva. Im Paradies entscheidet Adam sich für die Unterwürfige. Es folgen der Sündenfall und die Vertreibung aus dem Garten Eden mit all den Konsequenzen, die wir bis heute kennen und Tag für Tag erleben. Welche Bedeutung hat Lilith für Adams Geschlecht? Nachdem er die Starke aus seinem Leben verbannt hat, bekommt er eine Sanfte, die er durch jahrtausendelange Unterdrückung – sei sie brutal oder subtil – in seiner Abhängigkeit hält. Viele Männer genießen den Umgang mit dem »schwachen Geschlecht«, von dem sie sich unbemerkt zwar ein wenig leiten lassen, dem sie aber in der Öffentlichkeit wenig Macht und Einfluss zutrauen und zubilligen. Manchen wird es dabei langweilig und viele fühlen sich überfordert von der Last, die ganze Verantwortung alleine tragen zu müssen. Vielleicht nehmen sich auch deshalb etwa fünfmal so viele Männer das Leben, wie dies Frauen tun.

Standen die Liliths in der Vergangenheit, wie die Amazonen im Olymp, immer ein wenig am Rande der gesellschaftlichen An-

Die Liliths erobern sich das Paradies zurück

erkennung, so rücken sie jetzt in den Mittelpunkt. Sie sind zurückgekommen, und keiner kann das heute mehr leugnen. Heerscharen ehrgeiziger, kampflustiger und bestens ausgebildeter Frauen stehen bereit, die künftigen Chefetagen zu erobern und diesem Wirtschaftsleben einen weiblichen Anstrich zu geben. Das bedeutet Veränderung im beruflichen wie im privaten Umgang miteinander. Das Rollenverständnis muss neu definiert werden, damit Männer ganz männlich und Frauen ganz weiblich Beruf und Privatleben auf gewinn- und lustbringende Art und Weise neu erleben können. Die Männer sind den Umgang mit den modernen Liliths noch nicht richtig gewohnt, ob sie nun in Gestalt kämpferischer Amazonen oder raffinierter Circen auftreten. Aber irgendwie fand »Mann« sie ja schon immer aufregend, und so mancher Adam hat es bereut, dass sie gegangen ist, diese starke, unabhängige Frau, die ihm ebenbürtig war und die er erst besiegen musste, ehe sie sich seine Zärtlichkeiten gefallen ließ. Solch eine Frau muss er anders erobern. Sie will ihn als Mann, sie sieht ihn und nur ihn, nicht seine Rolle als Versorger und Vater ihrer Kinder. Es ist anders, solch eine Frau zu lieben und von ihr geliebt zu werden. Und es ist es ungewohnter, diesen Frauen tagtäglich im Business zu begegnen und sich mit ihnen um Finanzierungspläne, Marketingbudgets und Ressortzuteilungen zu streiten. Es ist anders als mit einem Mann. Männer sind verunsichert, weil sie andere Spielregeln kennen aus dem männlich sozialisierten Geschäftsleben. Erscheint hier eine Frau auf der Bildfläche, gerät erst einmal alles in Verwirrung.

Das Fehlen des Kinderwunsches schafft ein drittes Geschlecht

Was die Lilith-Frau für einen Mann so anziehend, aber auch so gefährlich macht, ist die Tatsache, dass sie ihm auf der einen Seite ähnelt, auf der anderen Seite aber eben doch eine Frau ist. Zumindest sieht sie wie eine aus. In einem Punkt allerdings ist sie komplett anders als andere Frauen. Ja, es scheint so, als würde ihr eine ganz typische weibliche Eigenschaft fehlen: der Kinderwunsch. Ob es ein Gen ist, das manche Frauen sich so sehr nach einem Kind sehnen lässt, wissen wir nicht. Auf jeden Fall gibt es immer mehr Frauen, die diesen Wunsch nicht mehr verspüren. Immer mehr Frauen fühlen sich durchaus als vollständiger Mensch, ohne sich zu reproduzieren. Man könnte sagen, dieser

Frauentyp gehört einem dritten Geschlecht an. Sie sieht aus wie eine Frau, aber dadurch, dass sie sich keine Kinder wünscht, ist es ihr in den letzten Jahrzehnten gelungen, sich männliches Denken, Verhalten und männliche Zielstrebigkeit anzueignen. Diese Eigenschaften, gepaart mit weiblicher Intuition und Fühlkraft, bringen sie nach vorne. Sie machen sie interessant, unabhängig und gefährlich.

Frauen, die sich erst gar keine Kinder wünschen, haben alle in der heutigen Berufswelt gefragten Fähigkeiten und nicht einen Nachteil. Es ist in Deutschland eben nach wie vor schwierig, wenn auch nicht unmöglich, eine Karriere mit einer kinderreichen Familie harmonisch in Einklang zu bringen. Frauen, die dies tapfer versuchen, haben häufig ein schlechtes Gewissen. Sie fühlen sich entweder als schlechte Mutter oder sie haben das Gefühl, ihren beruflichen Anforderungen nicht gerecht zu werden. Weil ihre biologische Uhr tickt, entscheiden sie sich meist für das Kind und nehmen den Karriereknick in Kauf. Die Natur ist stärker als der Wille. Anders bei Angehörigen dieses dritten Geschlechts: Hier tickt nichts, keine Melancholie schleicht sich ein angesichts eines Kinderwagens, keine Sehnsucht beim Blick auf den Schwangerschaftsbauch einer anderen Frau – nichts! Männlich eben – und doch weiblich!

So strebt diese moderne Amazone ganz natürlich und ohne irgendetwas zu vermissen nach allem, was bisher den Männern vorbehalten war.

Männer und Frauen, die sich Kinder wünschen, glauben häufig nicht an die Existenz eines dritten Geschlechts und versuchen erfolgreichen, alleinstehenden Frauen einzureden, sie würden vor irgendetwas davonlaufen. Wovor sollten sie weglaufen? Vor einem nicht vorhandenen Wunsch? Vor einer nie gespürten Sehnsucht? Warum? Sie laufen schon – und das sehr schnell, ungebremst von Sentimentalität und romantischen Verklärungen –, aber nicht davon, sondern direkt auf ihr Ziel zu. Nämlich genau auf den Posten, den früher der selbstbewusste Macho bekommen hätte.

Siegfried zwischen Brunhilde und Kriemhild

Die archetypischen Frauengestalten Lilith und Eva begegnen uns in unterschiedlicher Weise immer wieder in der Kulturgeschichte. Als Mann zwischen diesen Frauentypen steht auch Siegfried, der Drachentöter, in der romantischen Wagnerfassung des Nibelungenliedes. Siegfried, ein wahrer Held auf der Suche nach seiner Aufgabe im Leben, tötet den Drachen, in dessen Blut er badet und das ihn unverwundbar macht. Wäre da nicht das Lindenblatt, das ihm auf die Schulter fällt und diese eine kleine Stelle hinterlässt, an der der Unbesiegbare eben doch besiegbar ist. Dann ist da Brunhilde, die starke und stolze Walküre. Lange bevor Siegfried Kriemhild begegnet und sie heiratet, führt ihn sein Schicksal genau zu jener starken, ihm ebenbürtigen Frau. Nur er, der genauso stark ist wie sie, ist in der Lage, ihre Liebe zu erlangen. Niemals wird sie sich einem schwächeren Mann hingeben. Die beiden lieben sich, gleichberechtigt, stark, leidenschaftlich und wild.

Dann wird Siegfried als König seines eigenen Reiches nach Worms gerufen an den Hof des Burgunderkönigs Gunter, der ebenfalls von Brunhilde gehört hat und fasziniert ist von dieser starken Frau mit dem eigenen Königreich in Island. Er will sie heiraten – weniger ihrer selbst als ihrer Macht wegen. Seine Schwester, die sanfte Kriemhild, sieht Siegfried, den Drachentöter, und will ihn haben – der Prinzessinnentraum schlechthin. Die schwache Frau wünscht sich, von einem starken Mann beschützt zu werden. Gunter will Brunhilde, Kriemhild will Siegfried. Was liegt näher, als Hagen, den finsteren Tunichtgut und beider Halbbruder, zu bitten, einen Trunk zu mischen, der Siegfried das Gedächtnis löscht und ihn die geliebte Brunhilde vergessen lässt. So benebelt und seiner Sinne beraubt, verliebt er sich in Kriemhild und verspricht deren Bruder Gunter, Brunhilde für ihn zu erobern. Also begibt er sich mit Gunter auf die Reise nach Island, in Brunhildes Reich. Brunhilde sieht den Geliebten nun als Gefolgsmann Gunters und ihr Stolz und die Verzweiflung über den Verrat, den sie wittert, lässt sie schweigen, als Siegfried sie nicht erkennt.

Derjenige, der sie ehelichen darf, muss sie in drei Disziplinen schlagen: Speerwurf, Steinschleudern und Weitsprung. Siegfried besiegt sie mit Hilfe einer Tarnkappe in der Gestalt Gunters in allen Disziplinen. Brunhilde, geschlagen, betrogen und verwirrt, ehelicht Gunter und kehrt mit ihm zurück an den Niederrhein. Dort muss sie erleben, wie ihr Siegfried ein schwaches Weib wie Kriemhild seine Frau nennt, und lässt ihre Wut darüber an Gunter aus. Sie fesselt ihn mit ihrer Kraft, die ihr ein Gürtel verleiht, in der Hochzeitsnacht kurzerhand an den Bettpfosten. Schon wieder muss Siegfried seinem Schwager Gunter helfen. Und so macht er sie ein zweites Mal mit Hilfe seiner Tarnkappe und seiner Kraft für Gunter gefügig, der sie in jener Nacht so unverdient nehmen kann.

An einem der folgenden Tage kommt es zum Zusammentreffen der beiden Frauen Kriemhild und Brunhilde – sie streiten darum, wer den höheren Rang bekleidet. Die Ranghöhere darf die Kirche zuerst betreten. Kriemhild will als Königin zuerst eintreten und Brunhilde, die immer noch glaubt, Siegfried gehöre ins Gefolge Gunters, macht ihr den Rang streitig. Daraufhin verrät Kriemhild aus verletztem Stolz und dummer Wut alles und schleudert Brunhilde entgegen, dass ihr Ehemann Siegfried sie besiegt habe, sowohl in Island als auch in jener Nacht. Zum Beweis dafür zeigt sie Brunhilde ihren Gürtel, den ihr Siegfried abgenommen hat. Brunhilde bleibt tief gekränkt zurück. Kriemhild merkt, dass dieses Handeln nicht klug war – aber das Unglück nimmt seinen Lauf. Gunter beauftragt Hagen, den treuen Freund und Schwager zu meucheln, und Kriemhild verrät ihren Mann ein zweites Mal, indem sie dem Mörder aus Angst um Siegfried mit der Bitte, auf ihn zu achten, den verwundbaren Punkt an der Schulter nennt. Damit er ihn auch nicht verfehlen kann, stickt sie noch ein Kreuz an diese Stelle. Am nächsten Tag tötet Hagen Siegfried bei der Jagd aus dem Hinterhalt, indem er ihm von hinten den Speer durch die Schulter stößt. In der Todessekunde erlangt Siegfried sein Gedächtnis wieder und denkt an Brunhilde, die in diesem Moment spürt, dass ihr Geliebter gefallen ist. Wo Kriemhild schreit und tobt, handelt Brunhilde, indem sie bei der Totenfeier des einzig geliebten und ihr gleichberechtigten Menschen das auf dem Rhein schwimmende Totenlager Siegfrieds anzündet und sich in sein Schwert stürzt, um zumindest im Tod mit dem Geliebten vereint zu sein.

Als alles brennt, könnte ein neues Zeitalter beginnen, aber nichts wird besser. Weder bei Wagner noch in der Originalfassung gibt es ein Happy End. Nachdem Kriemhild in ihrer Rachsucht sowohl ihren Bruder Gunter als auch den bösen Hagen geköpft hat, ersticht sie der Kerkermeister aus Treue zu Hagen. Am Ende sind alle tot, niedergemetzelt oder von eigener Hand aus dem Leben geschieden. Männliches Handeln zeigt sich hier, archaisch, testosterongesteuert und wenig klug, Handeln aus blinder Wut.

Die Starken dürfen nicht zueinanderfinden

Wie bei Adam und Lilith kommen auch hier diejenigen, die einander gleichen, nicht zusammen, sei es, weil ein schwaches wie intrigantes Weib einem wahren Helden den Geist vergiftet und ihn von seiner Bestimmung abkommen lässt oder weil die Politik einen Mann dazu bringt, nicht seinem Herzen zu folgen. Nicht vorstellbar, wenn sie sich bekommen hätten: Brunhilde und Siegfried, die starke Walküre und der nahezu unbesiegbare Drachentöter. Zu viel Macht mit Stärke gepaart macht der Umwelt Angst, und so sorgen die Schwächeren dafür, dass sie nicht zueinanderfinden. Der Stoff aus dem Heldenmärchen sind – und manchmal auch die Wirklichkeit.

Anders als Adam ist Siegfried wirklich ein Held. Während Adam sich nicht zutraut, eine ebenbürtige und starke Frau zu erobern, gelingt es Siegfried. Allerdings verliert er das Wissen darum. Anders als Brunhilde ahnt er nicht, dass hier etwas nicht stimmt. Es fehlt ihm das tiefe Gefühl für sich selbst und für das, was um ihn herum wirklich geschieht. Erst in seiner Todesstunde kommt ihm die Erleuchtung, welche Frau für ihn bestimmt war und wie er betrogen wurde – absichtlich von dem Freund und unbeabsichtigt von der eigenen Ehefrau. Dieses Siegfried-Syndrom können Männer umgehen, indem sie sich mehr auf das Innen als auf das Außen fokussieren. Wer lernt, Verbindung zu seiner Umwelt aufzunehmen und intuitiv zu erspüren, was richtig und was falsch ist, lebt wahrhaftiger und glücklicher als derjenige, der einem falschen Selbstbild hinterherjagt und den falschen Menschen vertraut.

Warum fühlen sich Männer hin- und hergerissen zwischen den ihnen verwandten starken Frauen und denen, die sie beschützen und versorgen müssen und wollen? Ein Großteil der Männer heiratet immer noch lieber die moderne Kriemhild und verleugnet die Liebe zu der ebenbürtigen Brunhilde, die fast jeder Mann irgendwann in seinem Leben trifft. Sie ist in der Schul- oder Studienzeit seine größte Rivalin oder Mitstreiterin und häufig im Berufsleben die Kollegin. Irgendwann findet dann die Spannung zwischen beiden nach vielen Auseinandersetzungen, in denen sie einander nichts schenken, in einer heftigen Affäre ihre Entladung. Und wenn alle Glück haben, endet es nicht wie bei der *Verhängnisvollen Affäre* mit dem Tod der Geliebten in der Badewanne und dem Zierkaninchen im Suppentopf. Was finden die Siegfrieds an den Kriemhilds, die heute Uschi heißen oder zumindest nach dem Uschi-Prinzip handeln, sich im Hintergrund wohlfühlen und den Eindruck vermitteln, als kämen sie alleine einfach nicht klar?

Uschi – die Kriemhild von heute

Einer schutzbedürftigen Frau gegenüber kann sich jeder Mann als Held fühlen, außerdem läuft er bei einer Frau, die sexuell weniger aktiv ist, kaum Gefahr, gehörnt zu werden. Menschen sind limbische Wesen, in brenzligen Situationen fallen sie immer noch in ihr Reptilienhirn (Amigdalla) zurück. Dem Mann ist in puncto Fortpflanzung die Sicherheit wichtiger als die Lust. Hat das Testosteron erst einmal von ihm Besitz ergriffen, wird er vieles in Kauf nehmen, um eine Frau zu halten, die ihn nicht hintergeht, damit sichergestellt ist, dass die Nachkommenschaft wirklich von ihm und nicht von einem Rivalen stammt. So ist es vielleicht das Testosteron, das einst Siegfried Brunhilde vergessen ließ und das heute so manchen Ehemann bei einer Frau verweilen lässt, die nur einen Beschützer sucht und ihn glauben macht, es sei der größte Liebesbeweis, wenn sie ihm erlaubt, den Müll zu entsorgen und ihr Fahrrad zu reparieren. Die Uschis dieser Welt, denen es immer wieder gelingt, sowohl den Testosteron- als auch den »Du bist schuld«-Knopf zu drücken, führen somit immer noch die stärksten Siegfrieds an einem Nasenring durchs Leben.

Gefangen in der Testosteronfalle

Natürlich rächen sich diese Männer – sie haben Affären mit Frauen, die einsam genug sind, sich darauf einzulassen. Sie belügen und betrügen ihre Ehefrauen – und bringen weiterhin brav den Müll runter. Die Geliebten stützen die schlechten Ehen ihrer

Helden, und so kann sich das Muster aufrechterhalten bis zum jüngsten Tag. Selbst wenn die Geliebte geht, es gibt ja genügend einsame Frauen an der Karrierefront. Und so ist der Siegfried der Moderne nicht wirklich genötigt, sich seines Handelns bewusst zu werden.

Letzte Ausfahrt: Midlifecrisis

Eine Chance ergreifen Männer dann doch irgendwann in ihrem Leben – meistens in der sogenannten Midlifecrisis. Da kommt schon einmal der Gedanke auf, ob das alles gewesen sein soll. Hier brechen die alternden Helden anders aus als in den Affären vorher. Wie ein letztes Aufglimmen von Lebendigkeit, bevor das Feuer ganz ausgeht, treffen Männer in den Mittfünfzigern, wenn die Kinder groß sind und die Karriere gemacht ist, gerne noch einmal eine Frau, in die sie sich wirklich verlieben. Und sie versuchen, ihre Muster abzulegen, die sie wie unsichtbare Gefängnisse umgeben. Diejenigen, die es dann schaffen, haben Glück. Und die von ihnen verlassenen Ehefrauen im Grunde auch, denn dadurch haben auch sie noch einmal die Chance zum Neuanfang. Die, die es nicht schaffen und sich weiter von erlernten Mustern leiten lassen, statt ihr Leben selbst zu leben, fallen tiefer als je zuvor. Wenn Kriemhild-Uschi jetzt wieder mit dem »Du bist schuld«-Knopf der erlernten Hilflosigkeit den Helden klein macht, versinken beide in der Spirale des Grauens von Schuldzuweisung und Verachtung. Sie bekommt Migräne, vergießt Tränen oder macht ihm heftige Vorwürfe – und hält ihn und sich so in den gewohnten Bahnen fest.

Wenn die Frau schwach genug ist, steigt das Pflicht- und Schuldbewusstsein des Mannes und er kann nicht gehen. Zu lange hat er in der Menschheitsgeschichte gelernt, Schwächere zu beschützen. In Politik und Business hat er diese Fähigkeit leider verlernt, aber dort, wo es so sehr um sein Selbstbild geht wie in seiner Ehe, da fällt er immer wieder in die Testosteronfalle und kann es nicht ertragen, diesem Bild nicht zu entsprechen. Am Ende sind dann alle unglücklich: Siegfried bricht es, wenn er aufrichtig zu sich ist, das Herz, aus Pflichtbewusstsein bei der Schwächeren geblieben zu sein und die Liebe seines Lebens vielleicht gefunden, aber nicht gelebt zu haben. Die Wut über seine eigene Hilflosigkeit und die geheime Erkenntnis, dass ein wahrer Held sich nicht von seiner Frau manipulieren lässt, treibt ihn innerlich immer weiter von sich selbst weg. Seine Frau weiß in der Tiefe ihres Herzens, wie viel die Liebe eines Mannes wert ist, der nur aus Pflichtgefühl bleibt und dabei an die tapfere Walküre denkt. Ihr Selbstwertgefühl als Frau nimmt größten Schaden. Dieses Gefühlt gibt sie dann mehr unbewusst als bewusst an seine Tochter weiter. Damit bleibt das Muster auch in der nächsten Generation in der Familie. Die Tochter sühnt das Drama der Mutter und die Geliebte bleibt allein, bis der nächste Held in ihr Leben tritt. Vergeudete Leben, vergiftet durch Feigheit und faule Kompromisse.

Wir Menschen machen uns immer so viele Sorgen um nahende Umweltkatastrophen, dabei ist es wahrscheinlicher, dass wir vor dem Umweltgau an unseren eigenen Lebenslügen erstickt sind, wenn wir nicht die Chance des kommenden Zeitalters nutzen, das im Zeichen der Wahrheit steht, und endlich unsere eigene Bestimmung suchen und auch den Mut haben, uns ihr zu stellen. Drei wichtige Dinge sollten wir uns fragen:

Drei Fragen für ein sinnvolles Leben

1. Lernen und persönliche Entwicklung: Haben wir etwas gelernt, und können wir dieses Wissen noch zu Lebzeiten nutzen?
2. Sinn und Erfüllung: Leben wir ein erfülltes Leben, indem wir einen Sinn für unser Dasein gefunden haben?
3. Unsterblichkeit und Nachhaltigkeit: Hinterlassen wir der Nachwelt etwas, wofür es sich gelohnt hat zu leben?

Wie sinnvoll war Siegfrieds Leben?

Siegfried hat viel gelernt in diesem spannenden Leben. Er ist in dem Bewusstsein gestorben, einmal wahrhaftig geliebt zu haben. Die Nachwelt kann von ihm vor allem lernen, was er erst in seiner Todesstunde erfahren hat. Jeder hat die Möglichkeit, schon zu Lebzeiten seine Bestimmung zu erkennen und gewahr zu werden, wo sein Schatten verborgen ist. Vor allem geht es darum, die eigene Verletzlichkeit zuzugeben. Wo ist diese eine Stelle, die Tod oder Leben bedeutet? Wie geht der Betroffene damit um? Stellt er sich seinem verwundbaren Punkt oder lässt er sich ein Leben lang von seinem Schatten beeinflussen? Statt in einer Beziehung zu hoffen, dass der Partner die Verletzung heilt, könnte er ein eigenes Gefühl für das Leben entwickeln. Wer einen Partner sucht, der das eigene Defizit füllt, landet am Ende in der Abhängigkeit. Statt seine Verletzungen zu verdrängen, sollte man sich ihnen stellen, um zu verhindern, dass sie das eigene Leben bestimmen. Nur wer sich und das Leben um sich herum mit allen Sinnen wahrnimmt, hat eine Chance, schon zu Lebzeiten zu erfahren, was Siegfried erst im Angesicht des Todes klar wurde.

Was hinterlässt Brunhilde der Nachwelt?

Brunhilde wurde um die große Liebe betrogen, was vielleicht das Karma der Walküren und Amazonen ist. Aber sie ist sich stets treu geblieben. Sie handelt mutig und geht mit dem Geliebten in den Tod, da sie weiß, dass für sie die Hoffnung auf Liebe erloschen ist. Dass sie einen eher männlichen Heldentod mit dem Geliebten stirbt, als mit einem Unwürdigen weiterzuleben, zeigt gerade bei diesem Frauentypus, welche starke, aber auch gefährliche Macht die Liebe für sie ist.

Kriemhild, die Blondine des Nibelungenlieds

Kriemhild macht in ihrem Leben alles falsch, erkennt weder den Sinn noch kann sie anderen durch ihre Angst und Schwachheit nutzen – aber sie dient der Nachwelt immer noch als abschreckendes Beispiel. Am Ende mordet sie den eigenen Bruder und den düsteren Hagen. Dass sie selbst einen großen Teil der Verantwortung für das ganze Unglück trägt, bleibt ihr bis zum tragischen Ende verschlossen.

Den Weg des inneren Helden finden

Siegfried ist ein großes Sinnbild für so manchen Mann, der seinen Weg verliert, weil er sich zu sehr mit der Politik und dem Spiel um die Macht beschäftigt, anstatt in sich hineinzufühlen, um herauszufinden, worin seine wirkliche Bestimmung liegt. Würden die Siegfrieds dieser Welt den Weg des inneren Helden gehen und noch zu Lebzeiten erkennen, wohin dieser Weg sie führen soll, würden sie sich selbst und ihrer Umwelt weniger Leid und Schmerz zufügen – sei es in Form von Firmenpleiten, Kriegen oder Beziehungschaos. Was bedeuten diese archaischen Geschichten für die heute lebenden Männer? Zunächst ist festzustellen, dass die Liliths und Brunhildes wieder mehr und mehr im Geschäfts- und Privatleben zu finden sind. Heute heißen sie Alpha-Mädchen oder Generation F (Thea Dorn). Es sind Frauen, mit denen sich unsere Helden auseinandersetzen müssen, denn sie bestimmen zusehends das gesellschaftliche und vor allem das wirtschaftliche Leben. Hatte der Mann früher nur ab und zu mit einer aufmüpfigen Frau zu Hause zu kämpfen, so sind sie heute überall, diese frechen Frauen. Je jünger sie sind, desto selbstverständlicher greifen sie nach der Hälfte des Himmels – und zwar nach der helleren. Der Adam, der nach einer höheren Instanz ruft, um sie sich vom Hals zu schaffen, hat Pech. Denn was er dafür bekommt, ist nur die schwache Frau, die ihn mittels Apfel dazu verlockt, das Paradies zu verspielen. Der Siegfried-Typ hat alle Chancen, das Spiel des Lebens zu gewinnen. Er ist mutig, offenherzig und tatkräftig. Die einzige Lücke, die er schließen sollte, ist seine Unfähigkeit zu spüren, was sein richtiger Weg ist. Sobald er so stark mit seinem Unterbewusstsein und mit der Welt, in der er lebt, verbunden ist, dass ihn niemand um seine Sinne betrügen kann, gehört ihm die Zukunft. Denn er hat den Mut und den Weitblick, sich mit einer gleichberechtigten, starken Frau an seiner Seite alles zu erobern.

Männer haben alle Chancen und Anlagen, aus diesem Jahrhundert mit den Frauen gemeinsam als Sieger hervorzugehen. Niemand möchte ein Matriarchat. Männer sind körperlich stärker als Frauen. Gestern, heute und morgen. Damit sie auch seelisch und geistig stark werden und einer neuen Zeit gewachsen sind, brauchen sie einige neue Fähigkeiten – und zwar weibliche Eigenschaften des Fühlens, Denkens und Handelns.

2. In eine weibliche Welt geworfen: Wenn Männer nur noch Menschen sind

Wie haben es die Frauen geschafft, diese Welt so zu verändern, dass sie heute nahezu die gleichen Berufschancen wie Männer, eine bessere Ausbildung und bessere Studienabschlüsse haben und nicht mehr von den Männern abhängig sind? Und wie wird es weitergehen?

Die goldenen 1950er

Beginnen wir unsere kleine Zeitreise in den 1950ern. Die Frauen haben wenig Karrieremöglichkeiten, ihre Werte und ihr Ehrgeiz liegen im Haushalt und in der Kindererziehung. Die drei Ks Kirche, Küche, Kinder bestimmen den Alltag und werden kaum in Frage gestellt. Eine biedere Doris Day singt »Qué sera, sera, what ever will be, will be«, und alle glauben es. Elvis ist männlich, Marilyn weiblich, und die Welt ist für die meisten in Ordnung. Es herrscht Aufbruchstimmung, Wirtschaftswachstum, aber auch der moralische Zeigefinger regiert. Das Gute muss über das Böse siegen. Was gut und was schlecht ist, ist allgemein anerkannt. Grautöne gibt es wenige. Die Frauen sind intelligent, haben eine gute Schulbildung, aber nur eines im Kopf – zu heiraten und ein gesichertes Leben zu führen, und das bis in alle Ewigkeit. Der Mythos »Trautes Heim – Glück allein« wächst sich in der Nachkriegszeit verständlicherweise zu einer trügerischen Fantasie der Glückseligkeit aus.

Die rebellischen 1960er

Aber dann kommen die 1960er: John F. Kennedy wird erschossen und andere Träume sterben an einer grausamen Realität. In Berlin wird die Mauer errichtet, der Mond wird erobert, Martin Luther King ermordet. Die Jugend beginnt, nachdenklicher zu werden. Die fröhliche Unbeschwertheit der 1950er weicht einem kritischen Hinterfragen aller Werte und offener Rebellion. Küchenmaschinen und Luxusartikel machen die jungen Frauen nicht mehr glücklich. Sie wollen mehr. Als Carl Djerassi die Antibabypille erfindet, ist das ein großer Befreiungsschlag für sie. Die Selbstbestimmung in der Familienplanung und damit im Leben der Frauen schlechthin hat begonnen.

Die desillusionierenden 1970er

Poplegende Jimi Hendrix stirbt, die Beatles trennen sich. Margaret Thatcher wird Premierministerin und zeigt den Männern, wozu eine Frau fähig ist: »Wenn Sie in der Politik etwas gesagt haben wollen, wenden Sie sich an einen Mann. Wenn Sie etwas getan haben wollen, wenden Sie sich an eine Frau«, so äußert die eiserne Lady ihr Selbstverständnis.

Aerobicwelle und Emanzipation treiben die Männer in die Homosexualität. Der moderne Feminismus beginnt, Alice Schwarzer bringt 1975 ihr Buch *Der kleine Unterschied und seine großen Folgen* heraus.

Die kämpferischen 1980er

Die Mauer fällt und der Wirtschaftsboom schafft eine Yuppie-Generation und ermöglicht es den Frauen, bessere Positionen im Business zu erklimmen. Sie lassen sich nicht mehr mit Fräulein anreden und unterstreichen ihr neues Selbstbewusstsein durch Kleidung mit so breiten Schulterpolstern, dass sich selbst Arnold Schwarzenegger dahinter verstecken kann. Anita Roddick gründet *Body Shop* und beweist damit einmal mehr, was Frauen können. Vivienne Westwood begeistert die Presse mit ihren Kollektionen. Ein neues Biest wird geboren und lässt Dallas-Bösewicht J.R. Ewing wie einen Weisenknaben aussehen: Alexis aus der Fernsehserie *Denver Clan* zeigt Frauen die dunkle Seite der Macht. Die freie Entfaltung der Sexualität erfährt böse Konsequenzen, AIDS schafft ein neues Bewusstsein für Safer Sex.

Die emanzipierten 1990er

Sharon Stone zeigt in *Basic Instinct* den Kerlen, wo der Eispickel liegt. Die Frauen haben es geschafft und sind fast die besseren Männer geworden. Aber sie haben einen hohen Preis dafür bezahlt – ihre Weiblichkeit. Spaß und Vergnügen stehen an erster Stelle: Woran wir in den 70ern dachten, das taten wir in den 80ern und in den 90ern lachten wir darüber. Die Berliner Mauer wird endgültig abgerissen, Lady Diana stirbt bei einer Verfolgungsjagd mit Paparazzi. Der Narzissmus fordert seinen Preis. Es macht sich ein Zynismus breit, der einem Werteverfall entspringt. In der Silvesternacht zum 1.1.2000 haben viele Angst, dass die Welt untergeht – oder zumindest die gesamte Elektrik ausfällt, aber es passiert nichts – noch nicht. Katastrophen werden kommen, aber anders, als wir es erwarten.

Das weibliche Jahrhundert

Zwischen Doris Day und Sharon Stone liegen etwa 45 Jahre. Schauen wir, diese Entwicklung im Blick, 40 Jahre in die Zukunft, wo sind Männer und Frauen dann 2050? Ein *Spiegel*-Bericht (24/2007) stellt eindrücklich dar, wie es sich bereits heute verhält. Er erzählt von Kapitäninnen auf großer Fahrt, Polizistinnen, Mathematikerinnen, Forscherinnen und anderen erfolgreichen Frauen in allen Bereichen. So wie wir heute schon eine deutsche Kanzlerin haben und es immer mehr Frauen gibt, die sich die männliche Welt erobern, um sie dann eben ein wenig weiblicher zu machen, werden sich die Frauen auch zukünftig die Butter nicht mehr vom Brot nehmen lassen. Die Mädchen von heute haben es schon begriffen und sie nutzen ihre Chancen. Die Jungen wirken ein wenig, als hätten sie resigniert gegen so viel Womanpower. Seit dem Hip-Hop der 1990er tragen sie Hosen, bei denen der Schritt zwischen den Knien hängt, und auch sonst könnte man glauben, sie wüssten nicht mehr so recht, wo ihr Hintern ist.

Der Durchschnittsmann von heute

Nach diversen statistischen Quellen heißt der durchschnittliche Mann in Deutschland Christian, ist 1,78 Meter groß, wiegt 82,4 Kilogramm und hat eine Lebenserwartung von insgesamt 75 Jahren, wenn er heute bereits 45 ist. Die größte Angst hat er vor Powerfrauen, Chefinnen und Impotenz. In dieser Reihenfolge. Der Prototyp dieses deutschen Durchschnittsmannes ist politisch, sozial und spirituell desinteressiert, hat keine abgeschlossene Ausbildung und verdient wenig. Er hält noch am alten Bild von Männlichkeit fest, seine Idole sind Rambodarsteller, und Frauen beurteilt er nach der Größe ihrer Oberweite. Diese Spezies Mann wird in der Zukunft die allergrößten Schwierigkeiten haben, gesellschaftlich und wirtschaftlich auch nur einen winzigen Zeh ihres durchschnittlichen Fußes auf die Erde zu setzen.

Das 21. Jahrhundert braucht neue Leitbilder

War zu Wirtschaftswunderzeiten der männliche Held noch der kraftstrotzende, Zigaretten rauchende, eher verächtlich blickende Muskelprotz, sucht das 21. Jahrhundert neue Leitbilder – in der Politik, in der Wirtschaft und in der Werbung. Aggressives, autoritäres und gedankenloses Verhalten hat in einer Wissensgesellschaft ausgedient. Der Aufbauheld einer Welt, in der die Firmenneugründungen zu 80 Prozent im Bereich von Dienstleistungen liegen, muss ganz anders aussehen.

Frauen, die Zielgruppe der Zukunft

Frauen haben immer noch eine weit größere Lebenserwartung als Männer. Da es mehr Frauen als Männer in Deutschland gibt und diese auch noch länger leben, liegt es auf der Hand: Die größte Konsumenten-Zielgruppe der Zukunft werden ältere und sehr selbstbewusste Frauen sein. Sie leben in Familien und bestimmen dort die Kaufentscheidungen, oder sie haben ihre Männer überlebt und erleben als rüstige Singles einen dritten Frühling. Diese Frauen hatten und haben ein erfülltes Leben, sie waren oder sind berufstätig, hatten Kinder und erziehen Enkel, sie reisen durch die Welt, achten auf ihre Gesundheit und Lifestyle ist ihnen wichtiger denn je. Durch Medizin und Schönheitsindustrie sind diese Frauen mit 70 die neuen 50-Jährigen in ihrem Denken, Urteilen und Aussehen. Wem möchte diese Frau in ihrer Bank begegnen, bei wem möchte sie ihr Auto kaufen, von wem möchte sie sich in Sachen Altersversorgung beraten lassen? Von Rambo? Eher nicht. Sie sucht den eloquenten, gebildeten und doch männlichen Gesprächspartner, der ihr elegant und wertschätzend begegnet.

Hier liegt das große Potenzial, die große Chance, aber auch das große Defizit der Männer. Es wird mehr und mehr darum gehen, in sich selbst zu ruhen und dabei die Umwelt zu reflektieren, um einen guten Job zu machen. Dieser Dienstleistungs- und Wissensgesellschaft, die einen Schwerpunkt auf die ganzheitliche Gesundheit des Menschen legt, nutzen nur diejenigen als Arbeitskräfte, die durch adäquate Fähigkeiten ihre Kunden zufriedenstellen können – und diese Fähigkeiten sind weiblich.

Mädchen überholen die Jungen

Während die Jungen den Mädchen in den 1960ern und 1970ern in der Schule noch deutlich überlegen waren, sehen die Zahlen heute anders aus. Seit 1980 sind junge Frauen den Jungen in ihren schulischen Leistungen voraus. Fast ein Drittel junger Frauen besucht heute ein Gymnasium – aber nur knapp ein Viertel junger Männer. Der Abstand zwischen den Geschlechtern hat sich seit 1990 zu Gunsten der Mädchen vergrößert. Auch in den Realschulen sind die Mädchen stärker vertreten. Nur in den Hauptschulen geht der Anteil der Mädchen im Vergleich zu dem der Jungen deutlich zurück. Betrachtet man die Kinder, die vom Schulbesuch zurückgestellt werden, so sind das zu 60 Prozent Jungen, Mädchen dagegen sind bei den vorzeitig eingeschulten überrepräsentiert. Die Jungen führen allerdings bei den Wiederholern. Mädchen empfinden den Leistungsdruck stärker und auch unangenehmer, aber durch ihre Anpassungsfähigkeit und ihre nicht vermutete Robustheit gehen sie mit Druck inzwischen häufig besser um. Jungen machen sich im Schnitt weniger Stress in der Schule und sind meist frecher, wirken cooler, sind aber auch fauler. Was die Faulheit beim Jungen ist die Angst vor dem Versagen beim Mädchen. Der Junge lässt das Leben geschehen – das Mädchen agiert. Sie weiß, dass sie etwas leisten muss, er glaubt, er käme so durch – ein verhängnisvoller Irrtum. Und ganz ehrlich, wer sitzt momentan noch in den Volkshochschulen, NLP-Ausbildungen und Sprachkursen? Es sind die Frauen, die auf dem zweiten Bildungsweg ihre Berufschancen verbessern, die nach dem Studium noch eine Ausbildung zur psychologischen Beraterin machen, weil sie das Fachliche alleine nicht ausfüllt. Frauen suchen Erfüllung überall, auch im Beruf – Männer suchen keine Erfüllung, außer auf dem Fußballplatz. Das muss sich ändern, damit der Mann in Zukunft gesund in seinem Beruf bleiben kann. Während Frauen nach wie vor leichte Schwierigkeiten haben, sich in Männerberufen zu etablieren, werden junge Männer in

»Frauenberufen« immer noch stark ausgegrenzt – und zwar vor allem (aber nicht nur!) von ihren Geschlechtsgenossen.

Wissen, Handlungsfähigkeit und Kommunikationsfähigkeit machen den Unterschied zwischen einem guten und einem hervorragenden Mitarbeiter. Kein Personalentscheider in der Dienstleistungsbranche wird einen schlecht ausgebildeten Mann einstellen, wenn er eine gut ausgebildete, selbstbewusste Frau haben kann, die den Anforderungen seiner Zielgruppe zu 100 Prozent entspricht.

Fehlende Väter und zerrissene Mütter

An ihrer Situation sind allerdings die Männer bei Weitem nicht alleine schuld. Heute werden die meisten Jungen von ihren Müttern erzogen, die Väter sind in den Büros, auf den Baustellen oder auf der Autobahn, um die Familie zu ernähren. Die Frauen arbeiten auch – aber häufiger nur Teilzeit, zu Hause sind immer noch mehr die Mütter als die Väter zu finden. Was passiert psychologisch mit den Jungen? Sie erleben die Mutter meist als die erste, engste und wichtigste Bezugsperson. Sie schenkt dem Jungen das Leben, dann gibt sie ihm Wärme, Nahrung und Erziehung. Diese übermächtige Präsenz der Mutter muss so ein kleiner Junge erst einmal aushalten. Das Phänomen, Leben auf die Welt zu bringen, ist den Frauen vorbehalten, eine Tatsache, die für Männer schon schwer zu akzeptieren ist. Mit ihren Erfindungen zur künstlichen Befruchtung machen sich Männer im Prozess des Lebensschenkens immer entbehrlicher. Aber das weiß der kleine Junge in diesem Stadium noch nicht. Er sieht auf seine Mutter und die Ähnlichkeit liegt darin, dass sie auch ein Mensch ist – aber sie ist kein Mann. Es fehlen ihr dazu ganz wichtige Eigenschaften: innerlich und äußerlich! Dafür hat sie andere Eigenschaften, wie Einfühlungsvermögen, Emotionalität und Weichheit. Frauen sind so weich – und das irritiert Männer. Manchmal sieht der kleine Junge die Mutter weinen, das macht ihm Angst, und meistens verliert sich die Angst vor weiblichen Tränen auch nicht im Erwachsenenalter. Manchmal schreit sie, das ist auch unangenehm, aber bei Weitem nicht so unangenehm wie das Weinen. Wenn sie schimpft, wünscht sich der Junge, sie würde ihm lieber einmal einen Klaps geben, als stundenlang zu zetern – aber das tut sie nicht. Das verbietet ihr das Frausein. Da der Vater meistens nicht da ist, bestimmt die Mutter die ersten Jahre des Jungen. Solange der Junge sehr klein ist, wird er gehätschelt und verwöhnt, es wird ihm viel, manchmal alles abgenommen. Wenn er weint, wird er getröstet, wenn er Durst hat, bekommt er zu trinken, hat er Hunger, zu essen. Doch dann wird er größer und kommt in die Schule. Und schon ändert sich alles. Auf einmal wandelt sich die liebevolle Mutter in eine leistungsorientierte Erziehungsberechtigte – ein Schock, den das Kind erst einmal verkraften muss. Jetzt fängt sie an, ihm zu sagen, was es heißt, ein Mann zu sein. Aber irgendwie glaubt ihr der Junge das nicht. Wie auch. Woher will sie das denn wissen? Sie ist doch eine Frau. Aber von wem soll er es denn lernen? Die Lehrer in den ersten Schuljahren sind ja auch alles Frauen. Eines lernt er auf jeden Fall: So, wie sie sich verhält, möchte er sich nicht verhalten – also muss er diese Eigenschaften, wie Gefühle zeigen, weinen, empathisch sein, ablegen, denn sie sind nicht männlich. Statt seine eigene Form dafür zu finden, fängt er sehr früh an, gefühlvolles, weibliches Verhalten zu verachten und als etwas Negatives zu stigmatisieren. Der kleine Junge lernt also nicht wirklich, wie ein Mann seine Gefühle zeigen kann, wenn sein Vater oder sein Großvater es ihm nicht zeigen. Von seiner Mutter kann er es nicht lernen. Es werden immer die Frauen die Kinder bekommen. Aber wer sagt, dass sie ausschließlich von den Müttern erzogen werden müssen? Die Männer dieser Welt hätten ein klareres Selbstbild, wenn sie in ihrer Erziehung mehr den Vater als Vorbild erfahren würden. Männer brauchen männliche Vorbilder. Es ist nicht gut für die Männlichkeit eines Volkes, wenn die Jungen ausschließlich von den Frauen erzogen werden. Indianerstämme wussten dies und entrissen die kleinen Buben ihren Müttern, um sie bei den Stammesältesten in die Mannesriten einzuweihen.

Mädchen haben die Wahl

Mädchen haben es da viel leichter. Sie lernen von der Mutter, Frau zu sein, und adaptieren vom Vater, Bruder und in den höheren Klassen dann von den Lehrern männliches Verhalten. Mädchen wurden bisher in eine Welt geworfen, die männlich ist und männliches Verhalten sowohl bei Männern als auch bei Frauen (zumindest seit den 1970er-Jahren) gutheißt. Sie können also weiblich sein und es ist in Ordnung, weil sie ja Mädchen sind, oder aber sie können sich entscheiden, sich männlich zu geben, dann werden sie als taff apostrophiert, was in unserer Gesellschaft sehr anerkannt ist – sie haben die Wahl.

Jungen haben keine Wahl

Jungen haben diese Wahl bisher nicht. Sie müssen auf Biegen und Brechen männlich sein. Diejenigen, die keinen Weg kennengelernt haben, auf männliche Weise Gefühle zu zeigen, haben daher nur ein Bild dafür im Kopf. Es darf nicht weiblich sein. So wie die Mutter zu sein, ist auf jeden Fall nicht männlich. Denn wirken sie im Kindergarten oder auf dem Schulhof feminin, werden sie verspottet. Somit lernen Jungen, die keinen zugewandten Vater haben, männliche Emotionalität nur aus dem Negativbeispiel: Weg von weiblicher Emotionalität! Das bringt später Irritation, Unsicherheit und oft auch unbegründeten Frauenhass. Feindlich auf etwas zu reagieren, was man nicht begreifen kann, ist ein Verhalten, zu dem Menschen insgesamt neigen. Lieber verachtet man das, was man nicht verstehen kann, als sich dem Fremden zu nähern. So alt – so menschlich.

Kämen wir in der Erziehung dahin, dass der kleine Junge den Vater als zweite enge Bezugsperson erleben könnte, so müsste er die für ihn vorteilhaften Eigenschaften, wie tiefe Beziehung, nahe Körperlichkeit, zärtliche Verschmelzung mit einem anderen Menschen, nicht mehr in männlich und weiblich unterteilen und er müsste seine Gefühle nicht mehr abspalten, um sie später den »männlichen Werten« wie Stärke, Leistung, Macht und Konkurrenz zu opfern. Er hätte dann eine frühe und nicht mehr auslöschbare Repräsentanz von männlicher Zugewandtheit und müsste sich im Erwachsenenalter nicht so sehr von sich selbst entfremden, um dem Leistungsdruck standzuhalten. Wir wiederholen als Erwachsene immer wieder das, was wir in der Kindheit erfahren haben. Es ist alles änderbar, aber unreflektiert wiederholen sich die gelernten Muster der Kindheit wieder und immer wieder.

Es gibt eine Domäne, in der die Männer weiter auf dem Vormarsch sind: die Kriminalität. Nirgends liegen die statistischen

Werte zwischen Männern und Frauen weiter auseinander als in der Kriminalität. Am meisten ausgeprägt ist dies im Bereich der körperlichen und sexuellen Gewalt. Der Männeranteil liegt hier um die 90 Prozent. Ein Grund mehr für Männer, sich mit ihren männlichen und weiblichen Anteilen auseinanderzusetzen. Wer keine anderen Konfliktstrategien hat, braucht die Gewalt. Wer seine weibliche Anteile kennen- und schätzen gelernt hat, kann wählen.

Männer führen in Negativdisziplinen

Ein weiterer Punkt, der für den neuen Mann eine Herausforderung darstellt, ist die Fähigkeit, sein Leben alleine zu leben. Im Jahr 2004 wurden 64 Prozent aller Scheidungen von Frauen eingereicht. Während Männer nach einer beendeten Partnerschaft sehr schnell versuchen, eine neue feste Beziehung einzugehen, entscheiden sich Frauen doppelt so häufig wie Männer dafür, alleine zu leben – und nach anfänglichen Schwierigkeiten schaffen sie es recht gut. Das ist auch der weiblichen Fähigkeit, Schmerz und Kummer kundzutun und sich helfen zu lassen, zuzuschreiben ist. Nicht zufällig nehmen sich wesentlich mehr Männer als Frauen das Leben. Dabei könnten Männer solche weiblichen Fähigkeiten genauso gut beherrschen wie die Frauen, sobald sie einen Schritt in Richtung Selbsterkenntnis getan haben.

Technischer Fortschritt bei Ausblendung des Menschen Mann

Männer haben sich in den letzten Jahrzehnten in allen Bereichen des technischen, medizinischen und wissenschaftlichen Fortschritts sehr verdient gemacht. Was sie allerdings in ihrer gesamten Entwicklung total ausgeblendet haben, das waren sie selbst. Wir blicken zurück auf mindestens 30 Jahre Frauenförderung und eine feministische Bewegung, die sich mit dem Frausein philosophisch, soziologisch und psychologisch befasst hat. Die angebotene Frauenliteratur ist meterlang, die Männerliteratur passt überschaubar in ein Regal. Frauen lieben es, seit Anbeginn allen Seins, sich mit sich selbst auseinanderzusetzen. Männer hielten das bisher nicht für notwendig. Und so gibt es kaum Literatur und Wissen darüber, was es eigentlich psychologisch bedeutet, ein Mann zu sein. Und nun kommen wir in eine Zeit, in der reflektiertes Handeln wichtiger wird als technischer Fortschritt. Gefragt sind Kommunikationsfähigkeit, Empathie, Intuition und

Führungsgeschick. Den Hammer muss heute und morgen keiner mehr schwingen.

Also, liebe Herren, es ist viertel vor zwölf. Die Welt hat sich bereits geändert und es sind die Männer, die jetzt gefordert sind, ihr Denken und Handeln neuen Anforderungen anzupassen. Dieses weibliche Jahrhundert bietet alle Möglichkeiten dafür, dass das ungeliebte und manchmal sehr grausame Prinzip von Leistungsdruck, Angst und Aggression enden kann. Männer (und Frauen!) haben in diesem Jahrhundert der Weiblichkeit – verstanden im Sinne von Ganzheitlichkeit, Verbundenheit und Emotionalität (Yin) – die Chance darauf, eine Gefühlswelt finden, die ihnen ein befreites, ganzheitliches und emotional erfülltes Leben bietet.

3. Auf der Suche nach männlichen Vorbildern: Helden aus der griechischen Mythologie

Wir haben oben vom inneren Helden gesprochen. Wer diesen inneren Helden kennt, seine Werte und Motive, seinen Antrieb, seine Ängste und seinen Schatten, der findet zur inneren Freiheit, weil er sich selbst annehmen kann und nicht länger getrieben ist von unbewussten Zwängen. Sinnbilder des inneren Helden sind die archaischen Figuren aus der griechischen Mythologie – männliche wie weibliche antike Heroen. Folgende acht Götter, Halbgötter und menschliche Helden werden anschließend exemplarisch beschrieben: der starke Herakles, der neugierige und schlaue Odysseus, der kreative Narziss, der Lebenskünstler Dionysos, der hingebungsvolle Amor, der korrekte Apollon, der disziplinierte Prometheus und der mutige Ares.

Persönlichkeitstypologien im Überblick: Die Lehren von Carl Gustav Jung und Fritz Riemann

Der Psychoanalytiker Carl Gustav Jung hat menschliches Verhalten untersucht und dabei eine hilfreiche Typologie aufgestellt, die heute noch – leicht abgewandelt – in der Persönlichkeitsforschung verwendet wird. Mit Hilfe von Jungs Theorie lassen sich auch die archaischen Helden in ein praktikables Raster einordnen und ihre typischen Eigenschaften auf den heutigen Menschen übertragen. Jung unterscheidet grob vier Richtungen in der Persönlichkeitsstruktur: den *extravertierten* und den *introvertierten* sowie den *denkenden* und den *fühlenden Typus*.

Die Menschentypen nach C. G. Jung

Der extravertierte Typ liebt es, in der Öffentlichkeit zu stehen. Er ist gesprächig, gesellig, ausdrucksstark und sehr nach außen orientiert, teilt sich gern mit und braucht die Gesellschaft anderer Menschen. Der Introvertierte hingegen zieht es vor, für sich zu sein. Er beobachtet eher, ist konzentriert, reserviert und vorsichtig. Er fühlt sich wohler in kleinen Gruppen oder alleine. Die heutige Psychologie spricht nicht mehr wie Jung von Denk- und Fühltyp. Sie geht davon aus, dass Menschen sich im Grunde immer auf der Basis ihrer Gefühle entscheiden (auch wenn diese unterschiedlich stark sichtbar werden), und nennt den rational Orientierten *Sachtypus*, den Gefühlsmenschen *Beziehungstypus*. Der Sachtyp macht seine Entscheidungen an der Sache, dem Ergebnis oder Ziel fest. Er ist willensstark und kopfgesteuert. Der Beziehungstypus hingegen trifft seine Entscheidungen, indem er sich mit anderen Menschen auseinandersetzt. Er ist emotional involviert und eher bauchgesteuert. In Reinform kommen diese Typen real nicht vor, sondern in verschiedensten Mischungen. Die meisten Menschen haben jedoch eine Tendenz zu einer bestimmten Ausprägung. Kombiniert man die vier Persönlichkeitsrichtungen und ergänzt die sie bestimmenden Elemente aus der seit der Antike bekannten Temperamentelehre, ergibt sich die Übersicht auf der rechten Seite.

Eine zweite wichtige Unterteilung von Persönlichkeitsausprägungen stellt uns Fritz Riemann zur Verfügung. Der Psychologe unterscheidet in seinem Bestseller *Grundformen der Angst* vier Richtungen oder Räume:

- Die Angst vor Selbsthingabe, erlebt als Ich-Verlust und Abhängigkeit, sucht den Raum der *Distanz*.
- Die Angst vor Selbstwerdung, erlebt als Ungeborgenheit und Isolation, will *Nähe*.

Die Persönlichkeitskategorien nach C. G. Jung

Typus	Element	positive Eigenschaften (+)	negative Eigenschaften (–)
Extravertiertes Denken	Feuer	wetteifrig fordernd entschieden zielbewusst willensstark	konkurrierend aggressiv beherrschend arrogant intolerant
Extravertiertes Fühlen	Luft/Sonne	kommunikativ dynamisch demonstrativ enthusiastisch ausdrucksstark	indiskret hektisch extravagant hysterisch dramatisch
Introvertiertes Fühlen	Erde	sozial achtsam ermutigend mitfühlend ruhig	fügsam vertrauensselig stur manipulierbar unauffällig
Introvertiertes Denken	Wasser	vorsichtig genau besonnen fragend analytisch	langsam kalt misstrauisch unentschlossen reserviert

- Die Angst vor Beständigkeit, erlebt als Endgültigkeit und Unfreiheit, orientiert sich am *Wandel*.
- Die Angst vor Wandel, erlebt als Vergänglichkeit und Unsicherheit, sucht nach *Dauer*.

Es gibt hier zwei Achsen: die Nähe-Distanz-Achse und die Dauer-Wandel-Achse.

Nähe und Distanz – die Beziehungsfähigkeit

In der Dynamik von Nähe und Distanz geht es vor allem um die Fähigkeit, mit anderen in Beziehung zu treten. Je nachdem, wo sich jemand auf dieser Achse befindet, zeigt er mehr oder weniger Empathie, hält Nähe aus oder sehnt sich nach Abgrenzung.

Wandel und Dauer – Umgang mit Veränderung

Die Wandel-Dauer-Achse zeigt das Vermögen eines Menschen, mit Veränderungen umzugehen, sich auf Neues einzustellen, beständig (auch: monogam) oder wandlungsfähig zu sein.

Nimmt man nun Riemanns und Jungs Theorien zusammen, lässt sich folgendes Bild erkennen:

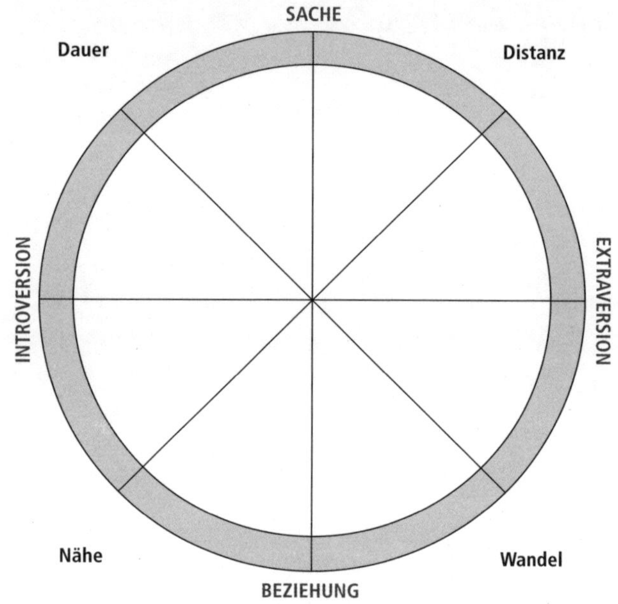

Das Rad zeigt acht Ausprägungen:

- Der Riemann'sche Distanz-Typ, also derjenige, der Angst vor Selbsthingabe hat, befindet sich auf dem Rad beim Sachtypus auf der extravertierten Seite.
- Der Wandel-Typ, derjenige, der Angst vor Beständigkeit hat, ist dem Beziehungstyp auf der extravertierten Seite nahe.

- Der Riemann'sche Nähe-Typus, der die Selbstwerdung fürchtet, steht auf der introvertierten Seite beim Beziehungstyp.
- Der Dauer-Typus schließlich, der Angst vor Wandel hat, steht dem Sachtypus auf der introvertierten Seite nahe.

Da die Übergänge zwischen all diesen Persönlichkeitstypen fließend sind, ist das Rad das passende Bild, nicht der Quadrant. Das Fließende in dieser Typologie lässt sich sehr schön mit den bereits bei Jung erwähnten Elementen erklären. Die eingeführten Elemente sollen im Folgenden auch den Sprachgebrauch vereinfachen, so können wir von Feuer-, Luft-, Erde- oder Wasser-Männern und -Frauen sprechen und wissen ganz genau, in welchem Achtel des Rades sich der Gemeinte befindet. Die Grafik dazu sieht folgendermaßen aus:

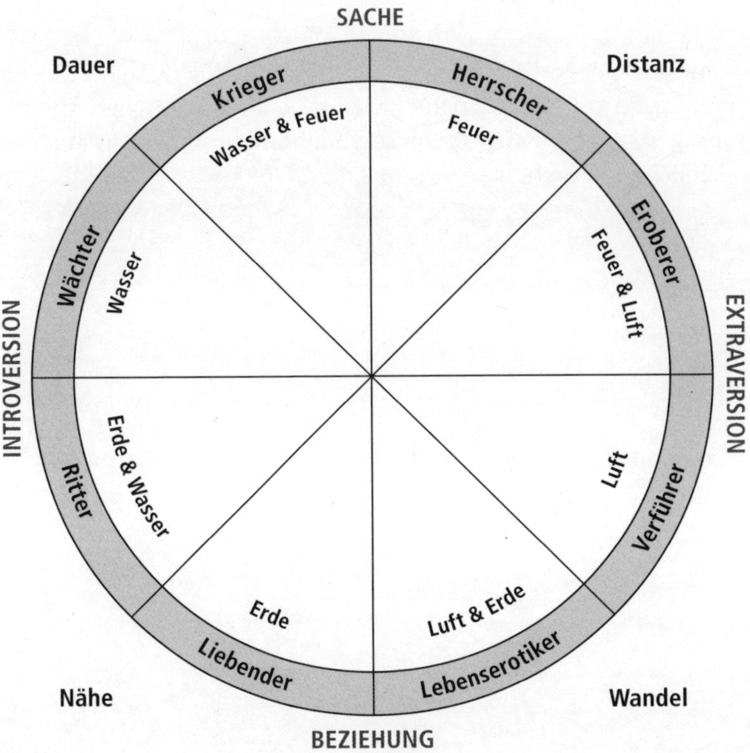

Die Elemente sind natürlich nicht zufällig so angeordnet, sondern ergeben ein sinnvolles System:

- Der extravertierte Sachtypus, der den Raum der Distanz bevorzugt, entspricht dem Element des Feuers, das eine große Macht und Kraft hat, sich selbst und andere zu verbrennen.
- Der extravertierte Beziehungstypus, der den Raum Wandel liebt, hat das Luft-Element Sonne. Sonne und Luft erzeugen Wärme, Leichtigkeit und Tempo.
- Der introvertierte Beziehungstypus, der den Raum Nähe liebt, gehört zum Element Erde. Es steht für Verbundenheit mit den Wurzeln, Geborgenheit und Harmonie.
- Der introvertierte Sachtypus, der den Raum Dauer bevorzugt, entspricht dem Element Wasser. Das Wasser steht für seine kühle, manchmal langsame, aber sehr bestimmte Art, ein Ziel zu erreichen.

Wenn man davon ausgeht, dass alles menschliche Sein archetypisch ist, so wundert es nicht, dass wir in der griechischen Mythologie genau diesen acht Typen sowohl im Männlichen als auch im Weiblichen begegnen.

Das männliche Persönlichkeits-Mythenrad und seine Übertragung in die Moderne

Kommen wir nun zu den inneren Helden – im Spiegel der griechischen Mythologie. Folgende antike Heroen wollen wir im Sinne von Jungs und Riemanns Ordnungen betrachten: Herakles – Odysseus – Narziss – Dionysos – Amor – Apollon – Prometheus – Ares. Das ergibt dieses Mythenrad:

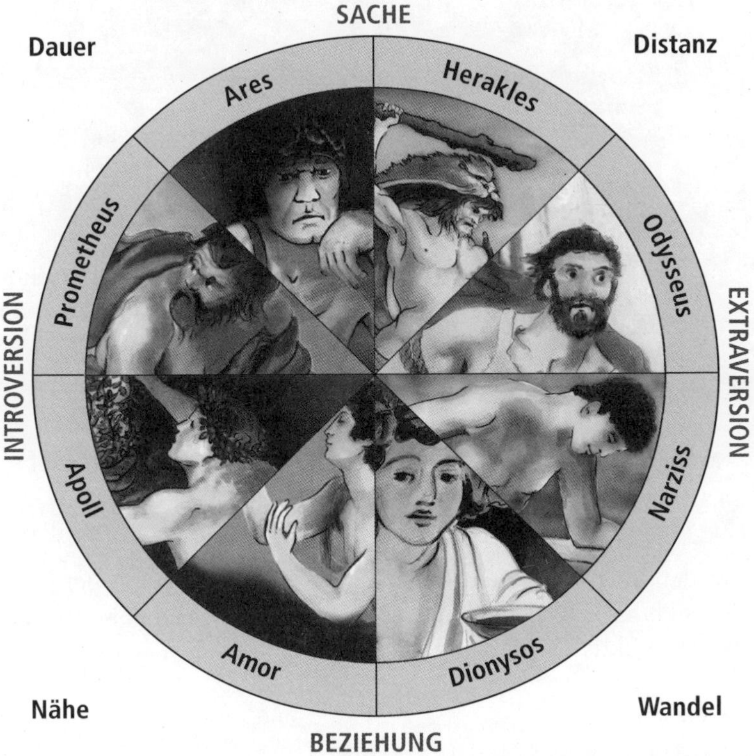

Und so sieht das gegengeschlechtliche Pendant dazu aus, das weibliche Mythenrad:

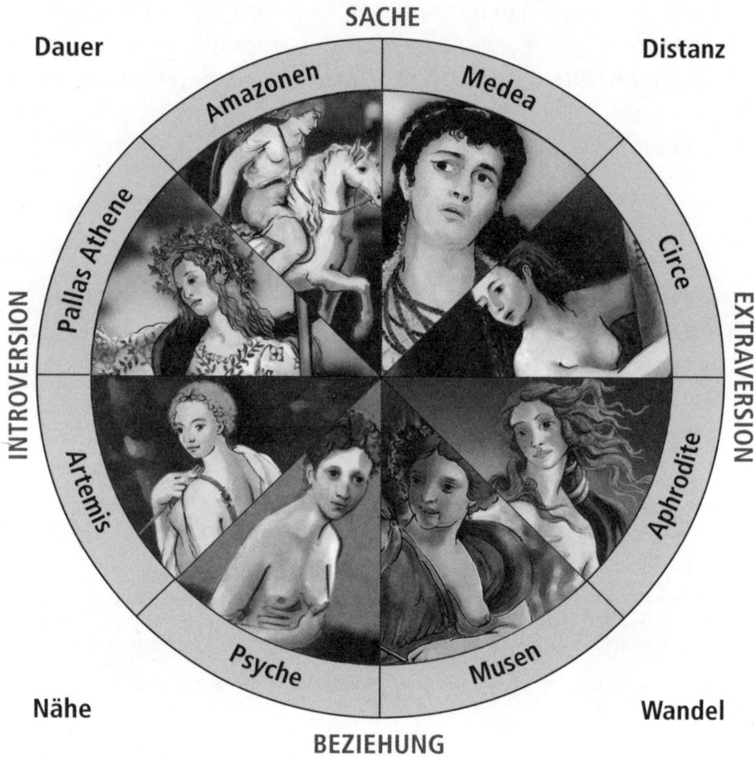

Auf den nächsten Seiten werden acht Heldensagen aus der griechischen Mythologie erzählt, dabei geht es insbesondere um folgende Punkte, die den Bezug zu heute deutlich machen sollen:

- Wesen
- Archetyp in der Moderne
- Motiv des Lebens / Werte und Ziele
- Angst
- Schatten
- Gefühlslage
- Position im Leben: Karrierechancen und Karrierefallen

• Chancen / Fallen für privates Glück
• Erlösung aus dem Mythos

Wer sich einen Überblick verschaffen möchte, kann dies mit der folgenden Grafik tun. Die acht Typen werden der Reihe nach beschrieben, vielleicht erkennen Sie sich wieder?

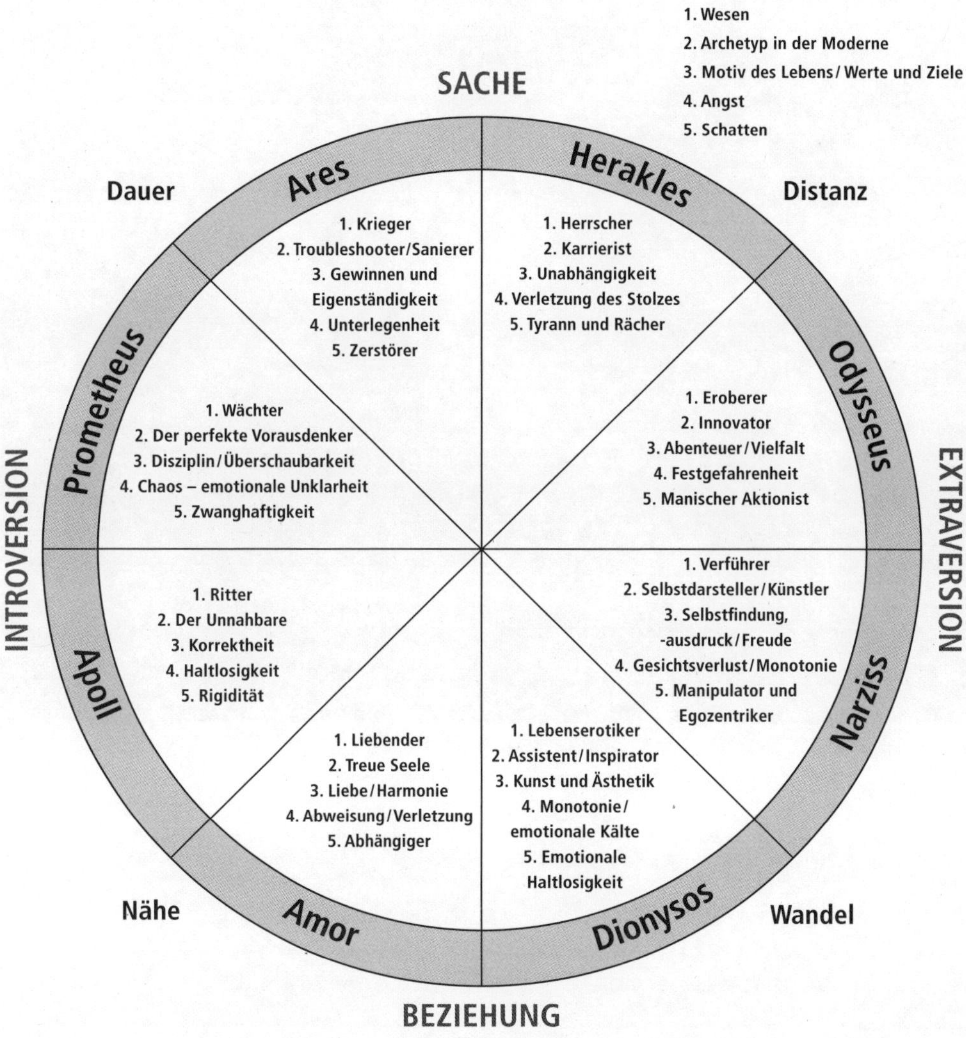

Herakles – was das Bild verrät:

Kräftige Statur:	Er hat einen unbedingten Siegeswillen.
Stattliche Männlichkeit:	Sein Testosteronspiegel ist hoch.
Drachen um ihn herum:	Für ihn besteht die Welt aus lauter Feinden, die er besiegen muss, um nicht selbst besiegt zu werden.
Grimmiger Gesichtsausdruck:	Es ist nicht leicht, stets nach der Maxime zu leben, entweder Amboss oder Hammer zu sein.

Die Kraft des Herakles

Der Mythos

Schon die Zeugung von Herakles hat ihren besonderen Charme und verrät das Geheimnis seiner Zerrissenheit. Zeus möchte Alkmene, die treue Frau des Amphitryon, verführen. Da er weiß, dass Alkmene ihren Mann niemals betrügen würde, schlüpft er in dessen Körper und begegnet so der Ehefrau in Gestalt des eigenen Mannes in der Hochzeitsnacht. Ob sie merkt, dass das erste Mal göttlicher war als die Male danach, weiß man nicht. Wenn Alkmene eine Romantikerin ist, wird sie die Göttlichkeit dieses Aktes wohl auf »das erste Mal« schieben. Amphitryon erfährt, dass Zeus ihn gehörnt hat, aber da er in seiner Gestalt erschienen ist, kann er diesen Betrug seiner Ehefrau nicht vorwerfen. Aus dieser einmaligen Begegnung entsteht Herakles, der Halbgott. Seine Mutter ist die sterbliche Alkmene und sein Vater Zeus, der Gott aller Götter.

Diese Herkunft macht ihm das Leben schwer. Den Vater kann er nie erreichen, die Mutter ist nur eine Sterbliche. Sein Schicksal ist es nun, die Göttlichkeit, die er zur Hälfte im Blut hat, durch heldenhafte Taten wahrhaft zu erlangen. Da Hera, Zeus' zänkische und eifersüchtige Gattin, von dem Betrug erfahren hat, verabscheut sie Herakles. Er ist für sie Beweis ihres eigenen Betrogenseins, und so verfolgt sie ihn mit ihrem Hass und lässt ihn für die Untreue des Ehemannes büßen. Sie quält ihn, wo sie nur kann. So kommt es, dass er für sie Aufgabe um Aufgabe lösen muss:

Drachen töten, vielköpfige Schlangen, Eber und andere Ungeheuer.

Er bewältigt all diese Aufgaben mit Kraft und Geist. Den stinkenden Stall von Augias entmistet er, indem er zwei Flüsse hindurchleitet – und somit zum wahrscheinlich ersten Umweltverschmutzer seiner Zeit wird. Hera gibt nicht auf und treibt ihn in den Wahn, so dass er seine eigenen Kinder erschlägt. Jahre später kommt Herakles ums Leben, als ihm seine eifersüchtige Frau ein vergiftetes Gewand gibt. Sie wollte ihn damit nicht töten, sondern ist der List seines Feindes auf den Leim gegangen, der ihr versprochen hatte, damit könne sie sich die Treue ihres Mannes sichern.

Erst als Herakles nach Jahrzehnten des Kampfes und der mühseligsten Arbeiten auf den Olymp kommt, versöhnt sich Hera mit ihm und erklärt ihn zum Gott, so dass er doch noch die ersehnte Unsterblichkeit erlangt.

Der Herakles der Moderne

Der moderne Herakles ist ein Mann, der alles tut, um sich einen Namen zu machen und damit unsterblich zu werden. Das Schicksal verlangt ihm viel ab, und er stellt sich jeder Gefahr in der Gewissheit, dass nur die Lösung schwieriger Aufgaben und das Vorwärtsstreben ihn an sein Ziel bringen werden. Genauso ist es auch. Genau wie sein weibliches Pendant, Medea, tötet er symbolisch seine Kinder und so einen Teil seiner selbst. Ihm fehlt die Reflexion des eigenen Tuns. Letztlich erlangt er Unsterblichkeit nicht durch eigene Taten, sondern durch die Vergebung einer Frau.

Motiv des Lebens/ Werte und Ziele

Das Motiv des Herakles ist, durch Erfolge Unsterblichkeit zu erlangen. Er will seinem Vater, dem göttlichen Zeus, in nichts nachstehen. Er tut, was man ihm aufträgt, ohne zu hadern, mit Willensstärke, Kraft und sehr viel Esprit. Anerkennung ist für ihn enorm wichtig. Aber nicht die Anerkennung von irgendwem, es muss die Anerkennung von »oben« sein, also die einer Autorität, die auf einer Hierarchiestufe über ihm selbst steht. Dafür tut er alles – ohne Rücksicht auf sich selbst oder andere.

Seine Angst ist es, zu verlieren und in die Abhängigkeit eines anderen Menschen zu gelangen. Er erträgt es nicht, unterlegen zu sein. Er hat viel Testosteron in sich und tritt immer an, um zu gewinnen. Verliert er eine Runde, ist dem anderen seine Rache gewiss. Herakles ist von großer Leidenschaft, aber ohne Empathie. Er merkt nicht, wenn er sich selbst oder andere verletzt.

Angst

Die Schattengestalt dieses großen Halbgottes ist der wütende Tyrann, der im Wahn sogar seine eigenen Kinder erschlägt. Er achtet auf dem Weg zu seinem Ziel weder auf seinen Körper noch auf seine Gesundheit oder seine sozialen Kontakte. Diese feurige Energie versetzt ihn in die Lage, sich um einer Sache willen völlig zu vergessen und nur noch dieses eine Ziel zu sehen.

Schatten

Herakles ist ein extravertierter Sachtypus. Seine Stärke liegt in der schnellen Umsetzung von Gedanken in Handlungen. Er hat wenig Lust, sich auf Gefühle einzulassen. Wenn er etwas fühlt, dann in erster Linie Wut. Er versucht sich das Leben logisch zu erklären. Sein Abwehrmechanismus Nummer eins ist die Rationalisierung. Er wird das Positive in jeder Situation suchen und sich die Vorteile vor Augen führen. Wenn er in eine schwierige Lage kommt, denkt er kurz nach, was zu tun ist, und dann handelt er – oftmals auch falsch, aber er sagt sich: Lieber eine falsche Entscheidung treffen als gar keine.

Gefühlslage

Sein Platz im Leben ist ein Beruf, in dem es viel zu gewinnen gibt. Er liebt den Ruhm und will in der ersten Reihe stehen. Durch seine hohe Energie und seine Lust am Wettbewerb hat er ein gutes Betätigungsfeld in allen Bereichen des Vertriebs, wo es darauf ankommt, sich mit anderen zu messen und sich zu beweisen.

Position im Leben: Karrierechancen und Karrierefallen

Die größte Stärke dieses Typs ist auch seine größte Schwäche. Die Kraft, voranzugehen, unerbittlich, dynamisch, ohne nach rechts oder links zu blicken, ermöglicht ihm zwar eine schnelle und erfolgreiche Karriere, aber der Preis, den er bezahlt, ist hoch. Er gesteht sich kaum ein Gefühlsleben zu.

Chancen/Fallen für privates Glück

Erlösung aus dem Mythos

Der Herakles der Moderne ist wie sein antikes Vorbild von Rache getrieben. Er will es der Welt zeigen. Häufig, weil er dem Vater beweisen will, dass er gleichwertig ist, manchmal auch der Ehefrau. Erlösung findet er dann, wenn er durch das Tor der Vergebung gegangen ist. Sein Streben nach Rache kann durch Großzügigkeit und Verzeihen geheilt werden. Wenn der Herakles-Typ es schafft, den vom Konkurrenten hingeworfenen Fehdehandschuh liegen zu lassen und dem Aggressor großzügig zu verzeihen, weil er fühlt, dass er sich nicht länger der ganzen Welt beweisen muss, dann ist er von seinem Mythos befreit und kann die helle Seite seiner Kraft leben, ohne immer siegen zu müssen.

Herakles im Überblick	
Element:	Feuer
Innere Stimme:	»Es kann nur einen geben.«
Antrieb:	Rache
Erlösung:	Verzeihen
Oberstes Ziel:	Unabhängigkeit, Karriere
Persönliche Ausprägungen:	Ungeduld, hohe Energie, Tatkraft
Stärken:	Fähigkeit, Aufgaben effektiv zu erledigen, Charakterstärke, Hartnäckigkeit, Tempo
Konfliktpotenzial:	wenn er betrogen oder hintergangen wird, wenn er unterlegen ist
Reaktion auf Druck:	kriegerisch, aggressiv, aufsässig
Natürliche Erfolgsstrategien:	Er ist absolut klar in seinen Zielen. Er zögert niemals. Er setzt mit seiner Ungeduld den Verhandlungspartner unter Druck. Er ist schneller als jeder andere und baut damit Druck auf.
Strategien zur Erlösung aus dem Mythos:	Machen Sie sich klar, dass ein wichtiger Antreiber bei Ihnen die Rache ist, dass Sie sich der Welt beweisen wollen. Und dann sagen Sie sich, dass Sie eine Wahl haben, und machen sich bewusst, welchen Preis Ihnen der Sieg wirklich wert ist.

Odysseus – was das Bild verrät:

Wache, aufgerissene Augen:	Er fragt sich immer, wo das nächste Abenteuer, das nächste Ziel auf ihn warten könnte.
Unsteter Blick:	Er ist ständig unterwegs, kommt nie an, das lässt ihn manchmal zweifeln oder auch verzweifeln.
Bart:	Er hat so viele Abenteuer zu bestehen, dass er wenig Zeit Zeit für sein Äußeres hat, obwohl er gerne gut aussieht.
Ketten um seinen Körper:	Er bindet sich an den Mast, um nicht den Sirenen zu verfallen. Da er sie aber im Grunde hören will, leidet er.
Sehniger Köper:	Er verbrennt schnell, ist daher meist schlank und weniger muskulös als ein typischer Herakles.

Die Abenteuerlust des Odysseus

Der Mythos

Odysseus der Seefahrer lebt und herrscht auf der Insel Ithaka. Er ist mit Penelope verheiratet. Eines Tages treibt ihn der Krieg um Troja auf große Fahrt. Zur gleichen Zeit ist seine Frau gerade mit dem ersten und einzigen gemeinsamen Sohn schwanger – trotzdem verlässt er sie, um auf jahrelange Abenteuerfahrt zu gehen. Was auf diesen Irrfahrten beeindruckt, ist, dass es bei all den Abenteuern, die Odysseus erlebt, immer wieder liebende Frauen sind, die ihm helfen und ihm ermöglichen, Heldentaten zu begehen.

Zunächst trifft er auf einer einsamen Insel Circe, die seine Männer in Schweine verwandelt und sich in ihn verliebt. Er liebt sie auch – ein wenig zumindest – und lässt es sich einige Zeit auf ihrer Insel gut gehen. Aber schon bald wird ihm bewusst, dass er weiterreisen muss, und so verlässt er sie. Später kreuzen Nausikaa und Kalypso seinen Weg, beides Frauen, die ihn lieben und doch ohne Gram und Rache gehen lassen. Dieser Odysseus kommt, besiegt alle und zieht wieder weiter, auch deshalb, weil er unter dem besonderen Schutz der Götter steht. Von Poseidon wird er gejagt und von Pallas Athene beschützt, und als er sich von Kalypso nicht mehr trennen mag, greift sogar Zeus persönlich ein.

Vielleicht bleibt er im Herzen seiner Frau Penelope stets treu. Zumindest ist es ihm sehr wichtig, dass sie ihm treu ist – in all den Jahren seiner Irrfahrten und Seitensprünge –, und so testet er sie erst, bevor er sich ihr bei seiner Rückkehr zu erkennen gibt. Vielleicht braucht er auch diese Ehefrau, um sich von all den liebreizenden Frauen auf den ägäischen Inseln loszureißen und seinem eigentlichen Ziel zu folgen, dem Abenteuer. Erst sehr viel später rächt sich der Seitensprung mit seiner ersten Geliebten Circe, er stirbt unerkannt durch die Hand ihres gemeinsamen Sohnes.

Der Odysseus der Moderne

Odysseus ist ein Eroberer. Sei es, weil er so leben will oder weil er von den Göttern zu langen Irrfahrten verdammt wurde. Beim Odysseus der Neuzeit verhält es sich ähnlich: Sein Charakter bestimmt ihn dazu, immer wieder auf den Irrfahrten des Lebens das ganz große Abenteuer zu suchen. Verharrt er auch nur einige Tage in der wohligen Nähe einer liebenden Frau, wird er unruhig. Er muss hinaus, neue Geschäfte akquirieren, neue Märkte erobern oder neue Forschungsergebnisse finden. Es hält ihn nichts und niemand. Lieber strebt er sehnsuchtsvoll in die Ferne, als angebunden zu sein an einem sicheren Ort – und so hat er keine wirkliche Heimat, in der er bleiben darf. Manchmal hat er eine Frau, Kinder und auch ein Zuhause – nur ist er dort kaum zu finden. Bisweilen hat er eine Geliebte – aber auch die merkt schnell, dass er, selbst wenn er da ist, nicht wirklich ganz und gar bei ihr ist. Seine Gedanken sind längst wieder woanders. Nicht unbedingt bei anderen Frauen – aber bei neuen Abenteuern. Und er macht aus allem ein Abenteuer. Sobald eine Frau ihn an sich binden will, wird er unmutig und ist schneller weg, als sie ihm einen Vorwurf hinterherrufen kann. Die Mischung aus Feuer und Luft (Sonne) ermöglicht diesem Mann, das Leben mit Kraft und Leichtigkeit in die eigenen Hände zu nehmen. Es macht ihm Spaß, die Karriereleiter zu erklimmen, und dabei findet er immer noch Zeit für nette Spielchen mit Frauen, die sich gerne verführen lassen. Ernst ist es ihm selten. Was wirklich zählt, ist, den Weg an die

Spitze oder zu neuen Ufern zu finden. Wenn er eine Frau trifft, die ihn wie Kalypso oder Circe bei seinen beruflichen Fahrten unterstützt, nimmt er das gerne an und behandelt diejenigen gut, die ihm helfen.

Motiv des Lebens/ Werte und Ziele

Sein Leitmotiv im Leben ist es, sich auszuprobieren und zu erfahren, was er alles kann. Dabei ist ihm Vielfalt wichtiger als Macht. Er will erobern und gewinnen. Er ist ein Abenteurer, der sich viel zutraut, manchmal überschätzt er sich dabei auch. Wird er irgendwo festgehalten oder die Arbeitsabläufe wiederholen sich, langweilt er sich schnell und bricht aus.

Angst

Die größte Angst des Odysseus ist es, öffentlich zu versagen, dicht gefolgt von der Furcht, sich zu langweilen. Er will sein Leben nicht vergeuden, ohne alle Chancen wahrgenommen zu haben, die sich bieten könnten. Er möchte jede Frau erobern oder zumindest wissen, dass er sie hätte kriegen können. Wirklich haben will er sie nicht.

Schatten

Der Schatten des Eroberers ist der berechnende und listige Manipulator, der schon einmal jemanden ausnutzt, der ihm in Liebe zugetan ist. Odysseus ist egozentriert; er verletzt andere zwar nicht absichtlich, aber er nimmt Verletzungen Dritter, die seinen Zielen entgegenstehen, billigend in Kauf.

Gefühlslage

Seine Gefühlslage ist explosiv. Er kann sehr cholerisch sein, aber auch ausgesprochen charmant auf andere wirken. In seinem Gefühlsleben herrscht große Vielfalt. Er gibt oft nicht zu, was er wirklich empfindet.

Position im Leben: Karrierechancen und Karrierefallen

Seine Position im Leben liegt vor allem im Bereich des Beruflichen, auch hier braucht er die ständige Bewegung, den Wandel und die Vielfalt. Er ist dank seiner explosiven, extravertierten Mischung aus Fühlen und Denken prädestiniert für Tätigkeiten in Verkauf und Vertrieb. Er kann mit Leichtigkeit und Freude auf Menschen zugehen und sie verführen, mit ihm gemeinsam einen neuen Weg zu beschreiten. Er führt charismatisch, ist ein moderner »Rattenfänger von Hameln«. Die Menschen sind begeistert von seiner Eloquenz und folgen ihm gerne. Es ist eher seine Stärke, etwas Neues aufzubauen, als etwas Bestehendes zu erhalten und zu erweitern. Detailplanung liegt ihm nicht. Dafür braucht er Mitarbeiter, die ihm diese Tätigkeiten abnehmen.

Chancen/Fallen für privates Glück

Der Odysseus-Typ ist auch ein Genießer. Er liebt das Leben und lässt sich gerne verwöhnen. Nur nach trautem Heim – Glück allein darf es dabei nicht riechen.

Erlösung aus dem Mythos

Erlöst wird der Odysseus der Moderne, wenn er zum Augenblicke sagen kann »Verweile doch, du bist so schön«, ohne die Angst zu haben, dabei zu Grunde zu gehen. Sobald er eine innere Heimat gefunden hat, kann er aufhören, wie ein Hamster im Rad zu rennen. Je weniger er vor seiner Innerlichkeit flüchtet, desto mehr hat er die Chance, sein wahres inneres Ziel auch zu erreichen – und damit auch jedes äußere Ziel. Wer die Heimat im Herzen trägt, hört auf, sich von Abenteuern im Außen beherrschen zu lassen.

Odysseus im Überblick	
Element:	Feuer und Luft
Innere Stimme:	»Die Jagd ist lohnender als die Beute.«
Antrieb:	Entdeckung und Eroberung
Erlösung:	eine innere Heimat finden
Oberstes Ziel:	Innovation und Abenteuer
Persönliche Ausprägungen:	Geltungsbedürfnis, Neugierde
Stärken:	Optimismus, Flexibilität
Konfliktpotenzial:	bei Langeweile in Beruf und Privatleben: Aufgaben mit häufigen Wiederholungen und vielen Details
Reaktion auf Druck:	schnell gelangweilt, ungeduldig, aggressiv
Natürliche Erfolgsstrategien:	Er ist kontaktfreudig und optimistisch. Er ist freundlich und lebhaft. Er arbeitet kompetent und effektiv. Er kann Leute gut motivieren. Er kann sich gut präsentieren.
Strategien zur Erlösung aus dem Mythos:	Sie sind ein ruheloser Geist auf der Suche nach Erfüllung. Seien Sie sich sicher, dass die wahren Abenteuer im Inneren bestanden werden müssen und jeder Drache, den Sie töten, ein ungeliebter Anteil Ihres Selbst ist, der um Anerkennung bittet.

Narziss – was das Bild verrät:

Verzückter Blick:	Er ist so von seinem Spiegelbild angetan, dass er nichts und niemanden um sich herum wirklich wahrnimmt.
Klammernder Griff:	Er hält an diesem Trugbild krampfhaft fest, niemals würde er zulassen, dass ihm jemand seine Selbstillusion nimmt.
Weiches Gesicht:	Er hat weniger Testosteron als Herakles und Odysseus, das macht seinen Blick und sein Wesen weicher und seinen Körper meist nicht so athletisch.
Sehnender Blick:	Er ist durchaus zur Liebe bereit und auch fähig, aber nur, wenn er all die Aufmerksamkeit bekommt, die er für sich beansprucht. Die Intensität seines Sehnens zeigt, dass er nur sehr selten so geliebt wird, wie er glaubt, es zu verdienen.

Die Darstellungskunst des Narziss

Der Mythos

Narziss ist als Sohn einer Nymphe ein besonders schöner Jüngling. Er will aber von der Liebe zunächst nichts wissen und sich auf niemanden einlassen. Als sich die Nymphe Echo in ihn verliebt, weist er sie zurück. Echos Handicap ist, dass sie nicht sprechen kann und nur der Nachklang dessen, was sie sagt, zu verstehen ist. In ihrer Wut über diese Zurückweisung verflucht sie ihn dazu, sich in sein eigenes Spiegelbild zu verlieben.

Als er eines Tages in einen stillen See blickt, verliebt er sich so sehr in sein Abbild, dass er keine anderen Wesen mehr wahrnimmt. So sitzt er Tag für Tag verblendet an diesem See und starrt sich selbst im Wasser an. Jedes Mal aber, wenn er sein Spiegelbild berühren will, verschwindet es in den Wellen, die die Berührung schafft. Er wird schwächer und schwächer und so vergeht er langsam und stirbt, ohne jemals Liebe erfahren zu haben.

Eine andere Geschichte um seinen Tod erzählt, dass ein Stein ins Wasser fällt und sein Spiegelbild zerstört und er in ohnmächtigem

Schrecken darüber, dass das eigene Bild der Wirklichkeit nicht standhält, den Tod findet. Die Götter schaffen ihm ein Denkmal, indem sie eine Blume an der Stelle seines Dahinscheidens wachsen lassen – die Narzisse.

Der Narziss der Moderne

Wie der Name sagt, ist der Narziss der Moderne jener Narzisst, der sich selbst mehr liebt als einen anderen Menschen. Wie Aphrodite, seine weibliche Entsprechung, geht es ihm darum, sich selbst in dem anderen zu sehen, bewundert und verehrt zu werden. Er gibt sich nie ganz und seine Gedanken kreisen in narzisstischer Selbstumrundung immer um ihn selbst. Er hat eine hohe Begabung, andere in seinen Bann zu ziehen, da er der geborene Selbstdarsteller und ein Meister der Inszenierung ist. Es macht Spaß, in seiner Nähe zu sein, doch sehen wird er den anderen immer nur als einen Bewunderer seiner selbst. Der Satz »War ich gut, Chérie?« gehört bei ihm zum Programm. Wenn er aufhört, über sich selbst zu sprechen, wird er sein Gegenüber fragen: »Lass uns jetzt einmal über dich reden, erzähle mir doch, wie findest du denn mich?«

Motiv des Lebens/ Werte und Ziele

Sein Motiv ist der Erfolg im darstellenden Bereich. Er möchte gesehen, bewundert und bejubelt werden. Dafür setzt er einiges aufs Spiel und zeigt unermüdlich Energie und Schaffensdrang. Er ist ungeduldig darauf erpicht, jedem zu beweisen, wie gut er ist. Nur wenn er sofort überaus positives Feedback für seine Leistungen erhält, ist er motiviert, an einer Sache dranzubleiben. Bleibt überschwängliches Lob zu lange aus, verliert er oft die Lust. Dabei will er sich nicht binden oder einschränken lassen. Er hasst Regeln genauso wie das eintönige Alltagsleben.

Angst

Seine Angst ist es, seinem Selbstbild nicht zu entsprechen. Wie das Spiegelbild des Narziss immer dann verschwindet, wenn etwas ins Wasser fällt, so ist die Verzerrung seines Selbstbildes das Schlimmste, was ihm passieren kann. Bekommt er zum Beispiel ein Feedback, das nicht seinen Vorstellungen entspricht, so kränkt ihn das unendlich. Die Kränkung ist überhaupt die Form der Verletzung, die beim Narzissten die größte Resonanz erhält. Außerdem fürchtet er, in einem Leben der Normalität, Austauschbarkeit und Langeweile zu landen, dessen Eintönigkeit ihm die Luft zum Atmen nehmen würde und eben nicht seinem schillernden Selbstbild entspräche.

Schatten

Der Schatten des Narziss ist, die eigene Selbstverliebtheit so weit zu treiben, dass er jede und jeden dazu bringt, ihn zu bewundern und dafür sich selbst aufzugeben. Ein Paradebeispiel ist John Malkovich als Vicomte de Valmont in dem Film *Gefährliche Liebschaften* nach dem Roman von Choderlos de Laclos, der Michelle Pfeiffer als Madame de Tournel dahin treibt, sich so sehr in ihn zu verlieben, dass sie schließlich an gebrochenem Herzen stirbt, als er sich ihr entzieht. Nur durch dieses Opfer erfährt er sich als der, der er sein will. Wie auch der Vicomte erst in seiner Todesstunde begreift, wie sehr er sich durch seine Eitelkeit von seinem wirklichen Sein und seinem Glück hat abbringen lassen, so kann es dem Narzissten ergehen, dass er vor lauter Eitelkeit am eigentlichen inneren Leben gar nicht teilnimmt. Ein tragisches Schicksal für ihn und für alle, die dem unerlösten Narzissten verfallen.

Gefühlslage

Narziss ist entweder himmelhoch jauchend oder zu Tode betrübt. Alles, was er empfindet, sieht weitaus schlimmer aus, als es tatsächlich ist. Es gelingt ihm, aus jedem noch so kleinen Gefühl und aus jeder noch so kleinen Begebenheit eine ganz große Sache zu machen. Er hat meist eine recht hysterische Persönlichkeitsstruktur, die ihn gleichsam interessant wie auch anstrengend für andere erscheinen lässt.

Position im Leben: Karrierechancen und Karrierefallen

Seine Position sucht er gerne auf einer Bühne, wo er beweisen kann, wie brillant er ist. Da er sich nicht wirklich auf jemand anderen einlässt, findet sein Leben mehr im Beruflichen als im Privaten statt. Er passt überall dorthin, wo seine Leistungen sofort belohnt werden. Er ist gut, wo er Applaus bekommt. Häufig findet seine Art zu leben erfolgreichen Ausdruck in der Welt der darstellenden Künste. Aber auch in Werbung und Verkauf hat er gute Chancen.

Chancen/Fallen für privates Glück

Meist gestaltet er seine Beziehungen aus Angst davor, sich zu sehr auf andere einzulassen, so, dass er immer wieder verlassen wird – und dann wieder in aller Ruhe sein eigenes Spiegelbild betrachten darf. Damit hat er sich einmal mehr bewiesen, wie sehr er von der Welt verkannt wird.

Erlösung aus dem Mythos

Erlöst wird der Narzisst dadurch, dass er von der egozentrischen Selbstumkreisung in eine echte Selbstliebe gelangt, die sich genug ist und nicht mehr die Bestätigung von außen braucht. Diese Erlösung findet er, wenn er seine Persönlichkeitsstruktur erkennt und die Fähigkeit entwickelt, sich in Liebe wirklich auf einen anderen Menschen einzulassen. Erst wenn er den anderen für genauso wichtig hält wie sich selbst, hat er eine Chance zu lieben – statt sich egozentrisch um sich selbst zu drehen.

Narziss im Überblick	
Element:	Luft
Innere Stimme:	»Ich bin besser als die anderen.«
Antrieb:	Ansehen
Erlösung:	Aufgabe des Egos zu Gunsten eines anderen (Altruismus)
Oberstes Ziel:	Popularität und Bestätigung durch Verführung
Persönliche Ausprägungen:	Optimismus, rosarote Brille, Flexibilität
Stärken:	verbale Fähigkeiten und Fantasie
Konfliktpotenzial:	Lebenssituationen, die keine Aussicht auf Veränderung haben
Reaktion auf Druck:	unvorsichtig, unorganisiert
Natürliche Erfolgsstrategien:	Er ist redegewandt und optimistisch. Er zeigt sich spontan und offen für Neues. Er ist großzügig und möchte die Welt verändern. Er hat keine Angst davor, Risiken einzugehen und Abenteuer mitzumachen.
Strategien zur Erlösung aus dem Mythos:	Machen Sie sich Ihre narzisstische Natur bewusst. Sie sind durch Kränkungen Dritter beeinflussbar. Lernen Sie, den anderen zu sehen, und sprechen Sie über die Themen Ihrer Mitmenschen – nicht nur über Ihre eignen!

Dionysos – was das Bild verrät:

Erhobenes Glas:	Er feiert gern, das gesellige Beisammensein ist ihm das Wichtigste.
Körperbau:	Er genießt das Leben und achtet daher nicht so sehr auf einen muskulösen Körper, manchmal ist er auch rundlicher.
Tuch:	Da Wohlbefinden sein höchstes Ziel ist, kleidet er sich gerne leger. Anzugzwang und Krawattenpflicht sind nichts für ihn.
Sinnliche Mimik:	Der entspannte Gesichtsausdruck, die warmen Augen, der sinnliche Mund sind Ausdruck seines Lebensmottos: »Leben und leben lassen.«

Die Lebenslust des Dionysos

Der Mythos

Dionysos kommt als Sohn der Fruchtbarkeitsgöttin Semele und des Göttervaters Zeus auf die Welt. Als die eifersüchtige Hera erfährt, dass ihr Göttergatte sie wieder einmal betrügt, macht sie sich auf zu der schwangeren Semele und fragt diese, wer der Vater des Kindes sei. Semele sagt ihr wahrheitsgetreu, dass sie dies nicht wisse, denn Zeus ist ihr stets nachts und unerkannt begegnet. Hera bringt Semele dahin, Zeus zu zwingen, sich ihr zu zeigen. Listig vergiftet sie ihre Seele, indem sie zu ihr sagt: »Liebe Semele, wenn er es ernst mit dir meint, zeigt er sich auch.« So angestachelt, verweigert sich Semele Zeus, als er sie in der nächsten Nacht besucht. Daraufhin offenbart der gekränkte Gott sich ihr wutentbrannt in Gestalt von Blitz und Donner. Wie so viele überlebt sie es nicht, dem wahrhaftigen Zeus in seinem Zorn zu begegnen. Aber er rettet seinen Sohn aus ihrem sterbenden Körper.

Dionysos wird Zeit seines Lebens von der eifersüchtigen Hera verfolgt. Auf der Flucht vor Heras Rache erfindet er den Weinanbau, schließt Freundschaft mit den Nymphen und wird der Gott des Weines, der Lust und der Ekstase. Später wird er als Erlösergott gepriesen, der, gefolgt von den Nymphen, überall im alten Griechenland die Schönheit des Rausches und der Lust verbreitet.

Damit macht er sich auch Feinde. So gibt es etwa einen fürchterlichen Kampf mit den Amazonen, die diese Art zu leben gänzlich ablehnen. Dionysos hat all diejenigen zum Feind, die auf Pflichtgefühl und Disziplin pochen, und wird von denen geliebt, die gerade den Pflichten des Lebens ab und zu entkommen möchten.

Der Dionysos der Moderne

Er ist der Lebenserotiker schlechthin. Er genießt es, dem Schicksal als Liebhaber zu begegnen, und nimmt das Leben von der angenehmen Seite, ist nicht ehrgeizig, dafür genauso lebenshungrig wie lebenslustig. »Weib, Wein und Gesang« heißt sein Motto. Ihm gehört die Welt und er fragt manchmal erst viel zu spät nach der Rechnung.

Motiv des Lebens/ Werte und Ziele

»Carpe diem« ist seine Lebensmaxime. Er lebt den Augenblick, und das jeden Augenblick seines Lebens. Er grübelt und zweifelt nicht viel, sondern gibt sich dem Leben und seinen Möglichkeiten hin. Er arbeitet, um zu leben, und lebt nicht, um zu arbeiten. Dabei ist er ein angenehmer Gesellschafter und kann auch ein großer Verführer sein.

Angst

Seine Angst ist es, in der Starre eines geregelten Lebens eingeengt zu werden und über der Pflicht die Kür zu vergessen. Er lebt nach der Maxime, dass das Leben endlich ist und jeder Tag ein verlorener, an dem er nicht der Muße nachgegangen ist. Pflicht erscheint ihm wie ein Gefängnis, das es zu meiden gilt.

Schatten

Sein Schatten ist die völlige Hemmungslosigkeit. Er läuft Gefahr, sich selbst abhanden zu kommen und somit im tatsächlichen Leben den Halt zu verlieren und unter die Räder zu geraten. So erleben wir bei manchem noch so begnadeten Künstler-Dionysos, dass er sein Talent im Alkohol und bei ausschweifenden Feiern ertränkt und immer dann, wenn Durchhaltevermögen und Disziplin gefragt sind, versagt. Es ist, als flüstere ihm eine innere Stimme ein, dass er nicht wirklich erfolgreich sein dürfe, weil er dann seinem eigentlichen Lebensziel, der Zerstreuung und der Muße, nicht mehr nachkommen würde. Im positiven Fall entscheiden sich einige große Künstler dieses Typus bewusst gegen die kommerzielle Verwertung ihrer Kunst, weil dies sie genau auf diese Schiene bringen würde. Sie fürchten manchmal auch ein wenig die Korrumpierung ihrer Kreativität durch den Mainstream.

Gefühlslage

Seine Gefühlslage ist überschwänglich und euphorisch. Er sieht das Leben so, wie er es gern sehen möchte, und lässt sich dabei nicht von der Wirklichkeit beunruhigen. Er ist meist ausgelassen und liebt die Gesellschaft von Menschen, die in Feierlaune mit ihm das Leben genießen. Gleichzeitig kann er aber eine große Mimose sein, die nachtragend jedes Wort auf die Goldwaage legt und kleine verbale Angriffe lange übel nimmt.

Position im Leben: Karrierechancen und Karrierefallen

Er ist ein wahrer Lebenskünstler und sucht sich eine Umgebung oder Tätigkeit, die ihm vor allem Spaß macht. Karriere und Perspektive sind bei Weitem nicht so wichtig wie die Freude am Tun. Als Assistent oder Mann in der zweiten Reihe ist er besser dran, als mit zu großer Verantwortung vorne zu stehen. Schwierig ist es für ihn, dass in unserer männlich geprägten Welt die Rolle des Assistenten noch nicht stark gewürdigt wird. Anders bei seinem weiblichen Pendant, der Muse: Die weibliche Assistentin und Frau hinter dem erfolgreichen Mann hat einen anerkannten und geschätzten gesellschaftlichen Stand. Die männliche Muse erfährt erst nach und nach die Akzeptanz der Berufswelt.

Chancen / Fallen für privates Glück

Da er sich nicht dem Beruf und dem eigenen Fortkommen verschreibt, hat der Dionysos-Typ eine gute Chance, als Ehemann oder Lebenspartner einer ehrgeizigen Frau ein erfülltes Leben für sie und ihn zu gestalten. Acht geben muss er dabei allerdings immer auf seine Ausschweifungen, damit diese nicht sein Leben oder seine Gesundheit gefährden. Die gesellschaftliche Anerkennung des Mannes zu Hause entwickelt sich gerade erst und es wird noch einige Jahre dauern, bis der Mann hinter der erfolgreichen Frau als Normalität angesehen wird.

Erlösung aus dem Mythos

Im Grunde ist Dionysos der erlöste Typus schlechthin. Seine Weisheit besteht darin, zu erkennen, dass es die Lebenseinstellung ist, die ihn frei sein lässt, und nicht der Genuss von Rauschmitteln. Lebt er seine Lebenserotik so aus, ist er bereits von seinem Mythos erlöst. Braucht er Drogen dazu, muss er ganz besonders die Gefahr der Abhängigkeit im Auge behalten.

Dionysos im Überblick

Element:	Luft und Erde (die Sonne, die auf die Erde fällt)
Innere Stimme:	»Ich will genießen, lieben und geliebt werden.«
Antrieb:	Wohlbefinden
Erlösung:	Liebe zur Pflicht
Oberstes Ziel:	angenehmes Leben
Persönliche Ausprägungen:	Toleranz, persönliche Beziehungen
Stärken:	Loyalität, Kreativität, Treue
Konfliktpotenzial:	wenn er Aufgaben erledigen soll, bei denen er sich nicht genug einbezogen fühlt
Reaktion auf Druck:	nachgiebig, nachtragend, selbstmitleidig
Natürliche Erfolgsstrategien:	Er ist an Menschen interessiert. Er weiß instinktiv, was andere brauchen, und kann ihnen helfen, das Leben von der schönen Seite zu betrachten. Er ist großzügig und warmherzig. Er besitzt Mitgefühl und ist aufgeschlossen.
Strategien zur Erlösung aus dem Mythos:	Machen Sie sich klar, dass Sie lieber leben und genießen, als zu schuften und sich zu plagen. Seien Sie sich auch darüber bewusst, dass dieses Zeitalter ein sehr leistungsbezogenes Wertesystem hat und man Sie um Ihre lockere Art oft beneiden, aber dafür auch anfeinden wird. Helfen Sie anderen, sich auch einmal zu entspannen, und leben Sie auf eigene Kosten, nicht auf Kosten anderer.

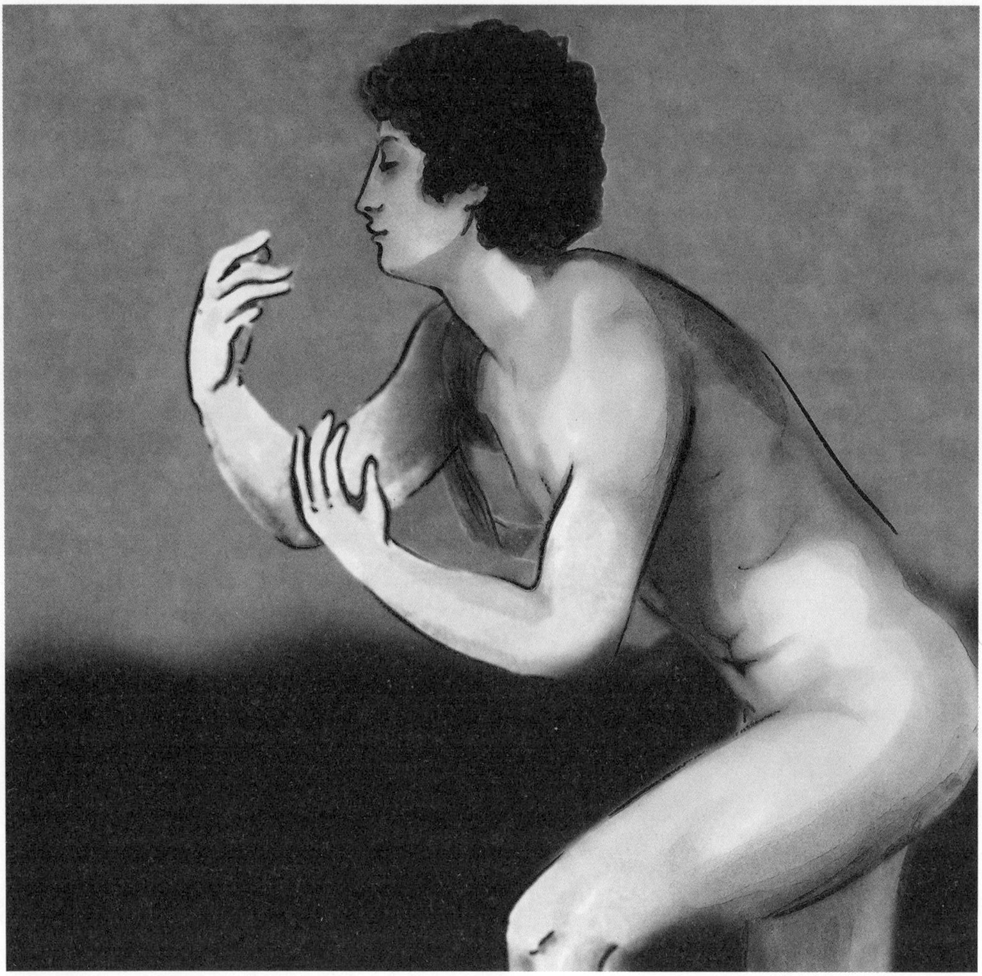

Amor – was das Bild verrät:

Flehende Arme:	Alleine ist er nicht vollständig, es fehlt die Frau an seiner Seite.
Weiche Konturen:	Von allen Typen hat er am wenigsten Testosteron, deshalb die weichen Gesichtszüge und der jugendliche, fast weibliche Körper.
Haltende Hände:	Die Hände und Arme sind Ausdruck seiner Sehnsucht, zu halten und zu beschützen und gleichzeitig selbst umarmt zu werden.
Geschlossene Augen:	Er will weniger sehen oder hören, er nimmt über sein Herz die Welt wahr. (Denn das Wesentliche bleibt den Augen verschlossen, man sieht nur mit dem Herzen gut.)

Die Liebesfähigkeit des Amor

Der Mythos

Um Amors (griechisch: Eros) Geburt ranken sich die wunderbarsten Geschichten und Mythen der Antike. Während die einen sagen, Eros hätte sich bereits zu Anbeginn aller Zeit aus sich selbst heraus erschaffen, und ihn als die personifizierte Zeugungskraft mystifizieren, gibt es daneben eine romantischere Fassung, in der er einer schicksalhaften Verbindung der Liebesgöttin Aphrodite mit dem von allen gehassten Kriegsgott Ares entspringt.

Besonders schön ist auch Amors eigene Liebesgeschichte, seine Liebe zur zarten Prinzessin Psyche. Hier zeigt sich die wahre Liebesfähigkeit des (Liebes-)Gottes und vor allem seine Fähigkeit, eine Frau zu ihrer eigenen Entwicklung anzuregen. Amor rettet Psyche vor der Rache der Aphrodite, deren Zorn sie erregt hat. Eigentlich soll er sie im Namen seiner Mutter strafen, verliebt sich aber unsterblich in sie. In Amors Tempel verbringen die beiden wundervolle Liebesnächte, dabei verbirgt er vor Psyche sein Gesicht, da er weiß, dass eine Sterbliche durch den Anblick eines Gottes Schaden nehmen wird. Von Neugierde getrieben, versteckt Psyche eines Nachts eine Lampe unter ihrem Bett und erblickt

Amor, als er sie besucht. Nach diesem Verrat muss er sie schweren Herzens verlassen.

Daraufhin tut sie alles, um ihren Fehler wiedergutzumachen und ihn zurückzugewinnen. Ihre Liebe zur Liebe selbst – verkörpert in Amor – bringt sie dazu, in die Unterwelt hinabzusteigen. Dort besteht sie schwierige Aufgaben und Abenteuer. Am Ende hat Zeus ein Einsehen und die Liebenden dürfen für immer zusammenbleiben.

Der Amor der Moderne

Dieser fühlende Beziehungstypus ist der wahre Liebende. Er ist fähig, Liebe zu geben und auch anzunehmen. Er sucht die Nähe und kann sie genießen – ohne Wenn und Aber. Er braucht keine Spielchen und ist fern von Näheangst und narzisstischen Selbstumkreisungen oder hysterischen Star-Allüren. Für ihn gehören die Menschen zusammen und er ist bereit, seinen Teil dazu beizutragen. Dadurch schafft er für sich und die Frau an seiner Seite eine Atmosphäre von Akzeptanz, Wärme und Liebe.

Motiv des Lebens/ Werte und Ziele

Sein Motiv ist zu lieben und geliebt zu werden. Er will in Gemeinschaft und Harmonie leben. Da er oft auch eine Mission in sich trägt, nämlich diese Welt zu verbessern, indem er die Menschen läutert, wirkt der Amor der Moderne häufig als Therapeut oder Coach. Durch seine Empathie, aber auch durch seinen Glauben an die Liebe, gelingt es ihm häufiger als anderen Typen, Menschen gerade im therapeutischen Kontext zu helfen. Da er für sich erkannt hat, dass Liebe stets wichtiger ist als Karriere, kann er dieser Berufung nachgehen, auch wenn sie nicht gut bezahlt wird und manchmal sehr ernüchternd ist. Er ist fähig, andere zu trösten und besinnlich zu stimmen, vor allem, wenn es darum geht, den eigenen Weg im Leben zu finden.

Angst

Seine Angst ist es, verlassen zu werden und alleine und autonom leben zu müssen. Deshalb glaubt er auch, dass jede Frau im Grunde nur ihren Prinzen sucht, der sie aus der Einsamkeit erlöst. Hier kann er manchmal irren – aber wer weiß, durch seine Fähigkeit zu lieben bringt er vielleicht auch die Auserwählte dazu, ihre eigene Liebesfähigkeit zu erkennen.

Schatten

Der Schatten des Liebenden ist die Abhängigkeit. Seine romantische Seite besteht in der Fähigkeit, sich einem einzigen Menschen ganz zu verschreiben und hinzugeben. Die schmerzhafte Gefahr dabei ist allerdings der Verlust dieser einen Liebe, die auf diesen einen Menschen projiziert wird und durch keinen anderen Menschen ersetzt werden kann. Geboren zu sein, um einen bestimmten Menschen ein Leben lang zu lieben, ist Geschenk wie Fluch. Wird die Liebe enttäuscht, folgt nicht selten eine große und ernste Depression.

Gefühlslage

Der Amor-Typus ist warm und integrierend. Er sieht die Welt mit dem Herzen und verströmt eine große Liebe für alle Lebewesen. Er ist ausgeglichen und neigt eher zur Melancholie als zur Euphorie. Auch er kann allerdings sehr empfindlich und nachtragend reagieren. Er hört Verstimmungen und Angriffe heraus, wo ein anderer es vielleicht gar nicht so gemeint hat, und es gelingt ihm nicht oder nur sehr schwer, die eigene Gefühlslage zu ignorieren. Er will sie zur Sprache bringen – immer, ob das nun passt oder nicht. Ein Verhalten, das wir mehr von den Frauen kennen, das sich aber auch immer mehr Männer aneignen.

Position im Leben: Karrierechancen und Karrierefallen

Seine Position im Leben ist zum einen die des treuen Familienvaters, er kann aber durchaus auch im Geschäftsleben erfolgreich sein. Wenn er Karriere macht, treibt ihn allerdings eher das Motiv, seiner Familie einen guten Lebensstandard zu bieten, als der eigene Ehrgeiz, im Rampenlicht stehen zu wollen. Seine größte Stärke ist auch seine größte Schwäche. Er kann im Grunde niemandem wehtun. Er möchte, dass alle Menschen glücklich sind und dass es allen in seiner Gegenwart gut geht. Disharmonie und Streit demotivieren ihn.

Chancen/Fallen für privates Glück

Er ist der wahre Ehemann und Familienvater. Wenn er liebt, dann ist diese Liebe absolut. Er wird sich und die Welt immer eher als ein Ganzes sehen. Wenn er sich entscheiden muss, dann hat er von allen Typen die größte Chance, den Weg des Herzens zu gehen.

Erlösung aus dem Mythos

Hier haben wir das Phänomen, dass der Amor nicht von seinem Mythos erlöst werden muss. Der Amor der Moderne hat nur das eine Handicap, das er im Auge behalten sollte: Seine Harmoniesucht und der Wunsch nach Liebe können ihn von anderen abhängig machen. Hat er aber seine Schattenfigur, die Abhängigkeit, integriert, kann er gerade modernen Frauen, die ihre Liebesfähigkeit verloren haben, als Erlöser begegnen.

Amor im Überblick	
Element:	Erde
Innere Stimme:	»Liebe ist das wichtigste aller Ziele.«
Antrieb:	Liebe und Fürsorge
Erlösung:	Autonomie und Egozentriertheit
Oberstes Ziel:	Zugehörigkeit bei wenig Veränderung
Persönliche Ausprägungen:	passiver Widerstand bei Veränderungen, Risikoangst
Stärken:	Beständigkeit, Herzlichkeit, Liebesfähigkeit
Konfliktpotenzial:	wenn er etwas tun soll, wobei seine Gefühle ignoriert werden
Reaktion auf Druck:	zeigt untertäniges Verhalten
Natürliche Erfolgsstrategien:	Er ist annehmend und nicht kritisch. Er ist liebenswert und freundlich. Er kann eine Sache menschlich sehen. Er besitzt die Gabe, gut zu vermitteln.
Strategien zur Erlösung aus dem Mythos:	Machen Sie sich klar, dass Sie durch Ihren großen Harmoniewunsch gefährdet sind, abhängig von Dritten zu werden. Wenn Sie dies im Blick behalten und bei sich selbst bleiben, haben Sie das größte Potenzial, andere in die Liebesfähigkeit zu führen und dadurch zu erlösen.

Apollon – was das Bild verrät:

Körperbau:	Er achtet auf Gesundheit und Körperertüchtigung, das sieht man an seinem durchtrainierten Körper. Allerdings ist er auch immer sehr angespannt und strengt sich bei allem, was er tut, stark an.
Flehende Hände:	Er versucht, das zu bekommen, was sich ihm nicht geben will, das macht ihn traurig und wütend: »Und bist du nicht willig, so brauch ich Gewalt.«
Offener Mund:	Er ist nicht sinnlich wie Dionysos, sondern angestrengt tätig, um perfekt zu sein.
Lorbeerkranz:	Das, was er liebt, verwandelt sich in einen Lorbeerkranz, damit er es nicht erreicht. Das ist die Metapher für den großen Sieger, der alle Lorbeeren erntet, aber nie die ersehnte Frau.

Die Perfektion des Apollon

Der Mythos

Apollon ist der sauberste, schönste und vorbildlichste aller Griechen. Während die griechische Welt allgemein sehr testosterongesteuert ist, finden wir in Apollon einen der überlegteren Götter. Er ist ein Sohn des Zeus und der Leto: ein weiterer Seitensprung des Göttervaters, der dem Sohn wie allen unehelichen Abkömmlingen die Rache und ewige Verfolgung der zänkischen und eifersüchtigen Hera einbringt.

Diese Beeinträchtigungen seines Lebens und seiner Psyche beginnen schon im Mutterleib. Als die hochschwangere Titanin Leto mit Zwillingen niederkommen sollte, musste sie durch die ganze Welt wandern, weil ihr – aus Angst vor Heras Rache – niemand einen Unterschlupf gewähren wollte. Nur Delos hatte Mitleid, und so gebar sie auf seiner schwimmenden Insel Apollon und seine Zwillingsschwester Artemis. Apollon wächst und gedeiht schnell und prächtig, da er mit Nektar und Ambrosia genährt wird. Nach wenigen Tagen ist er erwachsen – die Kindheit übergeht er – und zieht aus, um das Orakel von Delphi zu gründen. Hinter der Idee des Orakels steht sein Wunsch nach absoluter Perfektion, den er in der Kunst der Weissagung verwirklichen will.

Während Apollon große Heldentaten vollbringt und im trojanischen Krieg letztendlich derjenige ist, der Achill mit Hilfe des gezielten Schusses durch die Hand von Paris zu Fall bringt, hat er in der Liebe ausschließlich Pech. Er liebt viele junge Frauen und auch Männer – aber niemals wird diese Liebe erwidert. Weil Kassandra ihn abweist, verflucht er sie dazu, dass ihre wahren Vorhersagen niemand jemals ernst nehmen soll. Die cumäische Sibylle verschmäht ihn trotz der Aussicht auf nahezu ewige Jugend – und so lässt er sie 1000 Jahre alt werden und vom ersten Tag an altern. Die Nymphe Sinope bleibt lieber ein Leben lang Jungfrau, als sich mit ihm einzulassen. Daphne, eine Freundin seiner Schwester Artemis, begehrt er so sehr, dass er beschließt, sie mit Gewalt zu nehmen, nachdem sie auf all sein Werben nur abweisend reagiert. Als er sich ihr nähert, ruft Daphne die Muttergöttin Gaia zu Hilfe, die sie in einen Lorbeerbaum verwandelt, so dass er ihr nichts anhaben kann.

Apoll ist untröstlich – man weiß nicht, ob aus Liebesschmerz oder aus verletzter Eitelkeit, er trägt seitdem einen Lorbeerkranz als Zeichen seiner Trauer. Mit jeder Ablehnung wächst sein Unverständnis gegen Menschliches, und er wird grausam – wenngleich er sein Handeln mit Gerechtigkeit erklärt.

Der Apollon der Moderne

Er ist der Perfekte, der Fleißige, der anderen immer einen Schritt voraus ist. Dadurch wirkt er übermenschlich und es fällt den Frauen schwer, sich in dieses Abbild von Korrektheit wirklich zu verlieben. Frau wünscht ihn sich mehr zum Freund als zum Geliebten, ist er doch zu weit entfernt von allem, was menschlich ist.

Motiv des Lebens/ Werte und Ziele

Sein Motiv ist die Perfektion. Er will alles verstehen, kontrollieren und beherrschen. Er steht zwischen Gefühl und Verstand und diese Ambivalenz bringt ihm häufig großen Schmerz. Er versteht nicht, warum er nicht genauso geliebt und begehrt wird wie ein Amor oder Odysseus. Das Geheimnis liegt in seiner eigenen Unnahbarkeit, die so viel mehr zur Bewunderung einlädt als zur Liebe. Er hält anderen einen Spiegel vor, der mehr die Fehler zeigt als die schönen Seiten, darum nehmen die Menschen von ihm Abstand.

Angst

Apollons Angst ist, den Überblick, die Kontrolle und somit die Macht über die Situation zu verlieren. Er wird nervös, wenn die Dinge nicht mehr berechenbar und kalkulierbar sind. Er will sich nicht dem Gefühl hingeben, dadurch wirkt er auf seine Umwelt manchmal etwas spröde.

Schatten

Der Schatten des Perfektionisten ist die Starrheit, die Rigidität. Diese Eigenschaft macht ihm und seiner Umwelt das Leben schwer. Es fehlt ihm an der Leichtigkeit, das Leben von seiner schönen Seite zu nehmen.

Gefühlslage

Er ist ein Erd-Wasser-Typ. Den Kampf zwischen Gefühl und Verstand gewinnt meistens der Verstand, und so versucht er, für alles eine vernünftige Erklärung zu finden. Dieses ständige Streben nach dem Richtigen statt nach dem Guten im Leben macht ihn hart und unzufrieden. Statt sich einmal gehen zu lassen und das Leben zu genießen, versucht er immer und überall Leistung zu erlangen. Das zeigt sich in seinem psychischen, aber auch häufig in seinem physischen Gesundheitszustand. Nicht selten leidet er unter Verspannungen, Schlafstörungen oder Magenproblemen. Sein Drang zur Perfektion wirkt sich häufig negativ auf sein Liebesleben aus, was dann wieder neue Verspannungen mit sich bringt, und so ist seine Gefühlslage ständig im Kreislauf der Angespanntheit und Unzufriedenheit.

Position im Leben: Karrierechancen und Karrierefallen

Er ist überall dort gut aufgehoben, wo er mehr mit Sachen als mit Menschen zu tun hat. Er kann Begebenheiten und Fakten analytisch auf den Grund gehen, sich Menschen auf der Beziehungsebene zu nähern, ist dagegen nicht seine Stärke. Seine Chancen liegen im Bereich von Wissenschaft und Forschung oder auch in der Verwaltung. Er ist ein großer Theoretiker. Seine Probleme beginnen da, wo das Menschliche und das Unvollkommene seinen Weg kreuzen. Dafür, dass es menscheln könnte, hat er wenig bis gar kein Verständnis.

Chancen/Fallen für privates Glück

Durch seinen Hang zur Perfektion schreckt er Menschen sehr leicht ab und treibt sie von sich weg. Da er sich und seine perfektionistische Sicht auf die Welt als Norm betrachtet, versteht er die Zurückhaltung und Ablehnung seines Gegenübers häufig nicht. Sobald er die Grenzen seiner eigenen Rigidität überwunden hat, kann er ein sehr treuer und wunderbarer Partner sein.

Erlösung aus dem Mythos

Erkennt der Apollon der Moderne mit ein wenig Humor und Selbstironie die anstrengende Seite seines Perfektionismus, kann es ihm gelingen, loszulassen und einfach einmal nur Mensch zu sein. Er kann dann aufhören, Pläne, Listen und Strategien zu entwickeln, und das Leben von der leichten Seite kennenlernen. Das Tor, durch das er dazu gehen muss, heißt, sich selbst zu erlauben, etwas falsch zu machen, und sich über das zu definieren, was er ist, und nicht über das, was er schafft. Meist ist dieser Weg für ihn deswegen recht schwer, weil der Perfektionist sein eigenes Verhalten mehr als alle anderen Archetypen als das einzig richtige ansieht und somit eher die ganze Welt verändern möchte als sich selbst.

Apollon im Überblick	
Element:	Erde und Wasser
Innere Stimme:	»Sei vorsichtig.«
Antrieb:	Ordnung
Erlösung:	Fehler machen und sich selbst dabei akzeptieren
Oberstes Ziel:	Perfektion
Persönliche Ausprägungen:	analytisch, ordentlich
Stärken:	Logik, analytisches Denken, systematische Vorgehensweise
Konfliktpotenzial:	wenn andere ihre Meinung ständig ändern
Reaktion auf Druck:	besorgt, ängstlich, sammelt Detailinformationen
Natürliche Erfolgsstrategien:	Er ist loyal, vertrauensvoll und verantwortungsvoll. Er arbeitet hart und ist organisiert. Er ist intellektuell, geistreich und ordentlich.
Strategien zur Erlösung aus dem Mythos:	Machen Sie sich klar, dass Ihr Perfektionismus Ihrer Umwelt auf die Nerven geht. Niemand lässt sich gerne ständig sagen, wie die Welt funktioniert. Lernen Sie, sich nicht so furchtbar wichtig zu nehmen, und lachen Sie viel mehr über sich selbst. Hören Sie auf zu kritisieren und finden Sie statt dem Haar in der Suppe lieber das Schöne in der Welt.

Prometheus – was das Bild verrät:

Fackel in der Hand:	Er bringt den Menschen das Feuer, das heißt, er steht für Entwicklung und Weisheit.
Ängstlicher Blick zurück:	Er geht einen Schritt nach vorne und vergewissert sich sofort, ob das, was er da tut, auch richtig war.

Die Weisheit des Prometheus

Der Mythos

Prometheus ist einer der Titanen. Sein Name bedeutet »der Vorausdenkende«. In einer sehr frühen Zeit der Antike, als Zeus noch großen Groll gegen die Menschen hegt, ist Prometheus ein Menschenfreund. Er hilft ihnen, wo er nur kann. Und so raubt er den Göttern das Feuer, das Zeus den Menschen vorenthalten will. Durch das Feuer erlangen die Sterblichen einiges an Macht, und das muss Prometheus hart büßen. Zeus lässt ihn von Hephaistos an einen Felsen schmieden und ein Adler frisst jeden Tag seine Leber, die in der Nacht wieder nachwächst. Erst nach langer Zeit, als Zeus in einer bedrängten Lage ist, lässt er es zu, dass Herakles den Adler erschlägt und Prometheus freilässt. Vorher hat der kluge Prometheus eine wichtige Weissagung gemacht, die Zeus davon abhält, die falsche Frau zu heiraten und dadurch seine Macht zu verlieren. Noch heute wird Prometheus als Gott des vorausschauenden Denkens, aber auch des Handwerks verehrt.

Der Prometheus der Moderne

Er ist der klare Denker, der emotionslos alles hinnimmt, was das Leben ihm bietet, ein wahrer Stoiker. Er handelt strategisch und überlegt.

Motiv des Lebens/ Werte und Ziele

Die Motive seines Lebens sind die Klarheit und die Weisheit. Er verabscheut Hauruck-Entscheidungen und verlässt sich lieber auf seinen Verstand als auf sein Gefühl.

Angst

Wie Apollon hat auch Prometheus Angst vor dem Chaos und dem in seiner Folge drohenden Kontrollverlust.

Schatten Sein Schatten ist der zwanghafte Verlangsamer, der so lange grübelt und über etwas nachdenkt, bis es sich nicht mehr lohnt, überhaupt noch zu handeln.

Gefühlslage Als Wassertyp und introvertierter Denker ist er Stratege und Analytiker. Sein größtes Gefühl ist die Angst vor dem Kontrollverlust.

Position im Leben: Karrierechancen und Karrierefallen Er lebt für eine Aufgabe. Diese muss ihm nicht Ruhm und Reichtum einbringen. Aber sie muss in seinen Augen einen Sinn ergeben. Seine Karrierechancen liegen im Bereich der Wissenschaft, der Forschung und des Wissensmanagements. Durch seine kühle Art kann er dann an seine Grenzen geraten, wenn er sich in einem sehr emotionalen Umfeld befindet.

Chancen/Fallen für privates Glück Er ist ein treuer und zuverlässiger Mann, dem es vermutlich schwerfällt, die Frau seines Herzens zu erobern, weil er introvertierter und zurückhaltender als seine Mitstreiter sein wird. Es lohnt sich für ihn, daran zu arbeiten, sich selbst besser zu verkaufen und sich auch einmal in den Vordergrund zu schieben.

Erlösung aus dem Mythos Wie vor dem Feuer, das ihnen Prometheus gebracht hat, fürchten sich die Menschen davor, dass der Prometheus der Moderne alles besser weiß und jedem die Butter vom Brot nimmt. Seine Erlösung liegt im Loslassen, darin, ein wenig Dionysos zu sein und das Leben geschehen zu lassen, ohne es besser zu wissen. *Carpe diem* ist der Spruch, den er hasst – aber es ist auch sein Schlüssel zur Erlösung.

Prometheus im Überblick	
Element:	Wasser
Innere Stimme:	»Durchdenke alles bis ins Detail, damit es nicht fehlschlägt.«
Antrieb:	Weisheit
Erlösung:	Hingabe an das Leben
Oberstes Ziel:	Berechenbarkeit
Persönliche Ausprägungen:	Analyse, Bezug zu Erfahrungen aus der Vergangenheit
Stärken:	logische Argumente, Faktenwissen
Konfliktpotenzial:	wenn er Dinge bewältigen muss, bei denen schnelle Entscheidungen erforderlich sind
Reaktion auf Druck:	besorgt, festgefahren
Natürliche Erfolgsstrategien:	Er kann das Leben objektiv betrachten. Er bleibt in Krisensituationen ruhig. Er hat ein Gespür für Integrität.
Strategien zur Erlösung aus dem Mythos:	Machen Sie sich klar, dass Sie wenig von Ihrem Gefühl und sehr stark von Ihrem Verstand geleitet sind. Wahres Glück bietet Ihnen aber nur das Fühlen – niemals das Denken. Nähern Sie sich Ihrer gefühlvollen Seite und lernen Sie Ihren Gefühlen zu vertrauen. Das Denken kann uns in die Irre führen – das Fühlen niemals.

Ares – was das Bild verrät:

Grimmiger Blick:	Er hat wenige Freunde, hält die meisten Menschen für feindlich und verhält sich selbst oft feindselig.
Mundwinkel:	Die nach unten hängenden Mundwinkel verdeutlichen, dass er sich wenig mit den schönen Dingen des Lebens umgibt, sondern meistens grübelt und Pläne schmiedet, wie er seine Ziele erreichen kann.
Körperbau:	Er ist athletisch bis sehnig, trainiert, kampferprobt, wenig sinnlich.
Aufgestützter Kopf:	Manchmal kommt er ins Grübeln, ob das Kämpfen und das Zerstören wirklich der richtige Weg für ihn ist.

Der Mut des Ares

Der Mythos

Ares ist der einzige rechtmäßige Sohn des Zeus aus seiner Ehe mit Hera. Er ist der Kriegsgott par excellence und pflegt am liebsten den Umgang mit kriegerischen Menschen, wenn er nicht selbst gerade Krieg führt. So geht er gern zu den Amazonen, seinem weiblichen Pendant. Nur einmal wird er ein wenig weicher und zugänglicher – das ist in der Liebesbeziehung zu Aphrodite. Aber auch hier hat er kein Glück, denn der gehörnte Ehemann Aphrodites, Hephaistos, kommt ihnen auf die Schliche und webt ein unsichtbares Netz, das die beiden in einer ihrer zahlreichen Liebesnächte gefangen hält und zum Gespött des gesamten Olymps macht. Aus der Affäre mit Aphrodite entspringen die Kinder Phobos und Deimos – also Angst und Schrecken, später allerdings auch nach einer Überlieferung Eros (Amor), der sowohl die zerstörerische Kraft des Ares als auch den Liebreiz der Aphrodite in sich vereint. Dies ist aber nur eine Variante der Herkunft des Eros. Die größte Feindin des Ares ist die Göttin der Weisheit und der Kriegskunst, Pallas Athene. Sie kann ihn immer wieder besiegen, weil sie dort, wo Ares aus kalter Wut heraus agiert, Weisheit und Strategie erkennen lässt. So demütigt sie ihn immer aufs Neue.

Der Ares der Moderne

Der Kriegsgott ist eine Mischung aus Feuer und Wasser. Er will gewinnen, und das um jeden Preis. Er überlegt kurz – aber seine wahre Stärke liegt im mutigen Handeln. Er zögert nicht lange und hat keinerlei Skrupel wegen der Mittel, die ihn sein Ziel erreichen lassen.

Motiv des Lebens/ Werte und Ziele

Sein Motiv ist ganz klar der Wunsch zu gewinnen. Sein Wert ist der Erfolg, und den versucht er mit allen Mitteln zu erreichen. Getrieben wird er von einer unsagbaren Wut, es allen zu zeigen. Mit jeder Niederlage, die er erleidet, wird seine Wut größer – und je größer seine Wut ist, desto mehr verliert er.

Angst

Seine Angst ist es, die Kontrolle zu verlieren und sich dem Unausweichlichen hingeben zu müssen. Er will diese Welt, in der er lebt, beherrschen. Die Gefahr dabei ist die kalte Wut, zu der er fähig ist.

Schatten

Der Schatten des Kriegers ist der Zerstörer, der den Verstand ausschaltet und in blinder Wut alles niedermetzelt, was sich ihm in den Weg stellt.

Gefühlslage

Er ist eher in der Kälte zu Hause. Häufig wird ihm nachgesagt, er würde nichts fühlen. Das stimmt nicht, das, was er fühlt, ist nur häufig nicht angenehm – weder für ihn noch für andere. Mitgefühl, Wärme und Liebe empfindet er selten. Wenn er etwas fühlt, dann kalte Wut, die ihn antreibt zu gewinnen, ohne dabei Rücksicht auf das Empfinden der anderen zu nehmen. Es ist sehr schwer für andere, einem Krieger seines Ausmaßes wirklich nahe zu kommen.

Position im Leben: Karrierechancen und Karrierefallen

Seine Position sucht er mehr im beruflichen als im privaten Umfeld. Vielleicht hat er ein paar Freunde, aber im Grunde will er von niemandem abhängig sein – vor allem nicht emotional.

Solange er sich mit dem Besiegen des Feindes beschäftigen kann, ist er der richtige Mann. Soll er allerdings die Besiegten einfangen und für sich einnehmen, wird es für ihn schwierig, da ihm das hohe Adrenalin im Wege steht. Er ist durchsetzungsfähig und beweist Führungsstärke – allerdings im klassisch autoritären Sinne. In Dienstleistungsberufen ist er daher fehl am Platz.

Chancen/Fallen für privates Glück

Durch seine oft sehr barsche und unfreundliche Art, die er selbst für Direktheit hält, macht er Menschen leicht Angst. Wer Angst hat, wird sich natürlich nicht öffnen. So lernt Ares die Menschen häufig nicht wirklich kennen und da er auch sehr ungeduldig ist, gibt er weder sich noch den anderen eine Chance, Vertrauen zu fassen und einander von einer weichen, emotionalen Seite kennen zu lernen.

Erlösung aus dem Mythos

Der Ares der Moderne kann erlöst werden, wenn er erkennt, dass die unbändige Wut, die er in sich trägt, viel mehr mit ihm selbst als mit der äußeren Welt zu tun hat.

Ares im Überblick

Element:	Wasser und Feuer
Innere Stimme:	»Sterben oder Siegen.«
Antrieb:	Sieg
Erlösung:	sich und andere lieben lernen
Oberstes Ziel:	Gerechtigkeit
Persönliche Ausprägungen:	hohe Selbstkritik, Autoritätsbedürfnis
Stärken:	Effizienz und Perfektion
Konfliktpotenzial:	wenn er Dinge erledigen soll, bei denen er mit der Inkompetenz anderer in Berührung kommt
Reaktion auf Druck:	überkritisch, ungeduldig, pessimistisch
Natürliche Erfolgsstrategien:	Er hat hohe Standards und Moralvorstellungen. Er liebt es, sein Bestes zu geben.
Strategien zur Erlösung aus dem Mythos:	Machen Sie sich klar, dass Sie eine große Wut in sich tragen, die Sie leicht reizbar macht und dazu bringen kann, die Beherrschung zu verlieren, wo es gar nicht nötig ist. Wenn Sie lernen, dass das Verhasste im anderen ein ungeliebter Teil in Ihnen selbst ist, dann können Sie anfangen, andere leben zu lassen, auch wenn sie Fehler gemacht haben, und Sie können beginnen, sich zu entspannen an Stellen, an denen Sie bisher sehr angespannt in die Welt gegangen sind.

4. Begegnung zwischen Mann und Frau: Beziehungsmythen

Das platonische Prinzip von Eros: Die Suche nach Ganzheit

In seinem Werk *Symposium* erzählt Platon eine Geschichte, die die Suche der Menschen nach einem Liebespartner aus einer tief verwurzelten Sehnsucht nach Ganzheit beschreibt. In sehr früher Zeit habe es drei Geschlechter von Menschen gegeben. Sie alle hatten einen runden Körper, vier Beine und vier Arme und zwei entgegengesetzte Gesichter auf einem Kopf. Es gab Mann-Mann-Menschen, die von der Sonne abstammten, Frau-Frau-Menschen, die von der Erde abstammten, die meisten hatten allerdings einen männlichen und einen weiblichen Teil, diese Mann-Frau-Menschen stammten vom Mond ab. Diese Kugelmenschen waren stark, schnell und unabhängig. Weil sie sich selbst genug waren, kannten sie weder Beziehungsstress noch Liebeskummer oder Trennungsschmerz. Sie konnten ihre ganze Aufmerksamkeit der eigenen Entwicklung widmen, und das taten sie auf eine Art, die den Göttern nicht gefiel. Sie versuchten ihnen ihre Herrschaft streitig zu machen. Das konnte Zeus nicht zulassen und so zerschnitt er sie kurzerhand in zwei Teile. So geteilt hatten sie immer noch zwei Beine zum Laufen, zwei Hände zum Arbeiten, aber nur noch ein Gesicht. Ihre Unabhängigkeit schwand – an ihre Stelle rückte eine unglaubliche Sehnsucht nach der fehlenden zweiten Hälfte. Der unvollständige Mann-Mann suchte seine

Ergänzung in der Männerwelt und die unvollständige Frau-Frau ihre unter den Frauen. So erklärt sich die homosexuelle Liebe. Der halbe Mann-Frau-Mensch suchte sein Pendant jeweils beim anderen Geschlecht. So entstand die romantische Liebe, die voll Sehnsucht nach einem Gegenüber strebt, um sich selbst zu vervollständigen.

Den Drang dieser zwei unvollständigen Hälften, sich zu vereinigen, bezeichnet Platon als Eros. Ein Mythos, der die Liebe zur Himmelsmacht erhebt: Mond sucht Mond. Was dieser Mythos impliziert, ist die Annahme, dass der Mensch alleine kein eigenständiges Wesen sei und nur dadurch, dass er genau den ihm fehlenden Teil findet, Glück und Zufriedenheit erlangen könne. In den ersten Wochen des Verliebtseins mögen manche Paare gerne an diesen Mythos glauben, in der Hoffnung, diesen einzigen Menschen gefunden zu haben, der sie selbst vervollständigt. Doch genau hier ist größte Vorsicht geboten. Was, wenn dieser Mensch den anderen verlässt oder stirbt? Dann wiederholt sich das Trauma des Auseinandergeschnitten-Werdens. Es ergeht demjenigen, der verlassen wird, wie dem einst glücklichen Kugelmenschen. Er verliert das, von dem er glaubt, es mache ihn erst ganz. Eine romantische Sehnsucht, aber kaum praktikabel in einer Zeit, in der Beziehungen durchschnittlich sieben Jahre dauern.

Und wir wissen doch alle, es gibt nur einen einzigen Mond. Und so wie der Mond in sich einzigartig und vollständig ist, so ist es auch jeder Mensch. Wer das verstanden hat, kann einen anderen selbstständigen Menschen finden und eine unabhängige Beziehung mit ihm beginnen, nicht weil er sich durch ihn vervollständigen will, sondern weil er, selbst vollständig, den anderen um seiner selbst willen lieben will und kann.

Wenn männliche und weibliche Archetypen aufeinandertreffen

Es gibt nur zwei Geschlechter: Männer und Frauen. Es gibt jedoch mindestens acht verschiedene Persönlichkeitstypen. (Natürlich gibt es unzählige, nur der Einfachheit halber beschränken wir uns hier auf die acht zuvor beschriebenen, siehe den Abschnitt über Jung und Riemann.) Diese acht Typen kommen in weiblicher und männlicher Ausprägung vor, und auch wenn Männer und Frauen desselben Typs die gleichen Grundeigenschaften haben, so wirken sie sich doch in einem männlichen Körper anders aus als in einem weiblichen. Und so ist es besonders spannend zu erforschen, was passiert, wenn nicht nur Mann und Frau zusammentreffen, sondern bestimmte Männertypen auf bestimmte Frauentypen.

Yin und Yang – weibliches und männliches Prinzip

Dabei spielt es eine wichtige Rolle, dass sich auch die Elemente aufteilen in männliche (Yang) wie Feuer und Wasser, und weibliche (Yin) wie Erde und Luft. Dieses Denken findet sich sowohl im abendländischen wie im asiatischen Raum. Feuer und Wasser spiegeln typische männliche Eigenschaften wie: zerstörerisch, aggressiv, fordernd, wettbewerbsorientiert, rational und analytisch. Denken und Handeln streben dabei nach außen. Erde und Luft sind die Elemente mit den eher weiblichen Eigenschaften wie: bewahrend, empfangend, gebärend, kooperativ, intuitiv, nach Synthese strebend und nach innen gewandt. Diese Eigenschaften sollten niemals mit moralischen Werten wie besser oder schlechter belegt werden, sondern es gilt, das dynamische Gleichgewicht zwischen beiden anzustreben. Das einzig Schlechte ist das Ungleichgewicht. Und genau das ist das Problem unserer Zeit, sie betont einseitig das männliche Prinzip, deswegen müssen wir uns zum Weiblichen hinbewegen, um Ausgleich zu finden – als Männer wie als Frauen. Beide Geschlechter tragen schließlich beide Prinzipien in sich.

Kommen wir auf die Beziehungen zurück: Es ist einfach zu erklären, dass in einem Beziehungsstreit ein typischer Mann (Feuer-Wasser- Element), nachdem er alles gesagt hat, was ihn verärgert, sich seelenruhig umdreht und einschläft. Er hat das Thema nach

Männliches
Persönlichkeits-
Mythenrad

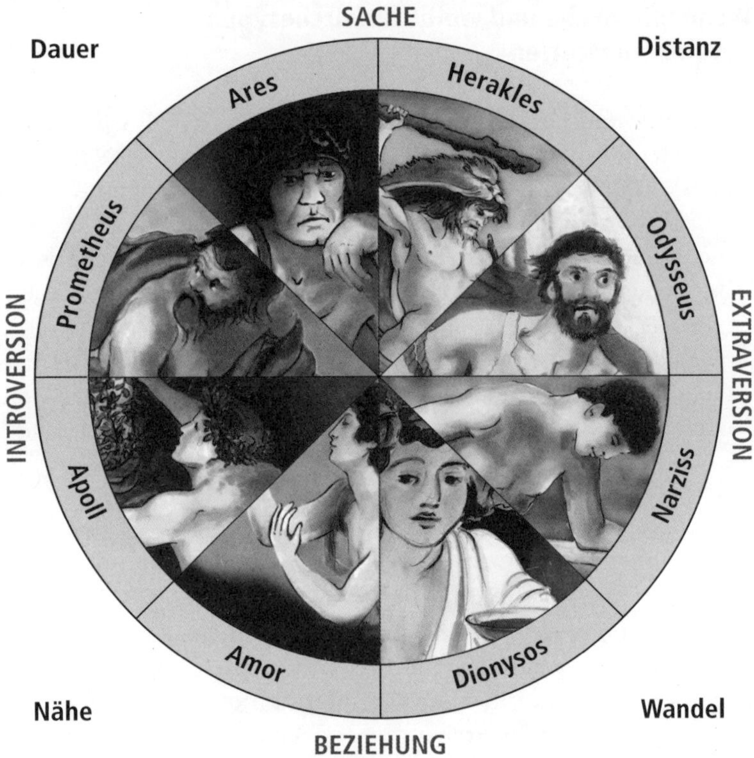

außen gekehrt und damit abgehakt. Die typische Frau (Erde-Sonne-Element) hingegen kann die ganze Nacht nicht schlafen und grämt sich, weil sie sich nach innen wendet. An ihr bleibt es, das Problem zu lösen. Sie kann es nicht von sich abspalten. Für ihn ist dies nicht so wichtig, da er das Problem nicht verinnerlicht hat, sehr wohl aber sie. So sind es die Erde-Sonne-Menschen, die die Beziehungsarbeit machen müssen. Das sind nicht immer die Frauen – es gehören mehr und mehr Männer diesem Element an im Vergleich zu früheren Jahren. Die männlichen Eigenschaften der Zerstörung wirken in Männern unmittelbarer, in Frauen finden wir sie eher versteckt. Die integrierenden weiblichen Eigenschaften wirken in Frauen direkter, bei Männern erscheinen sie uns auf der einen Seite wohltuend, treten manchmal aber auch sehr linkisch auf – vielleicht weil wir sie nicht gewohnt sind.

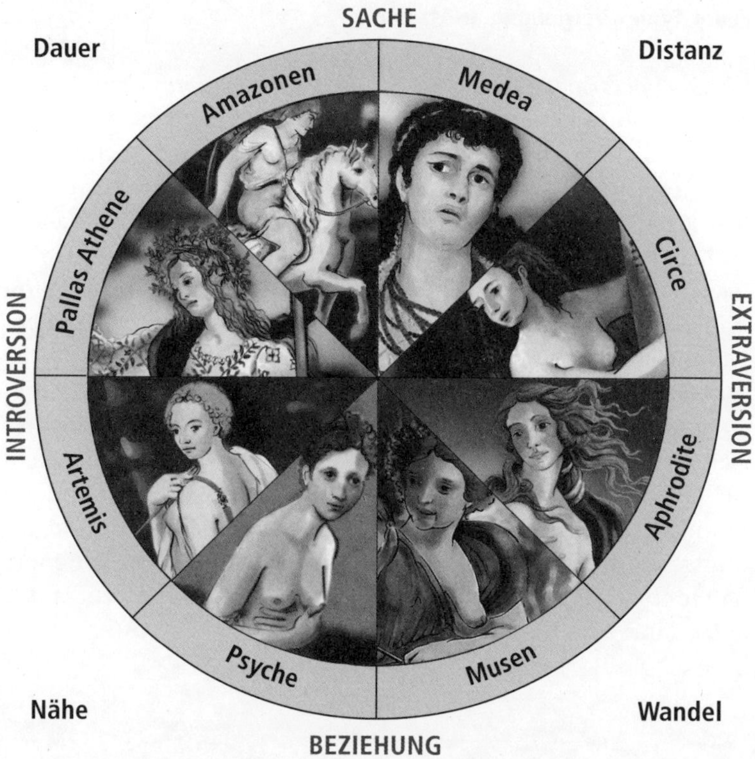

Weibliches Persönlichkeits-Mythenrad

Treffen die Gegentypen aufeinander, also Feuer auf Erde und Wasser auf Luft, sind beide gefordert, sich ihrer dominanten Eigenschaften bewusst zu werden und die gegenteiligen als bereichernd und nicht als verletzend, störend oder hemmend zu betrachten. Ist das Sprichwort »Gleich zu Gleich gesellt sich gern« nun richtig oder doch eher sein Gegenstück »Gegensätze ziehen sich an«?

Betrachten wir dazu ähnliche und gegensätzliche Typen im männlichen und weiblichen Mythenrad. Ich glaube, es würde den Menschen viel mehr nutzen, sich mit diesen unterschiedlichen Persönlichkeitsstrukturen zu beschäftigen, als ewig über das Thema männlicher oder weiblicher Stärken und Schwächen nachzudenken. Letztere sind ja in den Typenmustern integriert.

Feuer-Typen: Vergebung erlöst Rache

Feuer und Feuer Die Rachegetriebenen Herakles und Medea gehören dem Feuer-Typus an. Ihre helle Seite ist die des Herrschers, ihr Schatten der Tyrann. Treffen sie aufeinander, wird es immer um Wettbewerb und Konkurrenz gehen. Das ist ihr Element. Es ist unwahrscheinlich, dass sie diese Muster ändern, nur weil sie sich ineinander verlieben. In dem Agentenfilm *Mr. und Mrs. Smith* wird solch eine Beziehung humorvoll beschrieben. Zwei Agenten – ein Mann und eine Frau – haben den Auftrag, den jeweils anderen zu töten. Sie spielen einander eine Rolle vor. Wer schneller ist – das ist die spannende Frage. Ein Feuertyp wird selten mit seinesgleichen in einer längeren Beziehung verweilen, ob beruflicher oder privater Natur, es sei denn, die beiden reflektieren ihr Wesen und machen sich bewusst, dass der Drang zur Konkurrenz typbedingt und damit nicht persönlich zu nehmen ist. Während Medea Gift mischt und schon mal eine Intrige spinnt, um an ihr Ziel zu kommen, hält ihr männliches Gegenüber Herakles sein Schwert sichtbar für jedermann zum Kampf bereit.

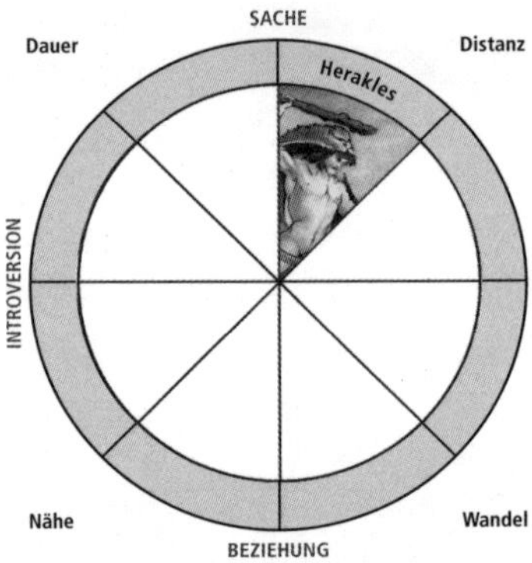

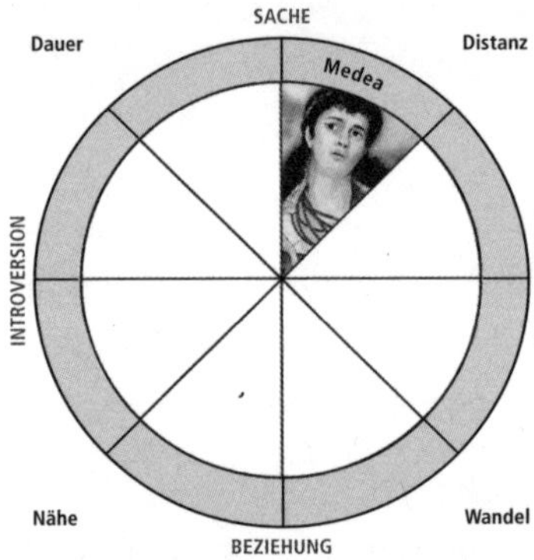

Feuermenschen leben nach dem Motto:

»Geh! gehorche meinen Winken,
Nutze deine jungen Tage,
Lerne zeitig klüger sein:
Auf des Glückes großer Waage
Steht die Zunge selten ein;
Du musst steigen oder sinken,
Du musst herrschen und gewinnen,
Oder dienen und verlieren,
Leiden oder triumphieren,
Amboss oder Hammer sein.«

JOHANN WOLFGANG VON GOETHE, EIN ANDRES

Feuer und Erde

Treffen sie ihr Gegenteil, trifft also Herakles Psyche und Medea Amor, so haben sie die Chance, ihre Sonnenseiten miteinander zu entwickeln: Herrschen und Lieben. Kommen aber ihre Schattenseiten zusammen, so führt das zu Tyrannei und Abhängigkeit – ein komplementäres Beziehungsmuster, das häufig vorkommt und auch lange gut funktioniert, aber keine Entwicklung bietet. Oft heiratet der klassische Feuer-Mann eine Erd-Frau, um sein Nähedefizit durch sie zu heilen. Umgekehrt heilt sie ihre Unfähigkeit, selbst etwas zu leisten, durch ihn.

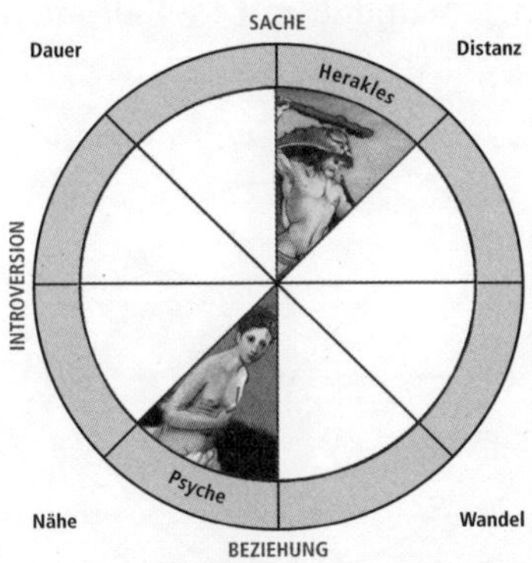

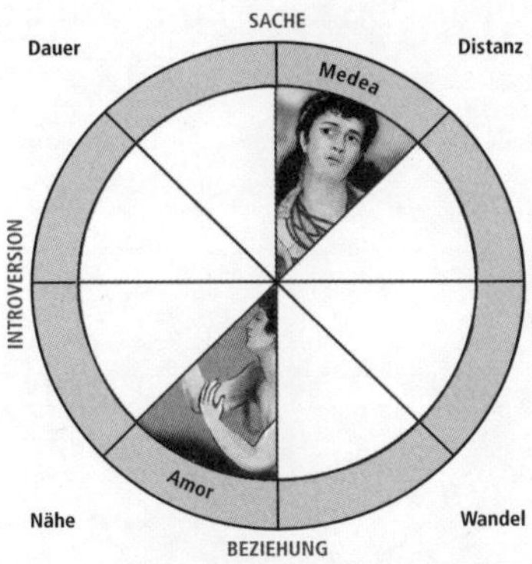

Die Krise kommt spätestens dann, wenn die Erd-Frau anfängt, sich zu emanzipieren, und aus der Rolle der Abhängigen ausbricht. Die Erlösung des rachegetriebenen Herrschers ist immer die Versöhnung mit der eigenen Anima, also mit seinem weiblichen Anteil. Und wo kann er gerade das besser lernen als von der Liebe selbst? Trifft also ein Herakles-Mann eine Psyche-Frau, so begegnet er in ihr seiner Anima und hat die Möglichkeit, sich mit dem Weiblichen zu versöhnen. Das gelingt aber nur, wenn er sie ganz eigenständig sein lässt und nicht in ihren Schatten, die Abhängigkeit, wirft.

Feuer-Luft-Typen: Beständigkeit erlöst Rastlosigkeit

Feuer-Luft und Feuer-Luft

Die Entdecker Odysseus und Circe gehören dem Feuer-Luft-Element an, sie sind beide Abenteurer und Eroberer. Ihr Schatten ist die Heimat- und Ruhelosigkeit. Die Lust zu entdecken und zu erobern lädt dazu ein, sich für kurze Zeit aufeinander einzulassen oder eine gemeinsame Unternehmung zu beginnen. In privaten Beziehungen geht es hier häufig sehr leidenschaftlich zu – aber eben nur kurzfristig. Da beide den Drang haben, Neues zu suchen, und nirgends wirklich verweilen mögen, werden sich die Wege dieser Liebenden meist schon nach kurzer Zeit wieder trennen. Während der Odysseus-Mann gern seine Abenteuer in der weiten Welt sucht, ist nicht jede Circe-Frau zwangsläufig eine Vagabundin. Sie kann ihren Wunsch nach Wandel und Vielfalt auch

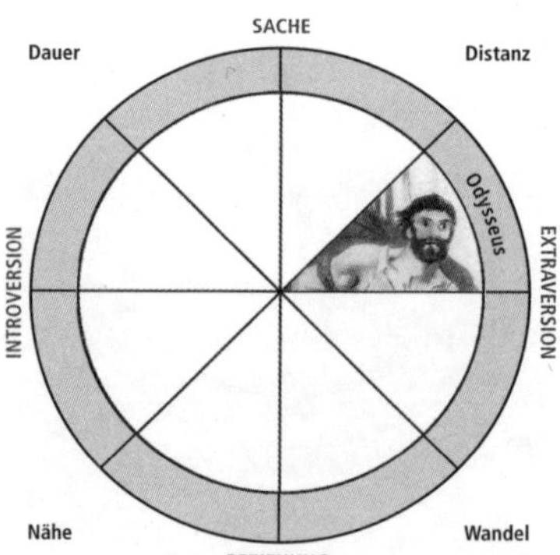

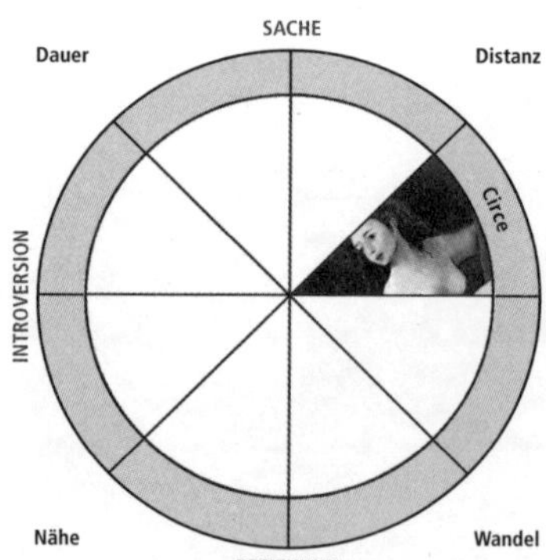

am gleichen Ort mit vielen Ideen und verschiedenen Liebhabern ausleben.

Für Eroberer gilt:

> *»Wer hat uns also umgedreht, dass wir,*
> *was wir auch tun, in jener Haltung sind*
> *von einem, welcher fortgeht? Wie er auf*
> *dem letzten Hügel, der ihm ganz sein Tal*
> *noch einmal zeigt, sich wendet, anhält, weilt –,*
> *so leben wir und nehmen immer Abschied.«*
>
> RAINER MARIA RILKE, DIE ACHTE ELEGIE,
> AUS: DUINESER ELEGIEN

Feuer-Luft und Wasser-Erde

Der Gegenpart des unsteten Entdeckers ist der perfekte Ritter, also für Circe Apollon und für Odysseus Artemis. Auf der Sonnenseite treffen sich hier Abenteuerlust und Perfektion. Was dem Abenteurer fehlt, hat die Perfektionistin, die Fähigkeit, sich ausdauernd mit ein und derselben Sache zu beschäftigen. Der Heimatlose könnte also bei der häuslichen Artemis ein Zuhause finden – aber erst, wenn die Zeit seiner Irrfahrten vorbei ist und er innerlich seine Suche abgeschlossen hat, kann er wirklich heimkommen. Vorher ist das Vagabundenleben zu reizvoll. Und so reitet mancher Lonesome Cowboy dann doch wieder alleine in den Sonnenuntergang, ehe er (bei sich selbst) ankommt. Den Feuer-Luft Menschen geht es mehr als allen anderen darum, den Sinn des Lebens zu finden. Sie sind getriebener als der Rest der Welt und diese Getriebenheit macht sie kreativ, erfolgreich, aber oft auch unglücklich.

Treffen sich die Schattenseiten von Eroberer und Ritter, so kommt es zu Fluchtverhalten und Rigidität. Diese Konstellation trifft man im Business häufig an, wenn Marketing und Controlling aufeinanderprallen. Nur dass hier keiner der beiden auf die Idee kommt, dass sie sich gegenseitig von ihren Schattenseiten erlösen könnten, und der Marketingmensch Reißaus nimmt vor den rigiden Ansichten des Controllers und versucht, sich ihm zu entziehen, wo er nur kann.

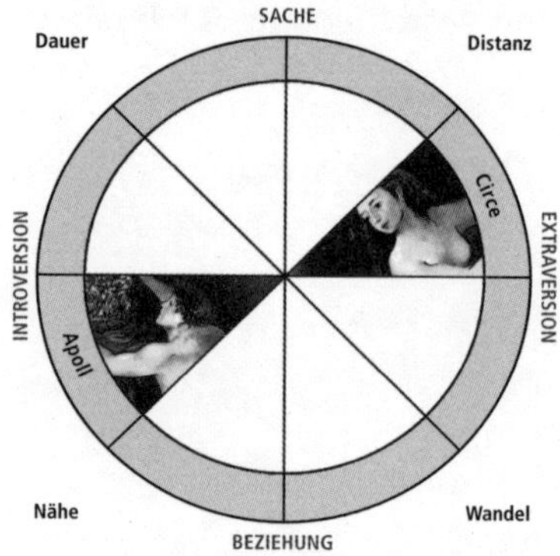

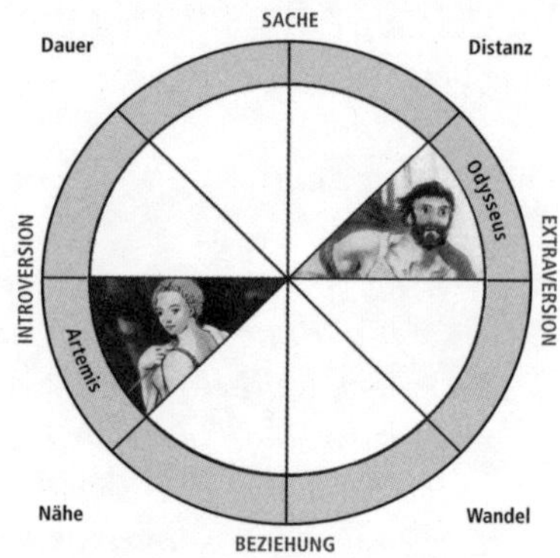

Die Gegensätze dieser Mischtypen sind in Beziehungen sehr schwer zu überwinden, da die Lebenslust des Sonnenmenschen in Verbindung mit dem Unabhängigkeitsdrang des Feuers immer wieder von der Rigidität des Wasser-Erde-Typs eingeschränkt wird, und so werden die Freiheitsgetriebenen eher einen Hafen anstreben, der ihnen mehr Freiheit verspricht, oder die ewigen Seefahrer bleiben.

Luft-Typen: Weisheit erlöst Narzissmus

Luft und Luft Narziss und Aphrodite, die nach Ansehen und Anerkennung streben, entsprechen dem Element Luft. Sie sind beide große Verführer, große Narzissten, und ihr gefährlicher Schatten ist die Manipulation. Die Begegnung der beiden ist ähnlich wie bei den Feuertypen stark von Konkurrenz geprägt. Hier geht es nicht darum, Rache zu nehmen und dem anderen zu schaden, vielmehr darum, immer ein wenig schöner, berühmter und erfolgreicher zu sein als der andere. Die Sehnsucht nach Anerkennung ist die Geißel, aber auch der Motor dieser Menschen. Sind sie zusammen, so hat keiner ein Interesse, den anderen zu bewundern, sondern jeder will angehimmelt werden. So werden sie sich nie gegenseitig die Anerkennung geben können, die sie brauchen, und vielleicht gerade deswegen Erfolg in der Außenwelt suchen und finden.

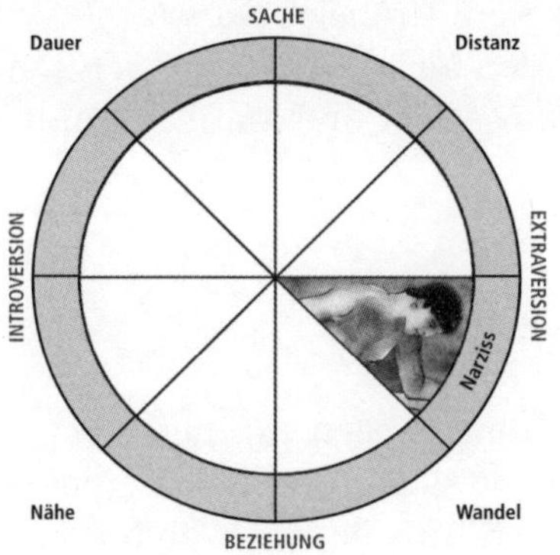

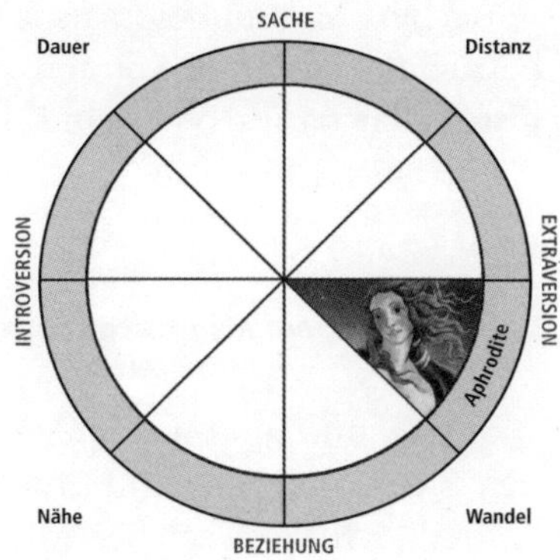

Das Lebensmotto der Luft-Menschen lautet:

»Die ganze Welt ist eine Bühne
Und alle Fraun und Männer bloße Spieler.
Sie treten auf und gehen wieder ab …«

WILLIAM SHAKESPEARE, WIE ES EUCH GEFÄLLT (II, 7)

Luft und Wasser

Das Pendant der ruhmsüchtigen Luft-Typen sind die kühlen Wasser-Menschen, die Denker und Philosophen. Für Aphrodite ist dies Prometheus und für Narziss die weise Pallas Athene. Treffen sie sich mit ihren Stärken, so regieren Verführungskunst und große Diplomatie. Prallen ihre Schattenseiten aufeinander,

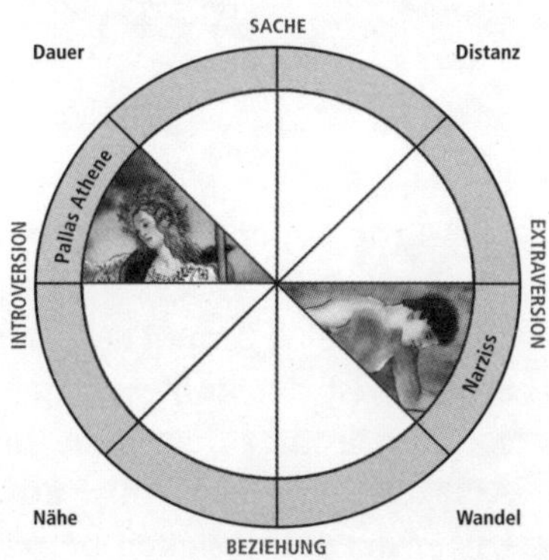

herrschen Manipulation und schwere Grübelei. So wie sie sich befruchten können, können sie sich auch behindern. Berühmtestes Paar dieses Typus sind Arthur Miller und Marilyn Monroe (siehe Seite 146–148).

Luft-Erde-Typen: Kriegertum erlöst Haltlosigkeit

Luft-Erde und Luft-Erde

Dionysos und die Musen, dem schönen Leben zugetan, gehören den Elementen Luft und Erde an. Sie sind große Lebenserotiker. Treffen sich zwei solcher Menschen, für die das Wohlbefinden höchster Wert ist, so können sie sich gegenseitig das Leben sehr angenehm gestalten. Solche Paare mögen sehr glücklich sein, weil sie sowohl zu geben als auch zu nehmen in der Lage sind. Allerdings werden sie immer Schwierigkeiten damit haben, wo das Geld herkommen soll, da beide keinen großen Ehrgeiz besitzen und Pflichterfüllung ihre Sache nicht ist.

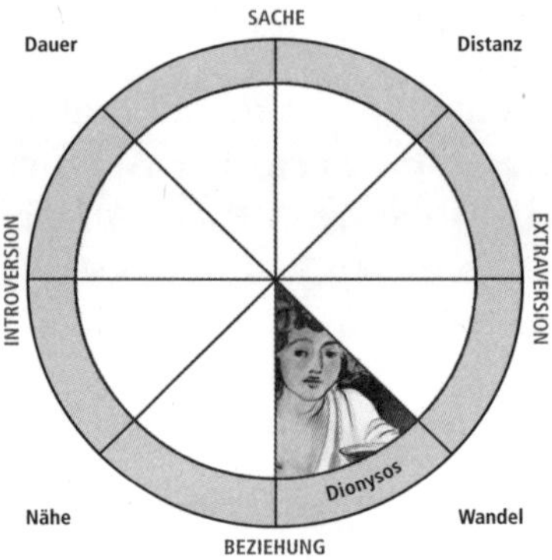

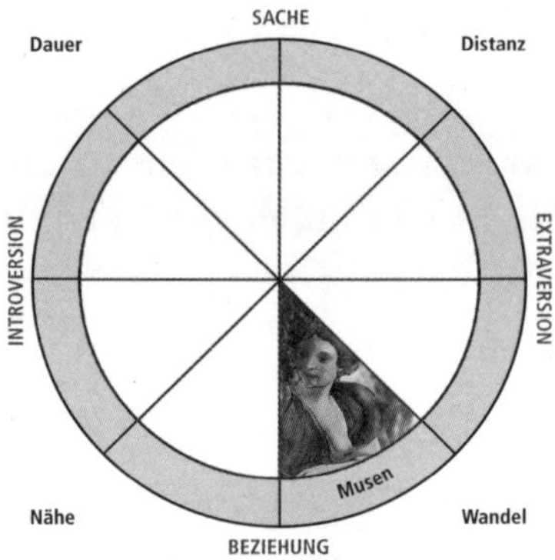

Luft-Erde-Typen leben nach dem Motto: *»Leben und leben lassen.«*

Luft-Erde und Feuer-Wasser

Das genaue Gegenteil der nach Wohlbefinden strebenden Lebenserotiker ist der kühle Krieger, der sich nicht seinem Vergnügen, sondern immer der Sache hingibt. Trifft also Dionysos auf eine Amazone oder eine Muse auf Ares, so haben sie die Chance, vom Laster der Haltlosigkeit befreit zu werden, indem der Partner ihnen eine Aufgabe gibt. Befindet sich der Lebenserotiker aber auf seiner Sonnenseite, so ist es eher er, der dem Krieger etwas geben kann und ihn aus seinem Mythos befreit als umgekehrt. Schon in der Antike haben die Amazonen Dionysos böse mitgespielt, während die Musen gerne gesehen waren bei den Kriegern und Herrschern. Feuer-Männern können Musen viel Lebensqualität geben, umgekehrt sorgen jene für den Lebensunterhalt der Luft-Erde-Frau. Dionysos als Inspirator und Lebensversüßer der modernen Feuerfrau ist immer mehr im Kommen, und bald wird die Karrierefrau mit dem jüngeren Liebhaber, der ihr die schönen Seiten des Lebens abseits von Konferenzen nahebringt, nicht mehr selten sein.

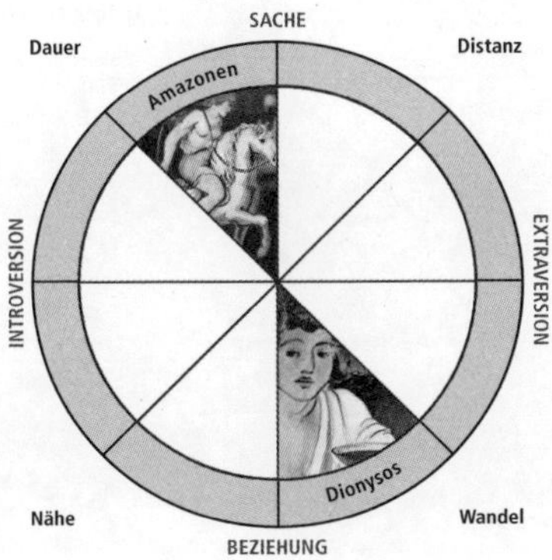

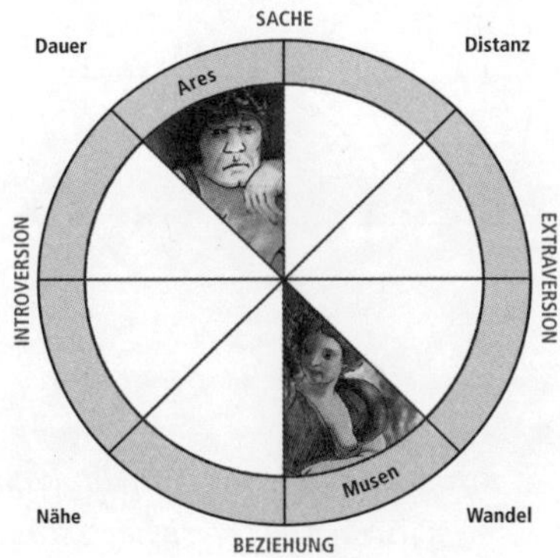

Erde-Typen: Freiheit erlöst Abhängigkeit

Erde und Erde

Die Harmonie Suchenden, Amor und Psyche, gehören in das Element Erde und sind wahre Liebende. Treffen sich Amor und Psyche, so finden sie sich in ihrer eigenen großen Liebesgeschichte wieder. Beide sind dazu gemacht, einen anderen Menschen ehrlich und wahrhaftig zu lieben, und das ein ganzes Leben lang. In unserer schnelllebigen Zeit ist dies sehr selten geworden. Aber sieht man ein altes Paar selig Händchen haltend auf einer Parkbank sitzen, ein glückliches Lächeln um die Lippen, dann sind vermutlich beide aus diesem Element. Manchmal gelingt es einem Amor oder einer Psyche auch, einem anderen Typus dieses Geschenk des Liebens zu machen, so dass derjenige die Gemeinsamkeit als etwas Wertvolles sieht und nicht nur als eine Verpflichtung oder eine bequeme Einrichtung, die viele Vorteile mit sich bringt. Gefährlich wird es, wenn sich die Liebenden mit ihrer Schattenseite treffen – nämlich der Abhängigkeit. Dann regieren nicht mehr Freiheit, Großzügigkeit und Liebe, sondern Angst, Eifersucht und großes Drama.

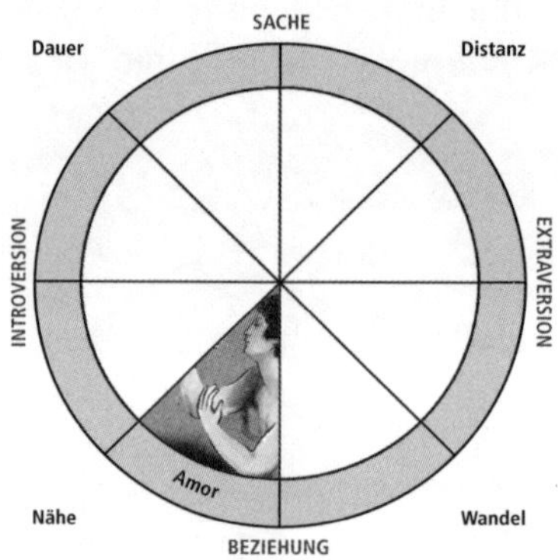

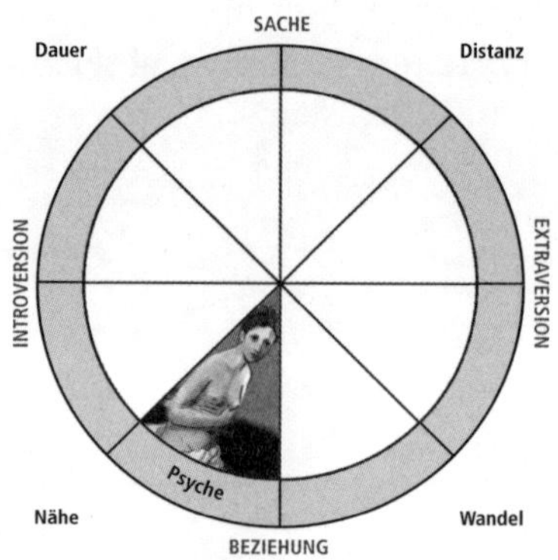

»In deinen Küssen, welche Wonne!
In deinem Auge, welcher Schmerz!
Ich ging, du standst und sahst zur Erden,
Und sahst mir nach mit nassem Blick:
Und doch, welch Glück, geliebt zu werden!
Und lieben, Götter, welch ein Glück!«

JOHANN WOLFGANG VON GOETHE,
WILLKOMMEN UND ABSCHIED

Erde und Feuer Das Gegenpaar der Liebenden sind die Herrscher. Sie stellen für den Erde-Menschen die größte Gefahr, aber auch die größte Entwicklungschance dar. Die Herrscher Medea und Herakles sind von allen Typen die unabhängigsten. Die Liebenden laufen immer Gefahr, abhängig zu werden. Und von wem lässt sich eine Harmonie suchende Frau lieber abhängig machen als von einem unabhängigen und starken Mann? Umgekehrt ist dies noch seltener der Fall.

Statt sich nun aber in die Abhängigkeit gleiten zu lassen, liegt die mögliche Weiterentwicklung der Liebenden darin, die emotionale Unabhängigkeit der Herrschertypen für sich als Ressource zu erkennen und bei all ihrer Liebes- und Leidensfähigkeit immer emotional und wirtschaftlich frei zu bleiben. Für den Herrschertypus ist es die Herausforderung, ordnet sich ihm der Liebende sichtbar unter, dies nicht anzunehmen, sondern dem Partner zu helfen, gerade neben ihm stark und unabhängig zu bleiben. Dies kann er tun, indem er die helfende Hand auch einmal verweigert und stattdessen liebevoll zur Eigenständigkeit auffordert.

Hiervon handeln die meisten Beziehungsdramen: Liebe oder Abhängigkeit, Herrschen oder Unterwürfigkeit. Wenn ein gleichberechtigtes Nebeneinander gelingt, gibt es auch das: Liebe und Freiheit.

Vor allem für die Angehörigen der Elemente Wasser-Feuer, Feuer, Feuer-Luft und Luft ist die Entdeckung der eigenen Liebesfähigkeit, der Anima, ein großes Geschenk, das hilft, das Leben zu verstehen, bei sich anzukommen und am Ende das Gefühl von Erfüllung zu haben.

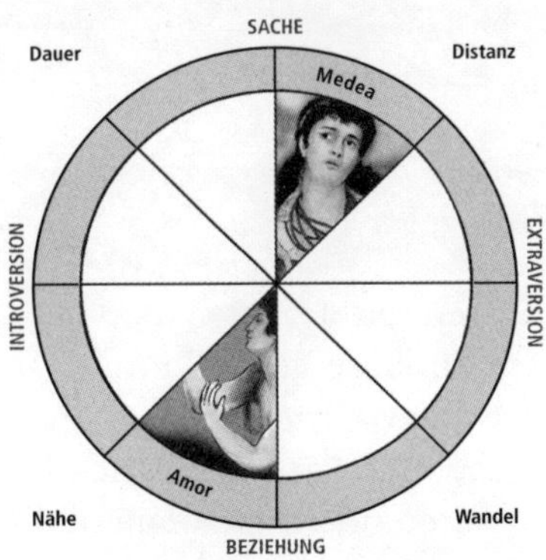

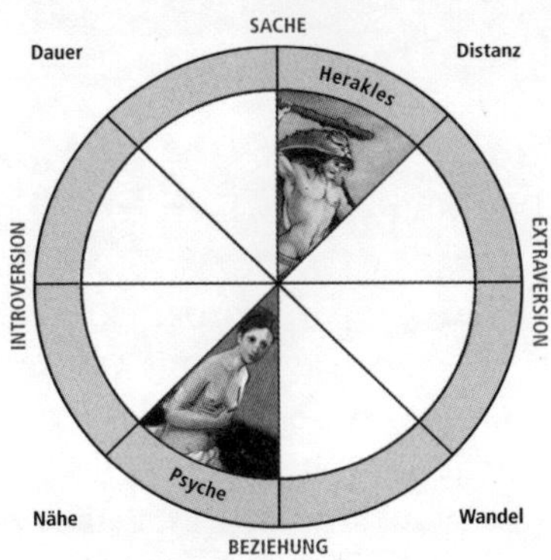

Erde-Wasser-Typen: Abenteuerlust erlöst Rigidität

Erde-Wasser und Erde-Wasser

Apollon und Artemis, die der Kontrolle alles unterwerfen, befinden sich zwischen den Elementen Erde und Wasser. Sie sind Ritter der Ordnung und der Rechtschaffenheit. Ihr Schatten ist die Pedanterie. Treffen sich zwei Menschen dieses Typs, herrscht auf jeden Fall immer Ordnung in der Wohnung, in den Gedanken und auf dem Bankkonto. Sie ergänzen sich in nichts, werden sich dabei ständig in ihrem Perfektionismus übertreffen. Eine solche Partnerschaft kann sehr beständig sein, es fehlen aber die Höhen und Tiefen, die durch die Leidenschaftlichkeit der Elemente Feuer und Luft gegeben wären.

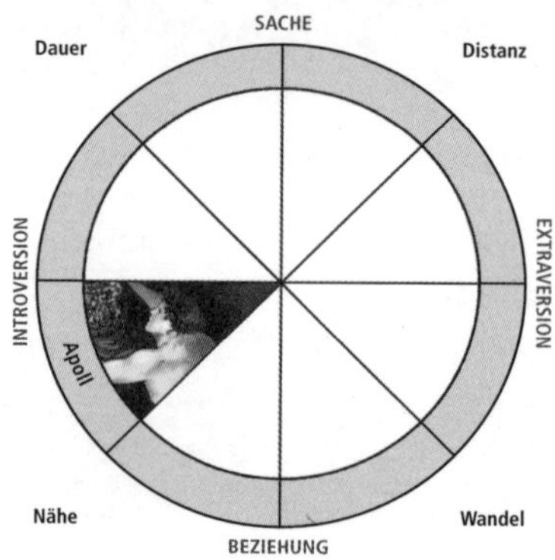

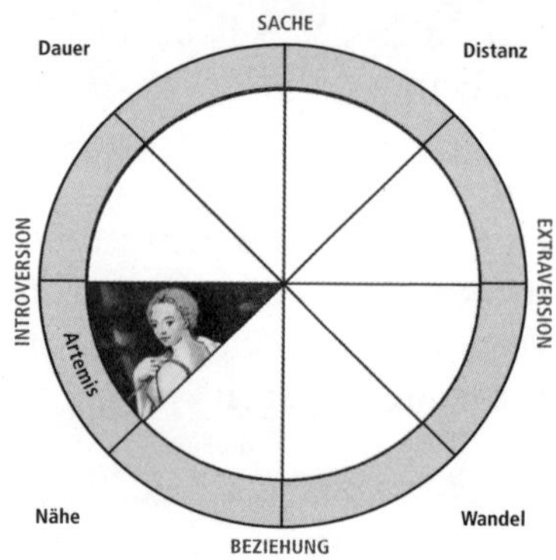

Das Motto lautet hier: *»Ordnung ist das halbe Leben.«*

Erde-Wasser und Feuer-Luft

Den Gegenpart der perfekten und rigiden Ritter spielen die Abenteurer. So wie Artemis Odysseus ein Zuhause geben könnte, so könnte Odysseus Artemis die große, weite Welt zeigen. Und Circe Apollon mit ihren bunten Ideen verzaubern. Lässt der Perfektionist seine strengen Maßstäbe los, kann er auf einer abenteuerlichen Reise durch die Meere der Lust und der Leidenschaft lernen, dass auch Irrfahrten dazu helfen, persönlich zu reifen und Ziele zu erreichen. Um diese Reise anzutreten, ist es allerdings erst einmal erforderlich, dass der Gewissenhafte seine Ängste, Vorurteile und strengen Moralvorstellungen über Bord wirft.

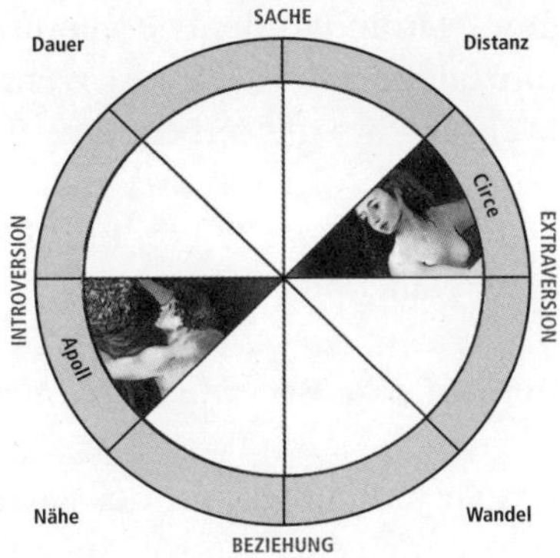

Wasser-Typen: Leichtigkeit erlöst Grübelzwang

Wasser und Wasser

Prometheus und Pallas Athene gehören dem Element Wasser an. Sie suchen nach Weisheit und sind Wächter von Ordnung, Recht und Struktur. Ihr Schatten ist die Zwanghaftigkeit. Treffen sie sich in einer Partnerschaft, geht es meistens mehr um eine gemeinsame Sache als um die Beziehung an sich. Wassertypen können sich ganz und gar einer Aufgabe, etwa einem Forschungsauftrag, verschreiben und dann wirklich alles diesem Projekt unterordnen. Sie sind kopfgesteuert, keine Beziehungstypen, beide werden versucht sein, sämtliche »menschlichen« Themen auszublen-

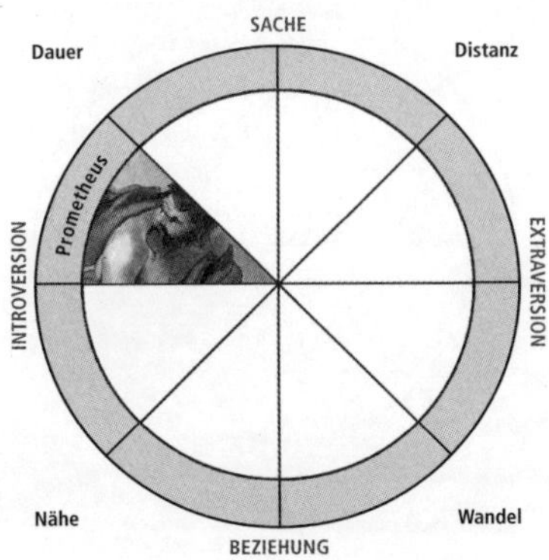

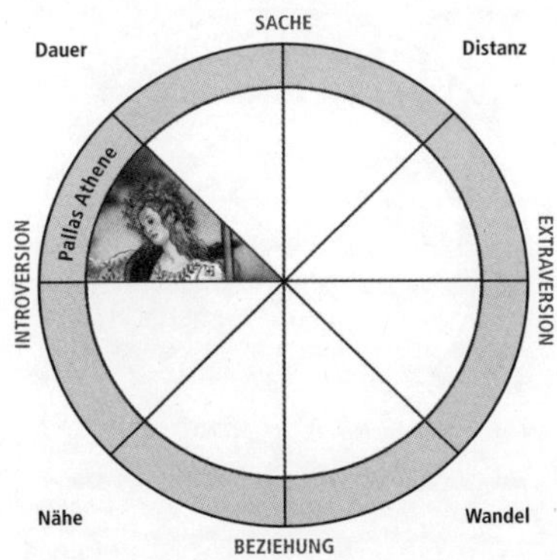

den. Häufig werden sie allerdings gezwungen, in diesem Punkt umzudenken, spätestens, wenn sie Kinder haben und diese sie in ihrer Pubertät auf die eigenen Unzulänglichkeiten hinweisen. Trifft man solche Paare, hat man nicht selten das Gefühl, dass blaue Tinte anstelle von Blut fließen würden, würde man sie mit einer Nadel piken.

Ihr Motto heißt: »*Was du auch machst, mache es richtig.*«

Wasser und Luft Das Gegenteil der nur der Sache Verschriebenen verkörpern die ganz der eigenen Person zugewandten Verführer und Narzissten. Während diese sich zu viel mit sich selbst und den leichten Dingen des Lebens beschäftigen, beschäftigen sich Prometheus und Pallas Athene gar nicht damit. Heinrich Manns Roman *Professor Unrat*, später von Josef von Sternberg in *Der blaue Engel* verfilmt, zeigt das Paradebeispiel eines Perfektionisten und einer Aphrodite und die Gefahren und Abgründe, die sich auftun können, wenn sie aufeinandertreffen: Der biedere und sittenstrenge Professor Rath (Emil Jannings), der von allen nur Professor Unrat genannt wird, verliebt sich in die Barsängerin Lola Lola (Marlene Dietrich). Was zunächst wie ein Befreiungsschlag aussieht, endet schlimm für den Professor, der sich außerhalb seiner Welt nicht gut zu bewegen weiß. So muss es allerdings nicht unbedingt zwischen Wasser- und Luft-Menschen ausgehen, sie können sich durchaus ergänzen.

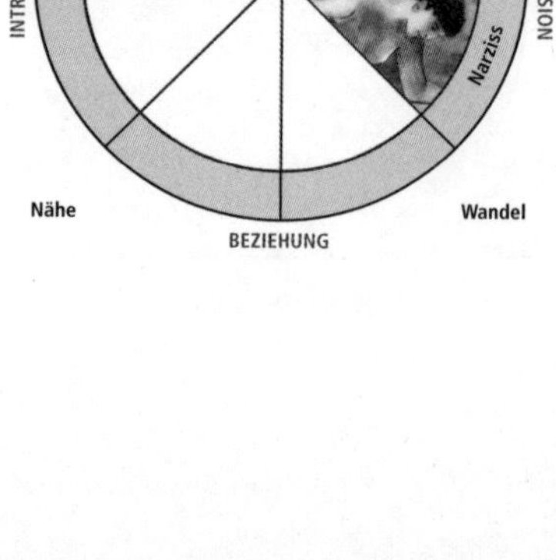

Wasser-Feuer-Typen: Kreativität erlöst kalte Wut

Wasser-Feuer und Wasser-Feuer

Ares und die Amazonen, die den Sieg suchenden Krieger, kämpfen zwischen Feuer und Wasser. Sie stehen für Mut und Gerechtigkeit. Ihr Schatten ist die kalte Zerstörungswut. Noch schwieriger als eine Beziehung zwischen zwei Feuer-Typen ist die Bindung zwischen zwei Wasser-Feuer-Typen. Man stelle sich vor, Ares trifft eine Amazone. Sie würden sich zunächst schlagen und darum kämpfen, wer der oder die Stärkere wäre. Sicher eine reizvolle Vorstellung für den Augenblick. Es geht meist heiß zu und entweder trennen sie sich dann schnell wieder oder sie beginnen eine leidenschaftliche Affäre. Dabei wird oft so viel Porzellan zerschlagen, dass sich der eine oder andere Partner doch wieder jemanden sucht, der ihn eher ergänzt, statt ihm ähnlich zu sein.

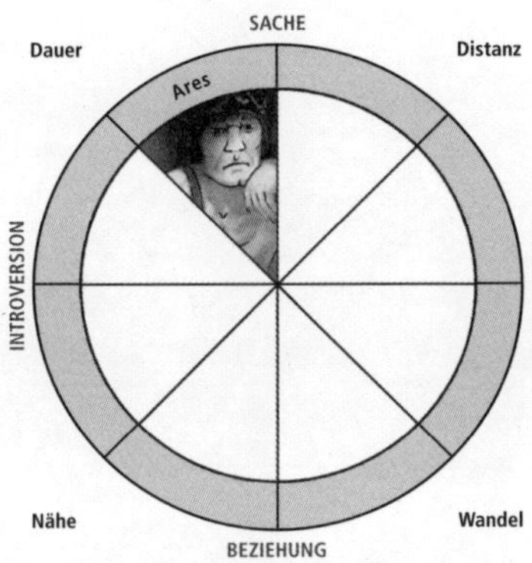

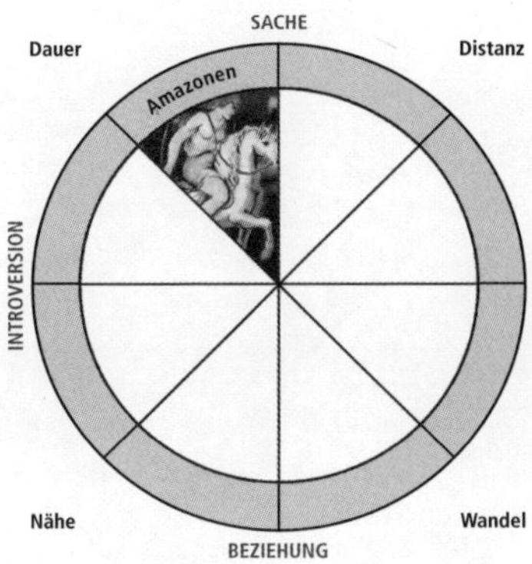

Wasser-Feuer-Typen leben getreu dem Motto: *»Du kannst nur für oder gegen mich sein.«*

Wasser-Feuer und Luft-Erde

Was wäre, wenn sich die Amazonen und Ares, statt ihre Feinde zu zerstören, mit der Leichtigkeit der Musen und des Dionysos andere Taktiken der Kriegsführung einfallen ließen? Wenn sie ihr umwölktes Gemüt ein wenig durchlüfteten mit der Schönheit, Grazie und Fantasie der Kunst? Sie könnten erlöst werden von der kalten Wut, die sie treibt, und stattdessen erfahren, wie mit Leidenschaft und Esprit Kriege ganz anders zu gewinnen wären.

Aber gerade weil sie dies ahnen und sich nicht ändern wollen, ist es so besonders schwierig, einen Ares oder eine Amazone zu erobern. Ares fürchtet, durch die Lieblichkeit der Muse und die mit ihrer Hilfe entdeckte Weiblichkeit (Anima) in ihm selbst nicht mehr so konsequent, zielstrebig und vielleicht auch böse sein zu können, wie er glaubt, sein zu müssen. Viele Herrscher hätten ihren Platz in der Geschichte nicht erobert, hätten sie ihre Anima entdeckt. Die Welt allerdings wäre eine bessere. Hätte zum Beispiel Napoleon statt seiner Josephine, die alles andere als eine sanfte Frau war, eine Muse geliebt, er wäre wahrscheinlich nie so erfolgreich geworden. Da Josephine nur einen erfolgreichen Mann lieben konnte, wurde er der große Krieger und Gewinner – bis zu dem Moment, als er sie aufgeben musste. Nach der Trennung von ihr verlor er jeden Krieg und seinen Thron – den er gerade dadurch retten wollte, dass er sich von ihr trennte (siehe Seite 132–134).

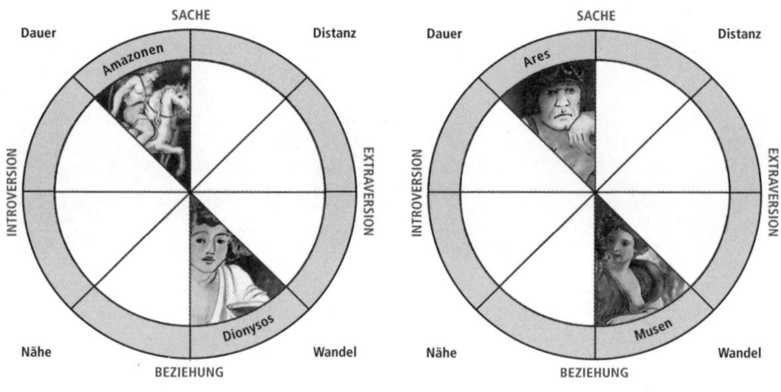

Zwischen Leidenschaft und Nachhaltigkeit

Während Beziehungen zwischen gleichen Persönlichkeitstypen vor allem in den Elementen Feuer und Luft leidenschaftlicher sind, sind die Bindungen derjenigen, die sich gegenseitig ergänzen, in der Regel beständiger und meist von weniger Höhen und Tiefen gekennzeichnet. Ergänzt man sich in wichtigen Punkten des Seins, werden mehr Felder des Lebens abgedeckt. Stärker angezogen werden wir Menschen allerdings – entgegen dem Sprichwort – meist von jenen, die uns selbst ähnlich sind. Hier liegt die

Krux: Besser für eine dauerhafte Beziehung ist ein Mensch, der anders ist – die größere Attraktivität hat aber der Ähnliche. Das erklärt auch, weshalb oftmals eher unterschiedliche Menschen heiraten, dann allerdings den Ehepartner häufig mit einer Person betrügen, die ihnen selbst viel ähnlicher ist. Der oft gehörte Satz »Mein Mann/meine Frau versteht mich einfach nicht« spricht dies aus.

Sehen wir uns noch einmal zwei Grafiken mit allen Typen im Überblick an, um im Folgenden am Beispiel berühmter Paare die achetypischen Muster in der Praxis zu betrachten. Achten Sie dabei auf den antreibenden Wert.

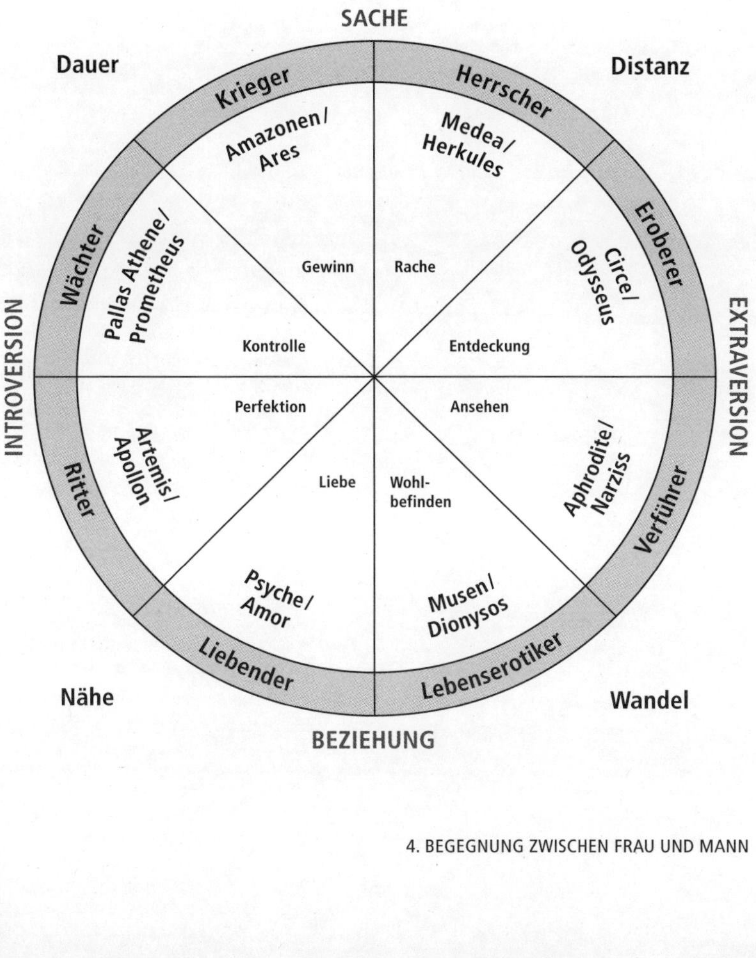

	Herakles	Odysseus	Narziss	Dionysos	Amor	Apollon	Prometheus	Ares
Medea	Rache Herrscher oder Zerstörer							
Circe		Entdeckung Abenteuer oder Flucht						
Aphrodite			Ansehen Verführung oder Manipulation					
Muse				Wohlbefinden Lebenserotik oder Haltlosigkeit				
Psyche					Harmonie Liebende oder Abhängige			
Artemis						Perfektion Ritter oder Verlangsamer		
Pallas Athene							Weisheit Wächter oder Bedenkenträger	
Amazone								Sieg Krieger oder Zerstörer

Berühmte Paare im Spiegel der Mythologie

Paare zwischen gestern und heute

Paarbeziehungen bewegen die Menschheit seit Jahrtausenden. Sie sind der Stoff unzähliger Romane, Gedichte, Gesänge und Theaterstücke. Meist sind es nicht die gesellschaftlich anerkannten Ehen, sondern die großen Leidenschaften jenseits der Konvention, die uns begeistern und berühren. Die Menschen lieben die Romantik, aber sie fürchten die Anarchie. Und so kam es, dass Ehebrecher genauso geächtet wie heimlich bewundert wurden. Eines konnte und kann ihnen die Gesellschaft nicht verzeihen: die Tatsache, dass jede Leidenschaft außerhalb der Ordnung einer Ehe die Illusion des lebenslangen Liebesversprechens bloßstellt und blamiert. Bis heute faszinieren neben den großen Liebesdramen in Literatur und Film die Beziehungen berühmter Zeitgenossen, seien sie Künstler, Politiker oder Sportler. Nicht von ungefähr lebt die Yellow-Press gut von ihnen.

Beziehungsmix im Persönlichkeits-Mythenrad

Auf den folgenden Seiten behandeln wir Beziehungen bekannter Persönlichkeiten – in Ausnahmefällen auch fiktiver Personen – und ordnen sie, soweit möglich, in das Mythenrad ein, um die erläuterte Typologie lebendig zu veranschaulichen. Diese Zuordnung kann immer nur eine rein subjektive Betrachtungsweise sein. Es werden nur einige Aspekte herausgepickt, niemals kann der gesamten Persönlichkeit in all ihren Facetten Rechnung getragen werden. Menschen lassen sich nicht eindeutig einem Typus zuordnen, es handelt sich meist um Mischtypen. Die Gliederung versucht lediglich, das komplexe Sein menschlicher Persönlichkeiten in ein leicht verständliches und nachvollziehbares Raster zu bringen. Es werden hier nur besonders eindrückliche Paarbeziehungen beschrieben, auf Vollständigkeit und Systematik wird verzichtet, da eine systematische Betrachtung aller Möglichkeiten den Rahmen sprengen würde. In Beziehungen gibt es wiederkehrende Muster, einige Themen sind dabei besonders interessant:

Beispielhafte Beziehungsmuster

- Musen und psychologische Antreiber: Hierzu gehören Denys Finch-Hutton und Karen Blixen, Diego Rivera und Frida Kahlo, Pablo Picasso und seine Gefährtinnen oder auch Auguste Rodin und Camille Claudel sowie Rainer Maria Rilke und Lou Andreas-Salomé.

- Liebe als Belohnung für Erfolg: Wir schildern die Beziehung zwischen Napoleon und Josephine.
- Liebe ist stärker als der Tod: Die klassischen Beispielpaare sind Romeo und Julia sowie Antonius und Kleopatra.
- Verstand statt Leidenschaft: Das intellektuelle Paar schlechthin waren Jean-Paul Sartre und Simone de Beauvoir.
- Leidenschaft pur: Wir widmen uns Henry Miller und Anaïs Nin.
- Kindheitsdramen: Hierfür stehen Arthur Miller und Marilyn Monroe.

Denys Finch-Hutton und Karen Blixen

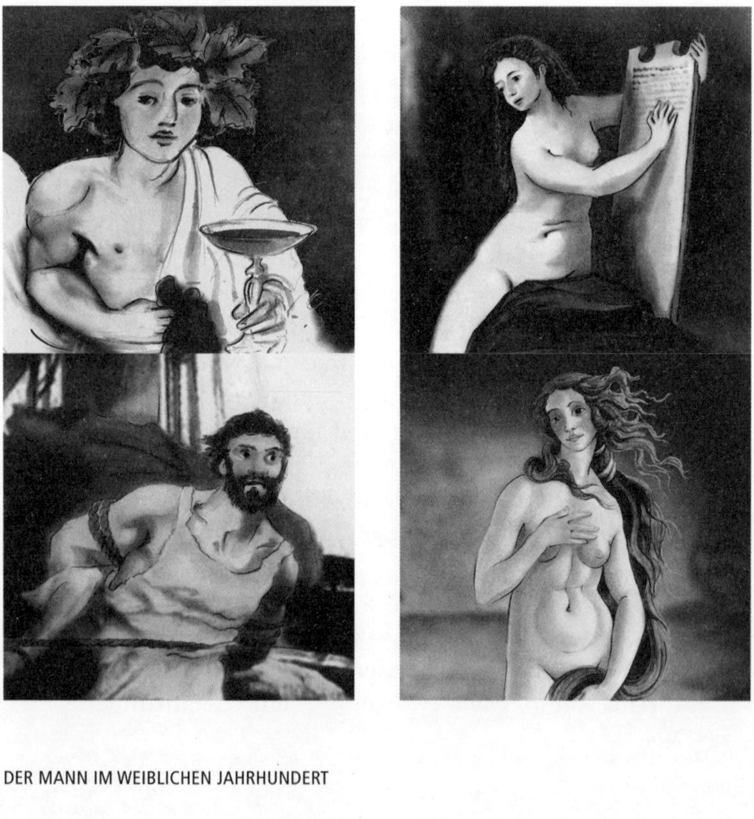

Er war es, der sie fragte: »Hast du eine Geschichte für mich?« Er motivierte sie, zu schreiben. Wie einst Scheherazade erfand sie Geschichten und erzählte sie ihm allabendlich. Wenngleich es hier nicht darum ging, ihr Leben durch Erzählen zu verlängern, so kämpfte sie doch mit den Geschichten auch um den Bestand der Beziehung. Sie wusste, nur solange sie ihn überraschen und fesseln konnte, würde dieser umtriebige Mann weiterhin zu ihr kommen. Und es gelang ihr, bis er nicht mehr kam, weil er mit dem Flugzeug abgestürzt war – die wohl traurigste Geschichte im Leben der Karen Blixen. In Denys Finch-Hutton finden wir eine männliche Muse, einen Mann, der eine Frau dazu bringt, ihrer Kunst nachzugehen und sich die schillerndsten Geschichten einfallen zu lassen.

Eine männliche Muse

Musen motivieren ihren Partner, ermutigen ihn, stacheln ihn an, über sich selbst hinauszuwachsen. Sie wollen dabei nichts für sich, sondern verwirklichen sich über den anderen. Das ist ein traditionell weibliches Verhalten, dessen sich viele männliche Künstler über Jahrhunderte bedient haben. Und nicht nur die Muse des Künstlers – auch die Frau im Hintergrund, die dem Wirtschaftslenker oder dem Politiker den Rücken freihält, gehört hierher. Viele Partnerinnen bringen ihre Liebsten zu Erfolgen, die sie ohne deren Motivation nicht geschafft hätten. Sei der Grund Liebe, Ehrgeiz oder die eigene Unmöglichkeit, Großes zu erreichen.

Männliche Musen sind im Kommen

Denys Finch-Hutton war noch eine Ausnahme. Heute ändert sich das Bild – langsam. Immer mehr Männer findet man in sozialen Berufen und dienender Tätigkeit. Viele junge Männer unterstützen ihre Frauen, inspirieren sie oder bleiben gar für das gemeinsame Kind zu Hause – ein Trend, den man in den 1950ern noch für unmöglich gehalten hat. Heute spielt es immer seltener eine Rolle, ob eine Muse männlich oder weiblich ist. Derjenige, der mehr Feuerenergie hat, wird derjenige sein, der nach außen geht, derjenige mit mehr Erdenergie wird lieber im Hintergrund zum Erfolg beitragen.

Diego Rivera und Frida Kahlo

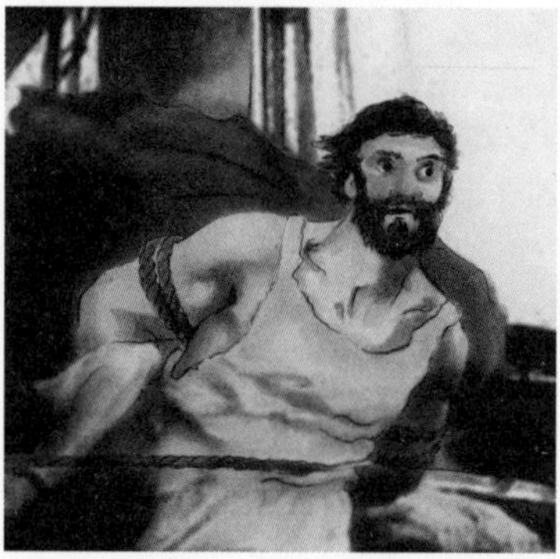

Auch Leid inspiriert

War die Muse von Frida Kahlo, jener unvergleichlichen mexikanischen Malerin, ein liebender, sich aufopfernder Mann? Nein, es waren die schlimmen lebenslangen Schmerzen, die ihr ein Unfall in einem Schulbus mit 18 Jahren beschert hatte, bei dem sie von einer Eisenstange durchbohrt wurde, und das Leid, das ihr ein egozentrischer und eigensüchtiger Diego Rivera als Ehemann zufügte, was sie inspirierte. Wie die Eisenstange ihren Unterleib, so durchbohrte er ihr Herz, indem er sie immer und immer wieder betrog, sogar mit ihrer eigenen Schwester. Je mehr er sie liebte, desto mehr hatte er das Bedürfnis, ihr wehzutun. Sie sagte einmal: *»Ich hatte zwei Unfälle in meinem Leben: Das eine war der Bus – das andere warst du, Diego. Du warst schlimmer.«* Die Beziehung zwischen Frida und Diego war von großer Leidenschaft, höchster künstlerischer Inspiration, aber auch großen Verletzungen geprägt. Ihr Schaffensdrang entsprang ihrem Überlebenswillen – denn kreativen Antrieb geben eben nicht nur die lieblichen Musen, sondern auch Menschen und Umstände, die jemandem seine Grenzen zeigen, ihn in den Wahnsinn treiben und ins Unglück stürzen. Heute ist für eines von Frida Kahlos Selbstporträts mit 3,2 Millionen Dollar der höchste Preis für ein Bild eines lateinamerikanischen Malers gezahlt worden. Ihre Bilder bestechen durch eine grausame Realität. In ihrer Art, ihren geschundenen Körper surreal und farbenprächtig darzustellen, überwand sie ihr Schicksal, mit einer lebenslangen Behinderung leben zu müssen.

Diego Rivera und Frida Kahlo dürften beide sehr viel Feuer-, aber auch viel Sonnenenergie in sich gehabt haben, was sie zu immer größerem künstlerischen Schaffen antrieb. Beide waren Kämpfer – zweimal Feuer, zweimal Leidenschaft, viele ähnliche Elemente, wenig, in dem sie sich ergänzten. In ihren jungen Jahren war sie mehr Psyche, die sich Kinder wünschte, einen treuen Ehemann, die Muse in ihr bescherte ihr Inspiration, die innere Circe ließ sie später ausbrechen und es dem untreuen Odysseus mit gleicher Münze heimzahlen. Und die innere Amazone brachte sie dazu, trotz aller körperlichen Qualen immer weiter zu kämpfen. Bei all der Kraft schaffte sie es nicht, sich von ihrem Mann und seelischen Peiniger zu trennen. Sie ließen sich zwar scheiden, aber nur, um ein Jahr später wieder zu heiraten. Spät forderte sie das Recht auf ihr eigenes Sexualleben und begann Affären mit dem Bildhauer Isamu Noguchi und dem russischen Revolutionär Leo Trotzki. Trotz ihres Feuers wollte sie privat Nähe, aber Rivera wollte Wandel und Abwechslung. Beide waren Fanatiker, die sich ihrer Kunst verschrieben haben. Er, weil er es so wollte. Sie, weil ihr das Schicksal solche Schmerzen beschert hatte. Bis zum Ende kämpfte sie für die Freiheit und die Kunst: *»Ich muss mit allen meinen Kräften darum ringen, damit das wenige Positive, das meine Krankheit mir zu tun erlaubt, auch der Revolution nützt. Das ist der einzig wirkliche Grund zu leben. Ich möchte mich mit meinen Bildern meines Volkes würdig erweisen. Ich möchte, dass mein Werk als ein Beitrag angesehen werden kann zu dem Kampf, den die Menschen um Frieden und Freiheit führen.«* Am 13. Juli 1954 starb Frida an den Folgen ihres zweiten Selbstmordversuchs. Ihre letzten Worte in ihrem Tagebuch lauten: *»Froh sehe ich dem Ende entgegen und ich hoffe, ich kehre nie zurück.«*

Diego Rivera, der sie geliebt hat, aber ihr trotz seiner Liebe nicht der Mann sein konnte, den sie ersehnte, konnte ihren Tod nicht mehr verhindern.

Thema des Beziehungskonstrukts

Die gemeinsame Idee ist größer als das Wohlbefinden in der Beziehung.

Erklärung des Musters

Die Kunst (das gemeinsame Ziel) steht am Anfang aller Überlegungen. Es spielt letztlich keine Rolle, ob der Partner für das Wohl gut ist, es ist unmöglich, sich auf jemanden einzulassen, der nicht das gemeinsame Ziel (die Kunst) im Auge hat.

Durchbrechen des Musters

In ihrer Lage:

- Machen Sie sich klar, dass Sie einen höheren Preis zahlen als der andere.
- Prüfen Sie, ob der Zugewinn an Freude und Kunst den Schmerz wert ist.
- Gewinnen Sie innerliche Distanz durch Freunde, eventuell auch andere Liebespartner.
- Fragen Sie sich: Wie würde mein Leben aussehen ohne diesen Partner? Was würde ich verlieren, was gewinnen?

In seiner Lage:

- Fragen Sie sich, ob Ihr Egoismus es wert ist, die Zerstörung eines geliebten Menschen in Kauf zu nehmen?
- Machen Sie sich und Ihrem Gegenüber klar, dass Sie unter innerem Zwang handeln.
- Starten Sie einen Selbstfindungsprozess – alleine oder gemeinsam.

Pablo Picasso und seine Frauen

Zwischen Muse und Medea

Pablo Picasso war nicht nur einer der größten Künstler des 20. Jahrhunderts, er war wohl mit 25.000 Werken auch einer der produktivsten. Im Wechsel seiner Frauen legte er ebenfalls eine große Produktivität an den Tag. Obwohl er als eines von wenigen geistig gesunden Genies gilt, hatte seine Art, mit Frauen umzugehen, etwas Extremes. So wechselte er beständig zwischen dem sehr extravertierten und selbstbewussten und dem introvertierten, unterwürfigen Typus – wieder treffen wir Lilith und Eva. Er liebte die Muse, aber er betrog sie mit einer Medea – und dann wieder genau umgekehrt. Im Grunde wollte er, selbst mit der Feuerenergie eines Herakles ausgestattet, unterwürfige Frauen. Trotzdem heiratete er mit Olga Koklowa eine zänkische Russin und hatte einen Sohn mit ihr. Diese Frau betrog er dann mit der ihm absolut hörigen Marie-Thérèse Walter und verließ sie wenig später für die neue Muse. Mit Marie-Thérèse hatte er eine Tochter. Als ihm ihre Unterwürfigkeit zu langweilig wurde, ließ er sich mit der exaltierten Fotografin Dora Maar und kurz darauf mit der sehr selbstbewussten Malerin Françoise Gilot ein. Trotzdem hielt er die Beziehung zu Marie-Thérèse aufrecht. Sie sollte ihm täglich schreiben und folgte auch brav seinem Wunsch, obwohl sie wusste, dass er eine andere hatte.

Mit Françoise Gilot war er zehn Jahre zusammen und sie hatten zwei Kinder. Doch die selbstbewusste Malerin konnte er nicht wirklich unterwerfen und so betrog er sie und begann im hohen Alter noch eine Affäre – wieder mit einer Unterwürfigen: Jacqueline Roque. Als Françoise ihn daraufhin verließ und ihr Leben endlich in die eigenen Hände nahm, machte er ihr eine große Szene und blieb dann den Rest seines Lebens mit Jacqueline zusammen. Nach dem Tod seiner ersten Frau Olga, von der er sich zwar getrennt, aber nie hatte scheiden lassen, heiratete er Jacqueline.

Bezeichnend ist, dass sich beide abhängigen Musen in seinem Leben, sowohl Marie-Thérèse Walter als auch Jacqueline Roque, nach seinem Tod das Leben nahmen. Insgesamt hatte er vier Kinder von drei verschiedenen Frauen. Waren für ihn auch die Musen nach eigenen Worten die idealeren Frauen, so suchte er doch immer die Abwechslung bei denen, die ihm wenigstens ein klein wenig die Stirn bieten konnten. Wen er davon geliebt hat? Wahrscheinlich immer nur sich selbst. Er saugte jede aus, die ihn liebte, nahm alles und gab wenig. Außer der Welt seine einzigartige Kunst. Es mag diesen Frauen bestimmt gewesen sein, sich einem so großen Künstler zur Inspiration aufgeopfert zu haben, für ihre Seelen hat er sich nie interessiert.

Picasso hatte einen dominanten Vater, dem er es zeigen wollte. Auf Grund seines großen Egos gelang es ihm, sich aus der Umklammerung zu lösen. Seine Verachtung galt allem, was weniger genial war als er selbst.

»Und diese Leute damals arbeiteten in unvorstellbarer Einsamkeit, die vielleicht ihr Segen war, auch wenn sie ihr Unglück gewesen ist. Was gibt es Gefährlicheres, als verstanden zu werden? Immer wird man verkehrt verstanden. Man glaubt, man sei nicht einsam. Und in Wirklichkeit ist man es nur umso mehr.«

Diese Sätze zeigen Picassos großen Drang nach Autonomie, verbunden mit dem Gefühl der Einsamkeit, das all diejenigen haben, die sich nicht wirklich auf einen Menschen einlassen können. Wie viele große Künstler brauchte er das Unglück für seine Produktivität und so zerbrach er, was er liebte. Zwei Frauen mussten die eigene Unfähigkeit, diesem Strudel zu entkommen, mit ihrem Leben bezahlen.

Thema des Beziehungskonstrukts

Er: Ich verlange, dass sich jeder meiner Kunst (Ziel) unterordnet.
Sie: Er ist größer als alles andere und ich ordne mich unter.

Erklärung des Musters

Die Partner egozentrischer Menschen zahlen immer einen hohen Preis. Je egozentrierter jemand ist, desto weniger wird er seinem Gegenüber Zuneigung, Zuwendung und Aufmerksamkeit schenken. Große Genies werden auch deshalb so berühmt, weil für sie nur eines zählt – und das sind sie selbst und ihr Schaffen.

Durchbrechen des Musters

Wer solch einen Menschen liebt, sollte sich über eines ganz klar sein: Dieser Egomane wird sich niemals ändern. Jede Muse muss sich fragen, ob ihr diese Rolle ein Leben lang genügt.

Auguste Rodin und Camille Claudel

Die glücklose Muse

Wenig Glück hatte Camille Claudel in ihrer Beziehung zu Auguste Rodin. Rodin war schon berühmt und sehr erfolgreich, als er mit 43 die18-jährige Camille traf. Sie wusste schon mit 13, dass sie Bildhauerin werden wollte. Sie war besessen von ihrer Kunst – besessener als er. Er war über jeden Zweifel erhaben. Sie hatte es schwerer. Es gab zu ihrer Zeit nur eine einzige Schule, die überhaupt Frauen aufnahm. Sie besuchte sie, lernte dort Rodin kennen, und er erkannte ihr Talent, nahm sie in seinen Künstlerkreis auf und machte sie zu seiner Geliebten. So lebten sie 15 Jahre zusammen. Sie liebte ihn aufrichtig mit all ihrer Energie. Er entschied sich nicht für sie, wandte sich lieber der ihm unterwürfigen Rose Beuret zu. Selbst als Camille von ihm schwanger war, bekannte er sich nicht zu ihr und sie ließ das Kind abtreiben. 1898 trennte sie sich von ihm, weil er sie umso schlechter behandelte, je besser sie als Bildhauerin wurde. Sie wollte sich persönlich wie auch künstlerisch von ihm emanzipieren und ihr eigenes Leben leben. Aber das Zeitalter war gegen sie, obwohl der Kunstkritiker Octave Merbeau 1893 über sie sagte: *»Es würde mich sehr wundern, wenn Mademoiselle Claudel nicht plötzlich eines Tages zu den großen Meistern der Bildhauerei in diesem Jahrhundert zählt.«*

Während man heute davon überzeugt ist, dass Camille Claudels Kunst den Werken Rodins in nichts nachsteht, konnte sie zu Lebzeiten nicht davon existieren. Den Schmerz über die nicht erwiderte Liebe Rodins und seinen Egoismus überwand sie nie. Sie flüchtete sich in Alkohol, wurde immer hinfälliger, zerstörte aus Verzweiflung 1906 einen Großteil ihres Schaffens und wurde 1913 von ihrer Familie in eine psychiatrische Klinik eingewiesen, in der sie 30 Jahre später verstarb. Eine großartige Muse mit dem Talent zur eigenen ganz großen Kunst, mit viel Sonnenergie. Aber die große Sehnsucht nach Liebe, die sie an den falschen Mann verschwendete, und die Zeit, die sie nicht verstand, für die sie zu früh kam, ließen sie zerbrechen.

Auguste Rodin war ein großer Künstler, aber ein narzisstischer und dadurch zerstörerischer Ares, der Camille ihren Erfolg nicht gönnen konnte und der niemals eine gleichberechtigte Künstlerin neben sich ertrug. Er heiratete wenige Monate vor seinem Tod seine untertänige Lebensgefährtin Rose Beuret, der er gerade einmal zutraute, den Ton, den seine göttlichen Hände formen, zu befeuchten. Hätte Camille Claudel die Feuerenergie einer Frida Kahlo besessen oder die Raffinesse einer Circe, sie hätte sich nicht von einem neidischen Narzissten zu Grunde richten lassen, und die Welt könnte heute das erstaunliche Werk einer der größten Bildhauerinnen bewundern.

Thema des Beziehungskonstrukts

Dieses Beziehungsmodell ist gerade in der heutigen Zeit stark verbreitet: Es sind nicht nur Künstlerpaare, die sich durch Neid und Eifersucht in ihrer persönlichen Entwicklung behindern, wenn nicht sogar bis zum Wahnsinn treiben. Eine gefährliche Mischung für den, der mehr liebt und emotional abhängig ist vom anderen. Und das muss nicht immer die Frau sein.

Erklärung des Musters

Konkurrenz-Dilemma

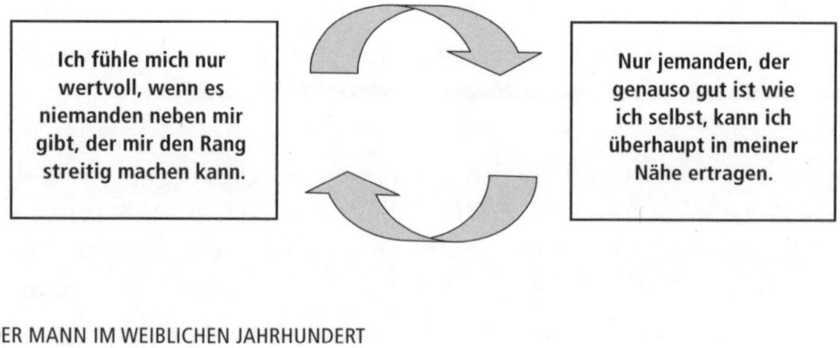

Während die Geliebten Picassos selbst keine Künstlerinnen waren, handelt es sich bei Camille Claudel um ein wahres Talent, das durch die Spirale von Konkurrenz und Verachtung zerstört wurde.

Durchbrechen des Musters

Gerade großen Talenten mit Selbstzweifeln sei geraten, sich aus der Umklammerung von Menschen zu lösen, die ihr Schaffen nicht gleichberechtigt anerkennen können. Ein wahrhaft liebender Partner erkennt das Talent seines Liebsten und fördert es. Menschen, die niemand anderem als sich selbst Erfolg zutrauen und zubilligen, können nicht wirklich hingebungsvoll lieben. Ihre Liebe wird immer egoistisch sein und so werden sie auf Dauer dem anderen mehr Schmerz als Erfüllung bringen.

Rainer Maria Rilke und Lou Andreas-Salomé

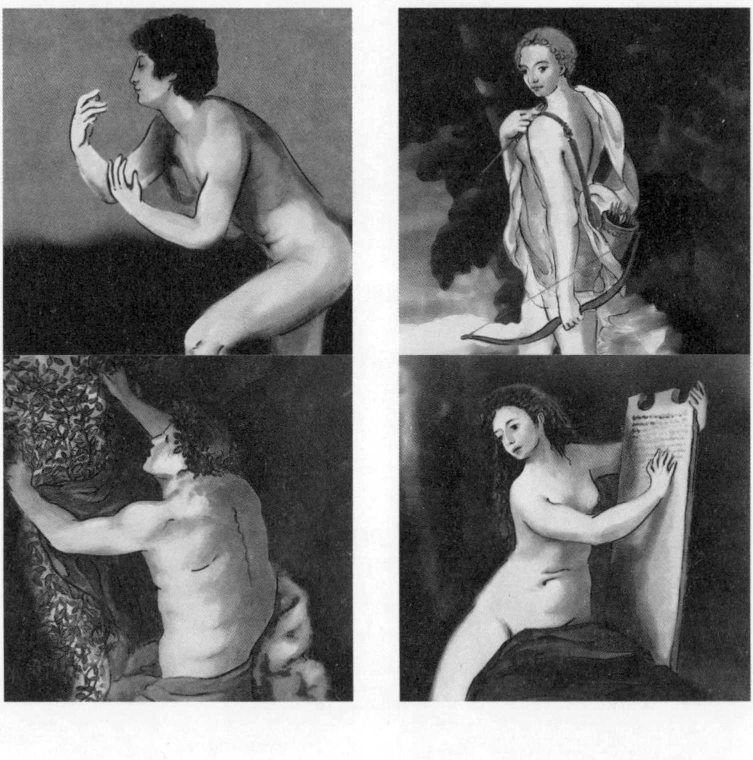

Die wohl größte Muse in der Welt der Dichter, Denker und Philosophen war Lou Andreas-Salomé. Sie war die geistige Gespielin von sechs bedeutenden Männern: Paul Rée, Friedrich Nietzsche, Rainer Maria Rilke, Siegmund Freud, Alfred Adler und Victor Tausk. Letzterer nahm sich das Leben, weil er sie nicht gewinnen konnte. Das war 1919, als die bereits über 50-jährige Analytikerin sowohl privat wie therapeutisch eine Beziehung zu dem wesentlich jüngeren Mann unterhielt – ein Thema, das bis heute unter Psychologen heftig diskutiert wird. Als sie ihn verließ, stürzte sich der labile Tausk erst in die Arbeit, dann in eine neue Beziehung, doch zwei Wochen vor der geplanten Hochzeit ging er in den Freitod.

Lou von Salomé wurde als Tochter Deutscher in Russland geboren. Nach einer Dreiecksgeschichte mit Friedrich Nietzsche und Paul Rée heiratete sie den Sprachwissenschaftler Friedrich Carl Andreas. Ende des 19. Jahrhunderts gelang es ihr, als Journalistin Anerkennung zu finden. Sie schrieb Gedichte, Romane und Essays und veröffentlichte Bücher über Nietzsche, Rilke, Freud und andere Größen ihrer Epoche. Ihre beruflichen Erfolge sind in ihrer Zeit für eine Frau beachtlich.

Die platonische Freundschaft zu Friedrich Nietzsche endete in einer Dreierwohngemeinschaft mit Paul Rée. Diese Konstellation trieb den Philosophen in schwere Krisen, aber auch zu großem Schaffensdrang. So schrieb er aus der Verzweiflung heraus, dieser Frau nicht habhaft zu werden, sein *Also sprach Zarathustra* und der Ausspruch *»Wenn du zum Weibe gehst, vergiss die Peitsche nicht«* bekommt in diesem Licht eine andere Bedeutung.

Angst vor Abhängigkeit

Lou hatte, ähnlich wie nach ihr Simone de Beauvoir (Seite 140), ein Lebensziel: die Freiheit fern aller weiblichen Pflichten. Sie lehnte Hausarbeit, Kindererziehung, einen festen Wohnort und eine dauerhafte Gemeinschaft mit einem Partner ab. Sie ging dabei so weit, dass sie versuchte, jegliches Gefühl aus ihrem Leben herauszuhalten. Sie wollte nicht lieben, sich nicht hingeben – um die Freiheit und die Fähigkeit zu denken und zu schreiben nicht zu verlieren. Sie war der Meinung, dass nur der Verzicht auf sexuelle Erfüllung die geistige Leistungsfähigkeit zur Brillanz steigern könne. Diese Einstellung und ihre emotionale Unabhängigkeit verbunden mit einem attraktiven Äußeren und ihrem Erfolg als Schriftstellerin und Journalistin, später auch als Analytikerin, machten sie für viele Männer unwiderstehlich. Sie suchten die Nähe dieser klugen Frau und hielten ihr intellektuelles Interesse für Empathie.

Der Einzige, der Lou, die Circe mit der Jungfräulichkeit einer Artemis, mit Körper und Seele zu seiner Geliebten machen konnte, war der der junge Rilke, der sie fühlen ließ, was es heißt, ganz und gar zu lieben.

»Durch dich will ich die Welt sehen, denn dann sehe ich nicht die Welt, sondern immer nur dich, dich, dich«, schrieb er ihr.

Rainer Maria Rilke wurde als Sohn einer Prager Beamten-Familie geboren. Sein Vater war kränklich, die Mutter eine schwierige, selbstgefällige Frau, eine Schriftstellerin, die ihren Sohn aristokratisch erzog – ohne Liebe und Wärme. Rainer sollte eine militärische Karriere machen, daher zwang sie ihn in die Militärschule. Diese Anstalt verließ Rilke nach nur einem Jahr – körperlich und geistig verletzt. Die tief gestörte Beziehung zu seiner Mutter sollte ihn ein Leben lang prägen.

Als Rilke im Mai 1897 das erste Mal Lou Andreas-Salomé traf, änderte sich das Leben beider. Er warb so heftig um sie, dass sie ihre Lebensmaxime von der Freiheit ohne Liebe für eine Zeit lang hinten anstellte. Rilke bewies ihr, dass sie beides haben konnte, und führte die 14 Jahre ältere Frau in das Glück der Liebe ein. Im Juli 1897 zogen sie zusammen mit einer Freundin aufs Land. Im Oktober allerdings verließ Lou das gemeinsame Haus, um zu ihrem Mann nach Berlin zurückzukehren. Aber Rilke gab nicht auf und zog ihr nach. Und so geriet Lou in die zweite Dreiecksbeziehung ihres Lebens.

1899 und 1900 bereisten Rilke und sie gemeinsam Russland. Rilke schrieb in der glücklichen Zeit mit ihr sein *Stundenbuch*. 1902 allerdings löste sich Lou Andreas-Salomé endgültig aus der Liebesbeziehung zu Rilke und bot ihm eine reine Brieffreundschaft an. Sie wollte ihrer ursprünglichen Lebensidee von der höchsten Reizung des Geistes durch den Verzicht auf Liebe für den Rest ihres Lebens nachgehen.

Thema des Beziehungskonstrukts

In Lou Andreas-Salomé finden wir eine typische Artemis. Kopfgesteuert lebt sie ihren Glaubenssatz, dass der Mensch nicht gleichzeitig denken und fühlen könne. Sie glaubt nicht an die Dreieinigkeit von Geist, Seele und Körper. Und so lebt sie ein Leben, in dem sie sich genau dies immer wieder beweist. Männer, die ihren Weg kreuzen, bekommen dies schmerzhaft zu spüren. Mit Nietzsche, Freud, Rée und ihrem Mann führt sie zwar intellektuell leidenschaftliche, aber doch rein platonische Beziehungen. In Rilke findet sie jemanden, der sie liebevoll von ihrem einsamen Leben abbringen will. Er beeindruckt sie auch ein wenig, aber nur kurzfristig.

Erklärung des Musters

Warum sucht sich jemand wie Rainer Maria Rilke, der die schönsten Liebesgedichte verfasst, eine Frau wie Lou Andreas-Salomé, die nicht wirklich zu Hingabe und Liebe fähig ist? Nach Freud vermutlich, weil er genau dieses Muster bei seiner eigenen Mutter gelernt hat. Sie war eine Frau, die keine Liebe geben konnte, und so sucht er sich die Frauen unbewusst nach demselben Bilde. In einem Gedicht schreibt er:

> *»Wie soll ich meine Seele halten, dass*
> *sie nicht an deine rührt? Wie soll ich sie*
> *hinheben über dich zu andern Dingen?*
> *Ach gerne möchte ich sie bei irgendwas*
> *Verlorenem im Dunkel unterbringen*
> *an einer fremden stillen Stelle, die*
> *nicht weiterschwingt,*
> *wenn deine Tiefen schwingen.*
> *Doch alles, was uns anrührt, dich und mich,*
> *nimmt uns zusammen wie ein Bogenstrich,*
> *der aus zwei Saiten eine Stimme zieht.*
> *Auf welches Instrument sind wir gespannt?*

Und welcher Geiger hat uns in der Hand?
O süßes Lied.«

RAINER MARIA RILKE, LIEBES-LIED

Aber er schreibt auch:

»Ich sehne oft nach einer Mutter mich,
nach einer stillen Frau mit weißen Scheiteln.
In ihrer Liebe blühte erst mein Ich;
sie könnte jenen wilden Hass vereiteln,
Der eisig sich in meine Seele schlich.

Dann säßen wir wohl beieinander dicht,
Ein Feuer surrte leise im Kamine.
Ich lauschte, was die liebe Lippe spricht,
und Frieden schwebte ob der Teeterrine
so wie ein Falter um das Lampenlicht.«

RAINER MARIA RILKE, MÜTTER

Rilke erwägt eine Psychotherapie bei Freud, doch es ist Lou Andreas-Salomé, die ihm davon abrät, mit der Begründung, dass er dann vielleicht geheilt werde, aber auch Gefahr laufe, sein poetisches Talent zu verlieren. Womit sie ihn in seinem Mutter-Dilemma festhält. Wie allen großen Künstlern ist ihm sein Talent wertvoller als sein Glück. So lernt der Mann, der der Welt die schönsten Liebesgedichte schenkt, die wahre Liebe einer Frau niemals kennen.

Durchbrechen des Musters

Wie Rilke leiden auch heute viele Männer unter diesem Dilemma. Sie lernen von ihren Müttern nicht zu lieben, der Vater ist schwach, und so begegnen sie im Leben immer nur den distanzierten, verkopften Frauen vom Typ Artemis, die so sehr in ihrer eigenen Ambivalenz gefangen sind, dass sie die Schönheit und Leichtigkeit einer Liebe nicht leben können. Die Befreiung aus diesem Dilemma kann nur gelingen, wenn der Betroffene lernt, die Mutter so zu sehen, wie sie ist, nicht, wie sie ersehnt und erhofft wird. Der erste Schritt ist die Entmystifizierung der Mutter, der zweite das bewusste Suchen nach einer Frau mit warmen Wesensanteilen, die in der Lage ist, wahrhaftige Liebe zu geben.

Napoleon Bonaparte und Josephine

Die Liebe als Antrieb

Josephine Beauharnais, die sechs Jahre ältere, leichtlebige Witwe, war die Frau an Napoleons Seite. Sie beflügelte ihn zu siegen.

»Weißt Du nicht, dass es ohne Dich, ohne Dein Herz, ohne Deine Liebe für Deinen Gatten weder Glück noch Liebe gibt … Fern von Dir sind die Nächte lang, schal und traurig. Neben Dir wünschte man, dass die Nacht nie zu Ende geht.« Das schrieb der große Kaiser seiner Angebeteten. Sie erwiderte seine Liebe zunächst nicht, erst als er erfolgreich war, da schenkte sie ihm ihr Herz – für das, was er geleistet hatte. Sie war eine Medea durch und durch, die aber zur damaligen Zeit selbst keine Karriere machen konnte, also trieb sie den Mann an ihrer Seite dazu, Erfolge zu erringen. Für sie – an ihrer statt.

Josephine, geboren und aufgewachsen auf Martinique, war eine französische Kreolin, die die Lebensfreude ihrer Heimat im Herzen trug. Nach dem Tod ihres ersten Ehemannes, General de Beauharnais, unter der Guillotine wurde sie die Geliebte einflussreicher Männer. Sie war mittellos und hatte zwei Kinder, so setzte sie ihr einziges Kapital, ihre Anmut ein, um sich und ihre Familie zu ernähren. Als Napoleon – ein blutjunger ungeschliffener Soldat – diese Frau kennenlernte, war er ihr sofort verfallen. Sie brachte ihm Schliff und Diplomatie bei. Er liebte sie und deswegen heiratete er sie, obwohl es politisch unklug war, eine Frau von schlechtem Ruf zu ehelichen. Sie liebte ihn zunächst nicht – aber sie hatte keine andere Wahl und so wurde sie 1796 seine Frau. Von seiner Liebe und vor allem von seiner Eifersucht angestachelt, denn sie war ihm zunächst keineswegs treu, griff der mit der Aresenergie geladene Emporkömmling nach der Macht. Er kämpfte und gab nie auf – und gewann alles und so auch Josephines Herz. Als sie merkte, dass so viel mehr in dem »komischen Korsen« steckte und er das Format hatte, Geschichte zu schreiben, sah sie ihn mit anderen Augen.

Schließlich krönte Napoleon sich 1804 selbst zum Kaiser und seine Josephine zur Kaiserin. Nun jedoch sollte er eine Dynastie gründen – aber sie bekam keine Kinder mehr, und so musste Napoleon seine schlimmste Schlacht schlagen, seine härteste Entscheidung treffen. Er trennte sich von der Frau, die er liebte, um der Macht willen und heiratete 1810 Marie-Luise, die Tochter des Habsburger Kaisers Franz I. Doch mit der Trennung von seiner Josephine kam für ihn der Niedergang. Das Feuer war erloschen und es folgte sein Waterloo. 1821 starb Napoleon in der Verbannung auf Elba. Über Josephine sagte er: »Sie war die beste Frau Frankreichs.«

Hier haben wir die Geschichte eines Kriegers und Herrschers, der durch die zunächst unerwiderte Liebe zu einer Frau so aggressiv wird, dass er diese Energie in Siege umsetzt. Das schafft nur, wer die Feuerenergie in sich hat, das Kriegertum und die Lust auf Macht. Dass er seine Liebe am Ende opfert, ist vor allem dem politischen Druck zuzuschreiben. Gleichzeitig geht er daran zu Grunde, ähnlich wie Antonius durch die Zweifel an seiner Kleopatra verzweifelt und sich das Leben nimmt (siehe Seite 137–139).

Thema des Beziehungskonstrukts

Ich liebe dich erst, wenn du erfolgreich bist. – Dieses Wissen stachelt den anderen so an, dass er alles schafft und alles erreicht. Sobald diese Kraft wieder aus dem Leben tritt, verschwindet auch der Erfolg.

Erklärung des Musters

Medeas lieben nur die Mächtigen. Wenn der Mann an ihrer Seite nicht mächtig ist, machen sie ihn dazu, verlassen oder »töten« ihn: ein häufig unbewusstes Erfolgsrezept durchschnittlicher

Männer, die durch den Ehrgeiz ihrer Frauen quasi auf dem zweiten Bildungsweg zu dem gemacht werden, was die Frauen sich von einem Ehemann erhoffen. Umgekehrt funktioniert dieser Pygmalion-Effekt natürlich auch.

Durchbrechen des Musters

Wenngleich dieses Muster sehr erfolgversprechend für Napoleon war, so war der sonst so Unabhängige hier doch abhängig. Wäre er sich bewusst geworden, dass sein Erfolg von seiner Beziehung zu dieser Frau abhängt, hätte er sie nicht verlassen und einen anderen politischen Weg gefunden. Im Erkennen des Musters hätte dann auch die Freiheit gelegen, Beziehung und Erfolg zu trennen.

Romeo und Julia

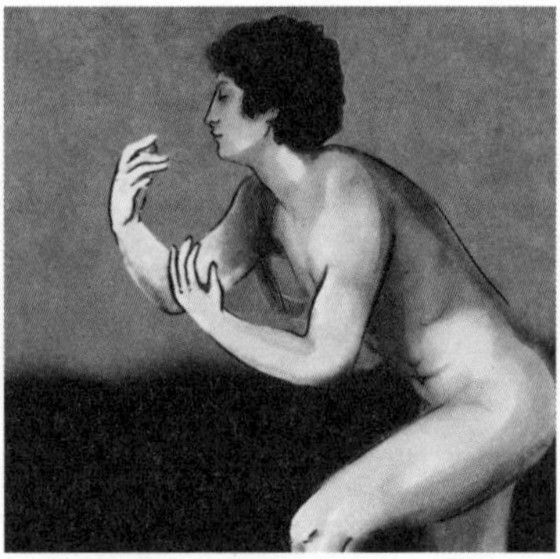

Bild der Liebe schlechthin

Auch wenn es nur eine Erfindung Shakespeares ist, eine Fiktion und keine Wirklichkeit, so ist doch die Liebesgeschichte von Romeo und Julia in all unseren Köpfen. Und mancher sehnt sich nach einer solchen großen Liebe, die stärker ist als der Tod. Alles für die Liebe zu wagen – auch das Leben –, das ist die Bestimmung der beiden Liebenden aus Verona, die einander nicht haben dürfen, weil ihre Familien, die Montagues und die Capulets, seit Jahren verfeindet sind. Doch Romeo Montague sieht Julia Capulet, und in diesem Moment ist sein Schicksal besiegelt. Nie wieder wird er eine andere Frau lieben. Dass Julia eine Capulet ist, erschreckt ihn, hält ihn aber nicht von dieser Liebe ab – sowenig es sie abhält.

Julia *O Romeo! Warum denn Romeo?*
Verleugne deinen Vater, deinen Namen!
Willst du das nicht, schwör dich zu meinem Liebsten,
Und ich bin länger keine Capulet.
Romeo *Hör ich noch länger, oder soll ich reden?*
Julia *Dein Nam ist nur mein Feind. Du bliebst du selbst,*
Und wärst du auch kein Montague. Was ist
Denn Montague? Es ist nicht Hand, nicht Fuß,
Nicht Arm noch Antlitz, noch ein andrer Teil
Von einem Menschen. Sei ein andrer Name!
Was ist ein Name? Was uns eine Rose heißt,
Wie sie auch hieße, würde lieblich duften;
So Romeo, wenn er auch anders hieße,
Er würde doch den köstlichen Gehalt
Bewahren, welcher sein ist ohne Titel.
O Romeo, leg deinen Namen ab,
Und für den Namen, der dein Selbst nicht ist,
Nimm meines ganz!

Sie finden schnell zueinander.

Julia *Gewiss, mein Montague, ich bin zu herzlich,*
Du könntest denken, ich sei leichten Sinns.
Ich glaube, Mann, ich werde treuer sein
Als sie, die fremd zu tun geschickter sind.
Auch ich, bekenn ich, hätte fremd getan,
Wär ich von dir, eh ichs gewahrte, nicht
Belauscht in Liebesklagen. Drum vergib!
Schilt diese Hingebung nicht Flatterliebe,
Die so die stille Nacht verraten hat.

WILLIAM SHAKESPEARE, ROMEO UND JULIA (II, 2)

Dann wird Romeo in einen Straßenkampf verwickelt und muss Julias Vetter niederstechen. Aus Angst vor der Rache bleibt den Verliebten nur die Flucht. Der Mönch, der die beiden getraut hat, hilft ihnen und gibt Julia ein Gift, das sie scheintot macht. Allerdings erhält Romeo diese wichtige Botschaft in den Turbulenzen und Intrigen nicht und findet die scheinbar Tote in der Gruft der Capulets. Und so vergiftet er sich, weil er ohne die Geliebte nicht eine Sekunde länger leben will. Als Julia erwacht, sieht sie den toten Romeo und folgt ihm in den Tod. Am Grabe der Kinder legen die Eltern dann ihren Streit ab – zu spät für die Liebenden, oder vielleicht auch nicht. Was ist die Unendlichkeit der Liebe gegen das triste Dahinleben in der Alltäglichkeit! So sterben die Liebespaare in fast allen großen Tragödien und bleiben in unseren Köpfen als Gespinst der Hoffnung von lebenslanger Liebe.

Thema des Beziehungskonstrukts

Ist das gemeinsame Leben nur kurz, ist es ein Leichtes, diesen Mythos aufrechtzuerhalten und in Treue und Wahrhaftigkeit, bis dass der Tod euch scheidet, zu leben. Den Alltag zu beherrschen ist ein anderes Kapitel. Romeo und Julia wie auch Tristan und Isolde sind Erdtypen, die die Harmonie, die Nähe und die Dauer suchen. Ihr Mythos heißt: Liebe ist stärker als der Tod.

Erklärung des Musters

Liebesgeschichten dieser Tiefe erleben nur diejenigen, die sich mit ihren Persönlichkeitsanteilen im Feld der Liebenden begegnen. Das fällt denjenigen vom Typ Liebender leichter, heißt aber nicht, dass andere dazu nicht fähig wären, wie gleich die nächste Geschichte beweist. Eine Erlösung aus diesem Muster ist nicht nötig, allerdings sollten die so hingebungsvoll Liebenden sich nicht völlig selbst aufgeben, denn dann können sie ohne den anderen nicht weiterleben.

Antonius und Kleopatra

Zwischen Macht und Liebe

Zwei ganz andere Typen als Romeo und Julia sind Antonius und Kleopatra. In ihrem Leben dreht sich alles um die Macht. Als sie aber aufeinandertreffen, wird aus Berechnung Liebe, und das führt zu einem dramatischen Ende. Obwohl sie die Energie des Feuers ihr Eigen nennen, sterben sie doch wie Romeo und Julia durch die eigene Hand, nachdem sie erkannt haben, dass alles verloren und ein gemeinsames Leben in Ruhm und Ehre nicht mehr möglich ist.

Kleopatra, die sich selbst für eine Göttin hielt und von sich sagte, sie sei die Tochter der großen Isis, war Königin des Reiches Ägypten. Ägypten aber war Rom tributpflichtig und von seinem Schutz abhängig. Indem sie Cäsar verführte, erreichte Kleopatra für sich und ihr Land eine bevorzugte Stellung bei dem römischen Herrscher. Ob ihr Sohn Cäsarion wirklich von Cäsar stammte, bleibt fraglich. Als Cäsar ermordet wurde und sein treuer Gefolgsmann Marcus Antonius seine Nachfolge antrat, machte sich Kleopatra sogleich auf nach Rom, um auch ihn in ihre verführerische Macht zu bringen. Es gelang ihr spielend. Nicht weil sie, wie gerne in Hollywoodverfilmungen dargestellt, eine so schöne Frau war, sondern weil sie strategisch dachte wie ein Mann und so auch wusste, wie sie jeden Mann mit Hilfe der Zauber des Orients willenlos machen konnte. Außerdem war sie als junge Frau, zu Zeiten, da ihr Bruder ihr den Thron streitig machte, nicht nur die

Geliebte Cäsars, sondern auch seine gelehrige Schülerin, und so wurde aus der verführerischen Circe auch eine geschickte Medea-Politikerin. So ausgebildet, holte sie sich ihren Thron zurück und war später für Marcus Antonius eine gleichberechtigte und bald unverzichtbare Partnerin: im Bett sowie in allen Fragen der Politik, Diplomatie und Kriegskunst.

Ihr verschwenderisches, luxuriöses und sinnliches Leben teilte Marcus Antonius, der als Soldat große Entbehrungen erlitten hatte, gern mit ihr. Sie wurden ein Liebespaar und Kleopatra schenkte Zwillingen und einem Sohn das Leben. Über all diesem Familienglück in Ägypten vergaß Marcus Antonius Rom. Das war sein verhängnisvoller Fehler. Denn seine Gegner und Neider warteten nur den richtigen Zeitpunkt ab, um ihn zu stürzen. Er heiratete zwar noch aus diplomatischen Gründen Octavians Schwester. Doch die Sehnsucht trieb ihn zurück nach Ägypten zu seiner Königin des Herzens. Diese treulose Tat nutzte Octavian dazu, ihn zu entmachten und Ägypten den Krieg zu erklären.

Verlassen vom Kriegsglück und mit der nagenden Frage im Innern, ob Kleopatra ihn wirklich geliebt oder doch nur benutzt hatte, stürzte er sich in sein Schwert. Als sie vom Tod des Geliebten hörte, setzte sich Kleopatra zwei giftige Schlangen auf die Brust und folgte ihrem Mann ins Grab.

William Shakespeare legt den beiden folgende Worte in den Mund:

Antonius *Hörst du, Geliebte: Wenn ich vom Schlachtfeld nochmals wiederkehre, den Mund zu küssen, komm ich ganz in Blut.*

WILLIAM SHAKESPEARE, ANTONIUS UND KLEOPATRA (III, 11)

Kleopatra (bevor sie sich die giftigen Schlangen an die Brust setzt) *Mich dünkt, ich höre Antonius' Ruf, ich seh ihn sich erheben, Mein edles Tun zu preisen, [...] Gemahl, ich komme!*

WILLIAM SHAKESPEARE, ANTONIUS UND KLEOPATRA (V, 2)

Es gibt also auch unter Feuertypen jene große Liebe, die beide nicht mehr leben lassen will ohne den anderen. Sicher ist dieses Lebensgefühl bei den von Ehrgeiz und Machthunger getriebenen Menschen seltener, denn letztendlich ist es ja die andere Seite der Persönlichkeit. Doch dank unseres Facettenreichtums sind wir in der Lage, beides zu erleben: Feuer und Erde, herrschen und lieben.

Es ergibt sich folgendes Spannungsfeld:

Thema des Beziehungskonstrukts/ Erklärung des Musters

Herrscher-Krieger-Dilemma

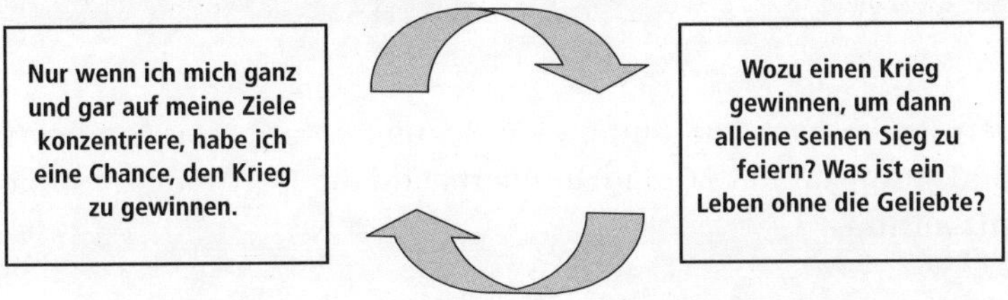

Durchbrechen des Musters

Hier kann das Muster nur erfolgreich durchbrochen werden, wenn sich beide ehrlich fragen, was ihnen wirklich wichtig im Leben ist: Erfolg oder Liebe – und sich dann für die Liebe entscheiden.

Jean-Paul Sartre und Simone de Beauvoir

Jean-Paul Sartre und Simone de Beauvoir waren das intellektuelle Traumpaar des 20. Jahrhunderts und die Begründer des Existenzialismus.

Simone und ihre kleinere Schwester stammten aus gutem Haus. Ihr Vater förderte sie und war sehr stolz auf seine kluge ältere Tochter: »Simone denkt wie ein Mann« war sein größtes Lob für sie. Simone de Beauvoir vergötterte ihren Vater, deshalb war es für sie ein Schock, als er ihr im Alter von zwölf Jahren, als ihr Körper sich langsam weiblich formte, sagte: »Wie hässlich du bist.« In diesem Moment legte sie ihren Lebensweg endgültig fest. Sie vernachlässigte ihr Äußeres und ließ so auch ein Stück ihrer Weiblichkeit sterben. Ab diesem Zeitpunkt setzte sie nur noch auf den Verstand. Sie lernte wie eine Besessene und machte sich für alles detaillierte Zeitpläne. Eine Freundin warf ihr später vor: »Sie sind eine Uhr in einem Kühlschrank.« Simone bevorzugte in all ihren Freundschaften das Sie, und nicht einmal Jean-Paul Sartre durfte sie später duzen.

Jean-Paul Sartre, Hauptvertreter des nihilistischen Existenzialismus, dessen Zentralbegriff die Freiheit ist, wurde 1905 als einziges Kind seines Vaters Jean-Baptiste Sartre, einem Marineoffizier, und seiner Frau Anne Marie Schweitzer in Paris geboren. Der schwerkranke Vater starb, als Jean-Paul zwei Jahre alt war. Der kleine Junge wuchs bei seinen Großeltern auf, zu denen er keinen emotionalen Zugang hatte und die ihn nicht verstanden. Mit zehn Jahren schrieb er Geschichten und Gedichte. Als er 14 war, kam es dann zum großen Trauma. Seine geliebte Mutter heiratete ein zweites Mal. Er verachtete den neuen Vater und brach mit der Mutter. So gelangte er schon sehr früh zum Nihilismus und seinem radikalen Freiheitsbegriff. Vermutlich entstanden hieraus auch seine Bindungsunfähigkeit und seine distanzierte Haltung gegenüber Frauen. Er suchte schon in frühen Jahren den Sinn des Lebens und wird sich ein Leben lang mit dem Existenzialismus auseinandersetzen. Er studierte unter anderem Moralphilosophie, Psychologie und Soziologie und unterrichtete an verschiedenen Gymnasien. Als der schroffe Philosoph und die emanzipierte Simone sich 1929 auf der Universität kennen- und lieben lernten, revolutionierten sie das Paarbild jener Zeit und wurden zu Vorreitern eines neuen Beziehungsentwurfs. In vielen Erzkonservativen hatten sie erbitterte Feinde.

Intellekt statt Leidenschaft

Beide waren Denker voll kühler Wasserenergie. Sie wollten das Leben mit dem Verstand begreifen. So redeten und schrieben sie über alles. Er war der bedeutendere Philosoph der beiden, sie die größere Schriftstellerin. Sie wurde zur Kultfigur des Feminismus – durch ihre Art zu leben, aber vor allem durch ihr Werk *Das andere Geschlecht*. Dabei glaubte sie im Grunde nicht an die Unterschiede zwischen weiblich und männlich. Man werde lediglich durch seine Erziehung zur Frau oder zum Mann gemacht. Sie weigerte sie sich ihr Leben lang, Kinder zu bekommen, mit jemandem zusammenzuleben und Hausarbeiten jeglicher Art nachzugehen. Jean-Paul Sartre war die Freiheit das Wichtigste überhaupt und beide waren der Meinung, dass eine monogame Zweierbeziehung wider die Natur des Menschen sei. So erklärte Sartre, dass es im Leben eines Menschen immer eine notwendige Liebe und viele zufällige Liebschaften geben könne. Er definierte Simone zu seiner notwendigen Liebe und sie folgte seinem Lebensentwurf. Verschärfte ihn sogar dadurch, dass sie sich weigerte, jemals mit ihm zusammenzuleben, um nicht in die Rolle der Hausfrau zu gelangen. So lebten sie in Hotels und trafen sich in Restaurants – ein Leben von Bohemiens, obwohl sie das nicht waren.

Ob sie dieser offenen Beziehung aus vollem Herzen zustimmte, weil sie auch so dachte oder weil sie erkannt hatte, dass sie Jean-Paul nur so und nicht anders haben konnte, ist unklar. Wahrscheinlich war es ein wenig von beidem. In ihrem Roman *Sie kam und blieb* arbeitete sie dieses Thema für sich auf: Da ist der begnadete Schriftsteller Pierre, der eine offene Beziehung mit Françoise hat, dann bricht die junge Xaviere in diese traute Zweisamkeit ein. Françoise darf nun an Simones Stelle Eifersucht und Verlustängste und all jene Gefühle durchleben, die Besitz von einer Frau ergreifen, deren Liebster das Bett und alles Intime, was er mit ihr teilt, auch offen mit einer anderen lebt. Der Schluss des Buches ist schlicht und doch überraschend. Françoise setzt der Dreierbeziehung ein Ende, indem sie im Zimmer der Rivalin das Gas aufdreht und sie somit kurzerhand ermordet. Vielleicht nur ein Roman, vielleicht hat sich Simone de Beauvoir aber auch manchmal gewünscht, sie hätte die Feuerenergie der Medea, um dem Treiben ihres Mannes ein Ende zu bereiten oder doch zumindest sich selbst daraus zu befreien. Aber die hatte sie nicht, ihre Energie war die des kühlen Wassers, und so schrieb sie und blieb in der Beziehung.

1947 lernte Simone den Amerikaner Nelson Algren kennen und erlebte mit ihm im Alter von 39 Jahren ihren ersten Orgasmus und eine Liebe, die Körper und Seele vereint. Sie verbrachten eine gute Zeit auf gemeinsamen Reisen durch die USA und Mexiko. Als der narzisstische und wohl doch eifersüchtig gewordene Sartre ihr allerdings schrieb, dass er ohne sie seine Aufgaben nicht bewältigen könne, reiste sie zurück und stieß ihren Liebhaber vor den Kopf. Hier hatte diese intellektuelle Frau, die sich ihr Leben lang weigerte, einen Kochtopf in die Hand zu nehmen, um gleichberechtigt zu sein, ihren wahren blinden Fleck. Sie merkte nicht, wie es dem intelligenten Sartre doch gelang, sie zu manipulieren, sich seinem Willen unterzuordnen. Die intellektuelle Verbundenheit war für sie so viel bedeutender als die romantische und erotische Liebe zu einem leidenschaftlichen Mann.

Die Idee der freien Liebe ohne Besitzansprüche und Eifersucht – ein hehrer Traum oder nur Angst vor Nähe? Theoretisch sicher leicht zu verstehen, allerdings in einer engherzigen Umwelt und mit einer narzisstischen Seele nicht ohne Schmerzen lebbar. Je mehr Feuer-, Sonnen- und Erdenergie vorhanden ist, desto weniger wird sich dieses Beziehungskonstrukt in die Realität umsetzen lassen. Wer nur aus Wasserenergie besteht, dem mag es gelingen. Allerdings sind diese Menschen nicht sehr leidenschaftlich und ihre Beziehungen somit eher Freundschaften als heiße Liebesbande. Freunde können Freiheiten lassen – der Liebende wird immer den Drang verspüren, der Einzige im Leben des Geliebten zu sein. Das war schon immer so und wird vermutlich auch so bleiben.

Thema des Beziehungskonstrukts/ Erklärung des Musters

Durchbrechen des Musters

Das Muster, dem Verstand mehr Gewicht zu geben als dem Herzen und sich jeder anderen Lebensidee durch intellektuelles und verkopftes Argumentieren erfolgreich zu widersetzen, kann nur dann durchbrochen werden, wenn es gelingt, die große Angst vor dem unkontrollierbaren Gefühl zu überwinden und jenseits aller noch so intelligenten Abwehrmechanismen der Rationalisierung den Weg des Herzens zu gehen. Viele weibliche Wassertypen wie Simone de Beauvoir haben sehr viel Angst, sich zu verlieren, und deswegen bevorzugen sie den Intellekt, statt dem Herzen den Vorrang zu geben. Diese Angst zu verlieren, das gelingt häufig nur mit Hilfe der therapeutischen Hypnose. Die Überwindung liegt darin, sich komplett auf jemand anderen einzulassen – ohne etwas zu kontrollieren. Wie Simone de Beauvoir mit Nelson Algren die Möglichkeit gehabt hätte, eine andere Form der Liebe zu leben – und sie aus Angst, nicht aus Intellektualität vertan hat –, bekommen wir alle im Leben die Chance, unsere Muster zu durchbrechen, indem wir uns ändern und auf Grund neu entstandener Bedürfnisse auch den Partner wechseln. Der männliche Wassertyp verspürt den Mangel fehlender Herzenswärme häufig nicht so stark wie die Wasserfrau – dennoch gilt für den Mann genau dasselbe Prinzip.

Henry Miller und Anaïs Nin

Henry Miller, ein Lebenserotiker in Vollendung, machte sich 1930, 39-jährig, mit zehn Dollar in der Tasche von Amerika nach Europa auf. Seinen letzten Job hatte er aufgegeben, um sich nur noch dem Schreiben zu widmen. Er war ein intellektueller Proletarier, der sich nicht zu benehmen wusste, hatte einen unbändigen Hunger nach dem Leben. Verheiratet war er in zweiter Ehe mit June Smith, einer Bartänzerin. Aber auch diese Ehe wurde bald geschieden. Der Lebenserotiker Miller war nicht für die Rolle des Ehemannes gemacht.

Gegen alle Konventionen

Anaïs Nin war die Ehefrau des Filmemachers Hugo Guiler. Diesen bat sie, ihr Henry Miller vorzustellen. Der treue, seiner Frau in inniger Liebe verbundene Ehemann konnte ihr auch diesen Wunsch nicht abschlagen. Als er den unzivilisierten Mann in seinem Haus empfing, war er beruhigt, da er nicht im Entferntesten vermutet hätte, wie sehr sich seine Frau genau von dieser schmutzigen Seite des Lebens fasziniert und angezogen fühlte. Er schaute weg, schwieg und hielt ihr weiterhin die Treue. Sie umgarnte, umschwärmte Miller, der der wohlerzogenen Tochter aus gutem Haus einen neuen Blick auf das Leben gab. Erst begegnete er ihr mit Distanz. Mit Damen hatte er niemals vorher zu tun gehabt. Doch als er in ihrem Buch *Die Tagebücher der Anaïs Nin* ihre ungezügelten Sehnsüchte und Leidenschaften las, nahm er sich, was ihm angeboten wurde. Die beiden erlebten eine leidenschaftliche, verruchte Affäre. Auch wenn er ihr in sexueller Hinsicht alles beibrachte, was nur vorstellbar ist, so schrieb er ihr in dem einen Jahr ihrer Liebesbeziehung auch etwa 900 Briefe. Er begann sie zu lieben. Vielleicht, weil er glaubte, sie sei wie er – aber sie war es in einem Punkt keineswegs. Ihr war Sicherheit wichtiger als Leidenschaft, und so blieb sie ihr Leben lang bei ihrem Ehemann, der niemals diese Affäre erwähnte.

Während ihrer gemeinsamen Zeit vollendete er sein Werk *Der Wendekreis des Krebses*, das ihm später Weltruhm einbringen sollte. Sie schrieb *Das Delta der Venus*, ein für die damalige Zeit mutiges pornografisches Werk aus weiblicher Feder.

Thema des Beziehungskonstrukts

Betrachten wir diese Beziehung mit der Brille des Persönlichkeits-Mythenrads, so haben sich da zwei Menschen gefunden, die sich in ihrer Zügellosigkeit und ihrem Wunsch nach Leidenschaft, Ausschweifungen und Konventionsbrüchen gleichen. Gute Voraussetzungen für eine genauso leidenschaftliche, wilde wie kurze Affäre. Was hier fehlt, ist die Bodenhaftung, die beide nicht haben. Während der männliche Lebenserotiker diesen Halt nicht braucht, sucht sie ihn aber doch – und findet ihn bei ihrem Ehemann. Mit Hugo Guiler, der sich vermutlich unter den Rittern ansiedeln lässt und ihr Stütze ist, kann die Wandelfrau mit ambivalenter Sehnsucht nach Sicherheit eine langfristige Beziehung eingehen. Auch deswegen, weil er ihr alles erlaubt, was sie tun möchte. Würde er sie einsperren, wäre sie weg – aber so genießt sie die Freiheit mit der Sicherheit eines Ehemannes im Hintergrund. Ein Phänomen jener Zeit, das wir heute auch noch antreffen können, auf Grund der beruflichen Möglichkeiten der Frauen allerdings zunehmend weniger.

Erklärung des Musters

Beziehungen, in denen beide Partner jeglicher Festigkeit entbehren, sind meist von kurzer Dauer. Doch diese kurzfristigen Erlebnisse werden häufig als intensiver wahrgenommen als die langjährige Beziehung zu einem Partner. Auch ein Grund, warum so viele Paare fremdgehen: Harmonie ein Leben lang ist genauso wenig auszuhalten wie ständig in Ekstase zu sein.

Die Gesellschaft glaubt heute aber immer noch an den Mythos der lebenslangen Harmonie, den nur eine Ehe bieten kann. Mit diesem Mythos räumen Anaïs Nin und Henry Miller auf – sowohl in ihrer Beziehung als auch in ihren Büchern.

Durchbrechen des Musters

Die beiden schaffen es durch ihre ehrliche Art, auf die Welt, aber auch auf sich selbst zu schauen, sich aus dem eigenen Mythos zu befreien. Im Grunde leben sie so, wie sie es wollen. Sie braucht Ekstase und Sicherheit – in einem Mann findet sie dies nicht, also nimmt sie sich zwei. Miller will nur Ekstase, kann keine Sicherheit geben und akzeptiert den genau das bietenden Ehemann. Ein Muster ist immer dann durchbrochen und verliert seine zerstörende Kraft, wenn sich alle Beteiligten des Spiels bewusst sind, das sie da treiben.

Arthur Miller und Marilyn Monroe

Die Suche nach dem Vater

Einen Vaterersatz suchte Marilyn Monroe in dem intellektuellen, humorlosen Arthur Miller. Als Miller mit 35 Jahren nach Hollywood kam, hatte der Außenseiter mit dem *Tod eines Handlungsreisenden* erstmals Erfolg. Der schüchterne Miller lernte die Aphrodite Hollywoods kennen und war im Grunde gar nicht in der Lage, sie richtig zu umwerben. Das genau aber gab der innerlich zutiefst verunsicherten, nur nach außen hin immer sexy wirkenden Frau scheinbare Sicherheit. Sie suchte jemanden, zu dem sie aufschauen, den sie bewundern konnte, eine beschützende und Halt gebende Vaterfigur. Dies fand sie in Arthur Miller.

Miller war ein Beobachter, er stand immer außerhalb des Lebens. In Harlem aufgewachsen, sprach er nicht dieselbe Sprache wie die Schwarzen und wurde ausgegrenzt. Nur wenn er schrieb, war er ein Macher, nur in seiner Literatur konnte er seine Sehnsucht nach Anerkennung wie nach Abenteuer ausleben, er fürchtete die Bedeutungslosigkeit mehr als den Tod. Da schlummerte der Narziss in einem trockenen und steifen Apollon. Sie war genau das Gegenteil davon. Nach außen Aphrodite, bewundert, verehrt, ja angebetet, wollte sie im Innern nur eines sein: eine ernst genommene Schauspielerin. Mit ihm glaubte sie sich diesen Traum erfüllen zu können.

Am Ende waren beide enttäuscht. Keiner bekam, was er sich erhofft hatte: sie nicht den Schutz des Vaters und die Anerkennung für etwas anderes als ihren Körper, und er nicht den Glamour Hollywoods. Trotzdem heirateten sie 1956 und drehten gemeinsam den Film *The Misfits – Nicht gesellschaftsfähig:* der einzige Film, in dem Marilyn neben Clark Gable und Montgomery Clifft eine ernsthafte, tragische Rolle als »Rose« spielt. Die Ehe ging schief. Nach ihrer zweiten Fehlgeburt ließ sich das ungleiche Paar 1961 scheiden. Als Marilyn 1962 unter mysteriösen Umständen starb, weigerte er sich, zu ihrer Beerdigung zu kommen. Vielleicht spielte gekränkte Eitelkeit eine Rolle – darüber, dass sie nie wirklich ihn gesehen hatte, sondern nur das Bild, das sie auf ihn projiziert hatte.

Thema des Beziehungskonstrukts

Die Projektion ist ein wichtiges Thema gerade bei Paaren, die derart unterschiedlich sind. Ist man überhaupt in der Lage, den anderen wahrzunehmen, so wie er ist, oder sieht man doch immer nur das in ihm, was man selbst gerade nicht ist, und kompensiert somit, statt zu lieben? Derjenige, der so als Projektionsfläche benutzt wird, wird dies irgendwann spüren und je nach Naturell zurückschlagen. Hier geschieht dies anhand der narzisstischen Kränkung (Subdominanz) eines Apollon.

Erklärung/ Durchbrechen des Musters

Treffen sich die Gegensätze in dieser Stärke, ist es für beide schwer, den anderen so zu sehen, wie er tatsächlich ist. Die Projektion legt sich über die Wirklichkeit. Das hat Verletzungen zur Folge. Menschen wollen gesehen und als der geliebt werden, der sie sind. Sieht ein Partner im anderen nur den Vater- oder Muttersatz, reagiert die Libido mit Irritation, sowohl die des Projizierenden als auch die desjenigen, auf den projiziert wird. Deswegen ist eine sehr wichtige Frage, die Partner sich stellen sollten: Warum liebe ich den anderen? Liebe ich ihn um seiner selbst willen oder deshalb, weil er mir etwas gibt, das ich nicht im Stande bin mir selbst zu geben? Hierauf ehrlich zu antworten und mit der Antwort konsequent umzugehen ist eine der schwierigsten Aufgaben des Menschen auf dem Weg zur Individuation – aber auch eine der lohnendsten. Denn nur wer sich selbst genug sein und sich selbst in Liebe annehmen kann, ist in der Lage, einen anderen um seiner selbst willen – jenseits aller Beziehungsmuster – zu lieben.

5. Herausforderungen des modernen Helden im 21. Jahrhundert

Vier Freunde erleben Freitag, den 13., oder: Der Untergang von Marlboro-Country

Betrachten wir nach den vielen archaischen Helden und berühmten Persönlichkeiten jetzt einmal vier ganz normale Männer, die plötzlich in eine Welt geworfen werden, die so ganz anders ist, als es der Prospekt (ihrer Vorstellungen) versprochen hat. Natürlich geht es dabei um Frauen. Eigentlich sind die Männer zu fünft, denn da ist auch noch Eric, der Psychotherapeut …

Eric, der Retter der Männer, mit dem weiblichen Blick auf die Welt

Eric ist 57 und Psychotherapeut mit Herz und Seele. Er versteht es, jeden so zu befragen, dass er am Ende weiß, worum es in der gegebenen Situation wirklich geht. Er versteht die Menschen, und vor allem versteht er die Frauen. Es zeichnet ihn aus, dass er einem Mann erklären kann, was »Mann« im Umgang mit einer Frau, sei sie Kundin, Mitarbeiterin, Chefin, Ehefrau oder Geliebte, falsch gemacht hat. Ihm hört »Mann« zu, »Frau« auch. Eine Frau könnte das, was Eric den Männern sagt, niemals sagen. Das hätte größte Egoverluste, Rache und den sofortigen Bruch der Beziehung zur Folge. Aber Eric darf das. Eric darf alles. Warum?

Weil er empathisch ist. Er schafft es nahezu immer, den anderen in ein so angenehmes Umfeld zu bringen, dass dieser sich niemals angegriffen fühlt von dem, was Eric sagt. Erics Empathie ist in seiner Einstellung zu den Menschen zu suchen. Er liebt sie alle – fast alle. Politessen, die ihm einen Strafzettel an die Windschutzscheibe heften, kann er nicht leiden. Aber das macht ihn wieder menschlich.

Eric lebt seit Jahren in einer Beziehung, ohne verheiratet zu sein, weil er zu viel Nähe für die Entwicklung von Menschen nicht für gut hält. Er ist ein Philosoph, Menschenfreund und Frauenversteher. Ein Erleuchteter, der Liebesgott des 21. Jahrhunderts. Nur mit der geschäftlichen Orientierung, da hapert es bei ihm. Vor lauter Menschenfreundlichkeit ist er ein miserabler Geschäftsmann, und so gibt er heute noch Therapien auf Krankenschein, hält Vorträge zu günstigen Preisen und leitet fünf verschiedene Männergruppen, die ihn mehr schlecht als recht bezahlen.

Die Männergruppe von Oliver, Bernd, Florian und Mark bezahlt ihn gar nicht. Es ist auch keine Männergruppe, sondern eine Stammtischrunde, das ist vor allem für Oliver und Mark ganz besonders wichtig. Kennengelernt haben sich die fünf bei einer Zukunftskonferenz, bei der einige Fachleute aus verschiedenen Kreisen über neue Zielgruppen, Trends und psychologische Entwicklungen sprachen. Eric hielt damals einen Workshop mit dem Titel »Das Ende des Marlboro-Manns – warum das neue Jahrhundert nicht mehr männlich ist«. Wegen seines Workshops sind die vier natürlich nicht zu dieser zweitägigen Konferenz gegangen, sondern wegen der Marketing- und Zukunftskoryphäen, die dort über den Beginn einer neuen Zeit sprachen. Der Vortrag vor Erics Workshop wurde von einem bekannten Zukunftsforscher gehalten, der darüber referierte, dass die Hauptkundengruppe der Zukunft Frauen sein würden und sich Marketing und Vertrieb umstellen müssten, um dieser Zielgruppe gerecht zu werden. Er bat alle Teilnehmer, unbedingt den nachfolgenden Workshop zu besuchen. Und so blieben sie. Das Interesse von Mark, Florian und Oliver an dieser Konferenz war, alles mitzunehmen, was ihnen versprach, auch in Zukunft erfolgreich in Werbung, Design,

Marketing und Vertrieb zu bleiben. Bernd besuchte damals den Kongress, weil er einmal mehr hoffte, endlich das Geheimnis der Frauen zu ergründen und vielleicht doch nicht den Rest seiner Tage allein bleiben zu müssen. Das sagt er so natürlich nicht.

Bei Erics Workshop kamen die vier zufällig in einer Gruppenarbeit zusammen. Sie sollten in 45 Minuten alle Punkte auf Metaplankarten schreiben, die Frauen von Männern unterscheiden. Sie hatten dabei sehr viel Spaß und merkten, dass sie sich gut verstanden und dieses Thema sie irgendwie – wenn auch aus ganz unterschiedlichen Gründen – sehr verband. Am Abend des ersten Seminartages aßen sie zusammen und als sie Eric alleine an der Bar entdeckten, luden sie ihn ein. Je mehr Bier floss, desto mehr erzählten sie aus ihrem Leben. Eric hatte eine gute Art zu fragen, dies und das Warsteiner lösten den Männern die Zunge. Außerdem kannten sie sich ja nicht – und hatten nichts voneinander zu befürchten. Am Ende des Abends beschlossen sie, sich regelmäßig zu treffen, und Bernd, der Korrekte – diesen Spitznamen hatte er schon bei der Gruppenarbeit weg –, sorgte dafür, dass die Treffen auch tatsächlich stattfanden. Und so kommen sie regelmäßig zusammen – entweder zu fünft oder jeweils alleine mit Eric.

Die fünf sind inzwischen dicke Freunde geworden. Damit sie Eric gegenüber kein schlechtes Gewissen drückt, denn die meisten Treffen laufen so ab, dass einer von den vieren ein Problem – und Eric die Lösung – hat, haben sie gemeinsam für Eric ein perfektes Marketing-, Werbe-, und Verkaufskonzept erstellt und Bernd hilft ihm bei seiner Steuererklärung, da er der Einzige in der Gruppe ist, der sich gerne mit dem Kleingedruckten beschäftigt.

Zwischen ihnen herrscht großes Vertrauen. Bei ihren Treffen schaffen sie es, die Dinge offen, klar und ohne Verzierungen auf den Punkt zu bringen. Sie sprechen auch über den Umgang mit Frauen, denn sie wissen immer noch nicht, wie man mit ihnen so umgeht, dass sich daraus nicht permanent Katastrophen entwickeln.

Die Frau als Ehefrau und Geliebte:

Oliver, der ruhelose Odysseus mit der Feuerenergie des Herakles

Oliver ist 47 Jahre alt. Seine Kindheit verlief ohne größere Vorkommnisse, seine Jugend auch. Seine Eltern kann man als bürgerlich bezeichnen. Der Vater hatte einen guten Posten bei der Bank und seine Mutter war die meiste Zeit zu Hause. Er findet seine Eltern langweilig, so werden wie sie will er auf keinen Fall. Wie er stattdessen werden will, das weiß er aber nicht so recht. Nach dem Abitur ging er in die Finanzdienstleistungsbranche, da war am meisten zu verdienen. Beruflich weiß Oliver, was er will, er erreicht alle selbst gesteckten Ziele in kürzester Zeit. Mit 28 war er der jüngste Bezirksdirektor der Branche, mit 35 der erfolgreichste Strukturleiter eines großen Vertriebs, mit 42 Direktor eines internationalen Vertriebs. Eine Musterkarriere, die ihm leichtgefallen ist, weil er immer aus sich heraus angetrieben war, es den anderen zu zeigen – ganz spielerisch natürlich. Wie es sich für eine erfolgreiche Führungskraft in der Wirtschaft gehört, hat er eine Frau und zwei Kinder. Bettina war einmal Sekretärin, aber seitdem die Kinder da sind, bleibt sie zu Hause. Sie ist selbst nicht ehrgeizig, genießt es aber, auf Veranstaltungen mit Frau Direktor angesprochen zu werden. Sie ist für ihre 40 Jahre sehr hübsch und die Geburten der heute zwölf- und vierzehnjährigen Töchter sieht man ihr nicht an. Seitdem Oliver vor fünf Jahren zum internationalen Generalmanager ernannt wurde, ist er noch seltener zu Hause als vorher. Ihn stört das nicht – und sie auch nicht. Sie meckert zwar, dass er sich um nichts kümmere, aber Sehnsucht nach ihm hat sie nicht.

Auf einem internationalen Kongress in Mailand hat er vor zwei Jahren Julienne kennengelernt. Julienne ist Professorin für internationales Marketing und hat auf dem Kongress einen Vortrag über die Bedeutung von Beziehungsmanagement zwischen verschiedenen Kulturen gehalten. Schon bei ihrem ersten Satz auf dem Podium hatte Oliver nur noch einen Gedanken: Er wollte diese Frau haben. Auf jede Art und Weise wollte er dieses selbstbewusste Wesen so in sich verliebt wissen, dass es alles für ihn tun würde. Oliver ist noch immer ein attraktiver, eloquenter und charmanter Mann. Seine Frau würde das allerdings heute nicht mehr von ihm sagen. Aber zwischen den beiden läuft es seit einigen Jahren nicht mehr so gut – Oliver ist immer mal wieder fremdgegangen, aber etwas Ernsthaftes gab es für ihn nicht. Im Grunde gab es sowieso nichts Ernsthaftes für Oliver, außer der monatlichen Umsatzstatistik seiner Einheit – und das seit Jahren. Als er Julienne da auf dem Podium stehen sah, rührte ihn etwas. Er konnte es in dem Moment nicht benennen. Aber Eric wird ihm später erklären, dass es die Tatsache war, dass sie ihm einerseits so ähnlich ist und auf der anderen Seite diese warme, weiche Seite hat, die er bei sich nicht zulassen kann. Am Abend lud er sie zum Essen ein. Er gab sich richtig Mühe, stellte mehr Fragen als je zuvor in seinem Leben und hörte jeder ihrer Antworten andächtig zu. Sie war damals 38 und lebte allein. Als selbstständige Beraterin für Internationale Geschäftsbeziehungen und Professorin mit großer Vortrags- und Reisetätigkeit ist sie gut beschäftigt. Ab und zu hatte sie eher kurzfristige Beziehungen zu Männern. Aber sie will weder heiraten noch Kinder bekommen – genau richtig für Olivers Wünsche und Ziele. Und er mochte sie. Er mochte sie wirklich. Sie war klug, selbstbewusst und genauso lustig, wie sie traurig sein konnte. Und so begannen sie eine unverbindliche Beziehung.

Sie weiß, dass er verheiratet ist, und sagt, es würde sie nicht stören. Rein statistisch hätte eine Frau ihres Alters kaum die Chance, einen halbwegs vernünftigen Mann kennenzulernen, der nicht verheiratet sei. Da sie nicht weit voneinander entfernt leben, treffen sie sich regelmäßig, machen manchmal kleine Reisen miteinander, ansonsten lebt jeder sein eigenes Leben. Einmal, ungefähr nach einem halben Jahr, gab es kleine Missstimmung. Beide hatten gerade viel Stress im Job und Oliver auch noch zu Hause, und ausgerechnet da beklagte sie sich, dass er ihr gegenüber nicht zugewandt genug sei und permanent nur von seiner Frau erzähle und dass sie das nicht mehr hören könne. Er hat es ihr dann erklärt, und sie hat nie wieder davon angefangen. Bis sie ihm heute, an diesem Freitag, den 13., eine Eröffnung macht. Kurz darauf klingelt bei Eric zum ersten Mal an diesem Tag das Telefon.

Als Eric kurz nach Oliver im verabredeten Lokal, dem »Orakel«, eintrifft, starrt der immer noch in das nicht angerührte Bier vor sich.

Eric Hi, wie geht's dir?

Oliver Sie hat mich verlassen.

Eric Wer, deine Frau oder deine Geliebte?

Oliver Meine Geliebte natürlich.

Eric Kluges Mädchen.

Oliver Sie hat mich doch geliebt.

Eric Ja, so klug war sie dann doch wieder nicht.

Oliver … und ich habe sie geliebt …

Eric Was genau an ihr hast du denn geliebt?

Oliver Ihre Lebendigkeit, ihre natürliche und experimentierfreudige Art, mit Sexualität umzugehen, in dem Punkt war sie echt nicht so schwierig wie andere Frauen. Ich mochte es, wie sie mich geliebt hat, sie hat so an mir gehangen. Und ich hab mich so jung gefühlt durch ihr Begehren, ihre Lebens- und Liebeslust.

Eric Tja, die wird sie vermutlich jetzt immer noch haben, Alter, aber nicht mehr mit dir! Sie war doch immer nur deine Geliebte, darauf hast du doch größten Wert gelegt. Du wolltest eine Geliebte mit der Treue einer Ehefrau und der Libido einer Hure – ein bisschen viel verlangt so auf Dauer. Was hast du denn erwartet?

Oliver Dass sie immer bei mir bleibt natürlich.

Eric Klar, wo ist sie denn hingegangen – anderer Mann?

Oliver Nein, kein anderer Mann, sie ist einfach umgezogen, nach London, weil sie dort eine Partnerschaft mit einer riesigen Firma eingehen kann.

Eric Das hättest du doch an ihrer Stelle auch so gemacht.

Oliver Wer hat diesen Frauen beigebracht, dass sie sich wie Männer verhalten sollen?

Eric Keiner, das kriegen die inzwischen ganz gut alleine hin. Und ganz ehrlich, Oliver, ich finde das ganz gut so. Aber sag mal, nur weil sie umzieht, ist das doch noch kein Grund für eine Trennung. Ihr seid doch beide ständig unterwegs und könnt euch treffen?

Oliver Ja, das habe ich ihr auch gesagt. Am Anfang fand ich die

Idee mit London ja ganz okay, aber genau das will sie nicht mehr. Sie will dort ganz von vorne anfangen.

Eric Oh, oh, Oliver, hast du da ein paar Zwischentöne in der Zeit überhört?

Oliver Wir hatten nie Streit ... Nur einmal.

Eric Ja, ganz am Anfang. Ich erinnere mich. Sie wollte mehr, als du geben konntest, und du hast sie angeschrien, sie solle dir kein so schlechtes Gewissen machen, sie wisse doch, worauf sie sich eingelassen habe.

Oliver Woher weißt du das denn? Na, danach war auf jeden Fall Ruhe. Ich hab nicht geschrien.

Eric Sie sagt, du hättest geschrien.

Oliver Sie hat dir davon erzählt?

Eric Ja, irgendwann mal beim Wein. Du warst gerade verreist, sie war alleine und brauchte jemanden zum Reden. Sei froh, dass sie damals mich angerufen hat in dem Zustand, in dem sie war.

Oliver Hhhmm. Aber ich liebe sie doch. Zu wem soll ich denn jetzt gehen, wer streichelt mich und wer gibt mir das Gefühl, dass dieses ganze Leben einen Sinn hat, außer dem, erfolgreich zu sein? Von dem Sex, den ich nicht mehr haben werde, gar nicht zu reden.

Eric Du glaubst also, Liebe ist, mit einer Frau zwischen dem Familienleben und einem wichtigen Geschäftstermin zu schlafen? Weißt du, Oliver, in einer Beziehung hast du recht, eine Frau, die das zwei Jahre lang mitmacht, die hat dich wirklich geliebt. Aber was hatte sie davon? Wo ist deine Liebe zu ihr? Du hast dich nie zu ihr bekannt, hast alles für dich gewollt: Karriere, Familie und diese selbstbewusste Frau für besondere Nächte. Du hattest Glück – zwei Jahre lang – und jetzt ist es vorbei. Worüber beklagst du dich?

Oliver Wieso kann sie einfach so gehen?

Eric Was meinst du mit einfach gehen? Was hat sie denn gesagt?

Oliver Sie fragte, was ich von der Idee hielte, dass sie diese Partnerschaft da in London einginge. Und ich habe ihr zu dieser riesigen Chance gratuliert. Na ja, und dann hat sie mich gefragt, ob ich denn nicht traurig sei, wenn sie so weit weg wohnen würde. Da hab ich dann wohl gepatzt, als ich gesagt habe, ich würde sie auch in London vögeln. Da hat sich ihr Gesichtsausdruck verändert. Früher hat sie über so etwas gelacht. Na ja, und dann hat sie gesagt, dass das genau das Stichwort sei und sie das nicht mehr möchte. Ohne Szene, ohne Tränen, ohne alles hat sie mir Lebwohl gesagt – einfach so. Wir könnten ja Freunde bleiben. Wie ich diesen Satz hasse. Als wenn ich mit einer Frau befreundet sein könnte, bei der ich die ganze Zeit nur an das Eine denke. Und die Vorstellung, dass sie mit einem anderen Mann …

Eric Was hast du denn erwartet, nach so einem Satz, dass sie dich anfleht, deine Frau zu verlassen und mit ihr nach London zu kommen?

Oliver Sie wollte ja nie heiraten. Es war alles gut so, wie es war.

Eric Na ja, das war es ja auch. Und jetzt ist es anders? Die Frage ist, ab wann es für sie anders wurde und welchen emotionalen Weg sie gegangen ist, den sie dir entweder nicht mitgeteilt hat oder den du nicht mitkriegen wolltest, weil du dich dann hättest entscheiden müssen.

Oliver Am Anfang war's einfacher, dann hatten wir einmal den Stress und danach war sie wieder lustig und leicht – wie zu Beginn, hat sich gefreut, wenn wir zusammen sein konnten, und war erotisch, zärtlich, ganz normal. Na ja, manchmal war sie schon traurig. Aber Frauen sind halt so, und sie schon sowieso. Sie wollte immer tausend romantische Liebesschwüre hören. Daran ist Hollywood schuld. Ich bin nun mal weder Don Juan noch der Pferdeflüsterer. Weiberkram, das ist eine Welt, die sich uns nicht erschließt. Na, dir vielleicht schon, mir auf jeden Fall nicht.

Eric Sex ist für Frauen anders als für Männer. Ein Mann muss nicht einmal seine Hose dabei ausziehen, aber eine Frau öffnet sich total und liefert sich aus. Solange die Beziehung für Julienne auch nur eine Affäre war wie für dich, ging das für sie leicht. Was im Grunde auch nicht typisch weiblich ist. Aber so ist sie, im Grunde ganz ähnlich wie du selbst. Irgendwann hat sie gemerkt, dass sie dich liebt, und dann ist es für sie schmerzhaft geworden, die Vorstellung, dass du nach einer Nacht mit ihr zu deiner Frau nach Hause fährst. Mann, das ist doch eigentlich nicht so schwer zu verstehen. Dazu musst du nicht Don

Juan sein. Julienne ist in der Beziehung zu Männern ziemlich ambivalent. Auf der einen Seite ist sie große Karrierefrau, unabhängig und unbezwingbar, und auf der anderen Seite sehnt sie sich nach jemandem, der sich zu ihr bekennt. Das Bekennen mit dem Herzen ist für Frauen wichtig, und das hast du nicht getan. Ganz ehrlich, Oliver, ich finde es gut für sie, dass sie gegangen ist. Sie braucht jemanden, der zu ihr steht, sie ab und zu festhält und ihre Liebe nicht als Selbstverständlichkeit nimmt. Das genau hast du nämlich die letzten Monate gemacht, und das ist ein großer Fehler. Du weißt das.

Oliver Das hat sie auch mal gesagt. Ich würde sie wie meine Frau behandeln. Mein Gott, ich versteh die Weiber nicht, was wollen die denn? Sie wollte doch nie heiraten und schon gleich gar keine Kinder. Wir hatten so eine wunderbare Zeit miteinander. Mit ihr habe ich mich so lebendig, geliebt und begehrt gefühlt.

Eric Merkst du eigentlich, dass du immer nur von dir sprichst? Hast du dich je gefragt, wie es ihr dabei geht? Was ihre Wünsche und Sehnsüchte sind? Wovon sie träumt, bevor sie einschläft? Worin sie den Sinn ihres Lebens sieht? Hast du sie das je gefragt? Hast du ihr je gesagt, dass du durch ihre Hände lebendig wirst, dass du dich nach ihr sehnst, wenn sie nicht da ist, dass du nicht willst, dass sie so weit weggeht, hast du ihr das je gesagt?

Oliver Aber das wusste sie doch.

Eric Mein Gott, Oliver, wie lange reden wir jetzt über Frauen und Männer. Was Frauen wissen, ist das eine, was sie von dir hören wollen, damit sie sich wohlfühlen – das ist etwas anderes. Frauen wollen hören, sehen und spüren – genau wie du auch. Und du hast geglaubt, wenn du mit ihr schläfst, dann ist das genug. Aber was soll's? Oliver, du hast ja noch deine Frau – halb so schlimm.

Oliver Meine Frau, da läuft schon lange nichts mehr – oder wenn, dann nur die übliche Pflichtnummer. Julienne hat mich begehrt, gewollt, dreimal die Nacht und mehr. Meine Frau … Neulich, da lief dieser Heulfilm »The Hours«, und da ist so eine Szene, wo eine Ehefrau im Bad hockt und ihr Mann im Schlafzimmer auf sie wartet, und sie kommt und kommt nicht aus dem Bad raus. Sie hockt da auf dem Klodeckel, als würde es den Tod bedeuten, wenn sie zu ihrem Mann ins Bett steigt. Ich fand die Szene total bescheuert, und meine Frau hat dabei Rotz und Wasser geheult. Da wurde mir mit einem Schlag klar, dass meine Ehe auf diesem Gebiet am Ende ist.

Eric Und warum verlässt du sie nicht und gehst zu Julienne?

Oliver Und verrate meine Kinder?

Eric Sich von seiner Frau zu trennen heißt nicht zwangsläufig, seine Kinder zu verraten. Das kann man lösen. Nein, Oliver, da machst du dir etwas vor. Das ist zwar ein Beweggrund, der sich gut anhört – und keiner, am wenigsten Julienne, kann dagegen etwas sagen. Aber ich schon, und ich tue es. Du lügst dir die Hucke voll, Alter. Was ist der wahre Grund? Warum holst du sie nicht zurück?

Oliver Weil ich nicht will, dass aus dem Zauber dieser Zeit mit dieser wunderbaren Geliebten die Einöde einer Ehe wird. Weißt, du Eric, es ist vielleicht doch besser so, und ich werde mich immer mit Wehmut an die Zeit mit ihr erinnern. Besser, als am Ende in einer langweiligen Beziehung zu ersticken, die ihr und mir die Luft zum Atmen nimmt.

Eric Ja, so gesehen auf jeden Fall, und sei versichert, Julienne hätte sich niemals zu einer langweiligen Ehefrau machen lassen. Sie hätte sich eher in die Themse gestürzt, als ein spießiges Leben zu führen. Aber vielleicht wird sie irgendwann die Geliebte eines Mannes sein, der dabei nicht mit einer anderen verheiratet sein muss. Ich würd's ihr wünschen.

Oliver Meine Julienne mit einem anderen. Verdammt noch mal, sie gehört zu mir. Es ist alle Lebendigkeit aus meinem Leben verschwunden und alle Liebe. Ich will mich nicht so verlassen fühlen.

Eric Na ja, du weißt, wie du sie zurückbekommst.

Oliver Ich habe keine Ahnung.

Eric Sie ist eine Frau, die zu dir zurückkommt, wenn sie merkt, dass du sie liebst. Und das kann sie erst, wenn *du* weißt, was dir wirklich wichtig ist in deinem Leben. Und dabei geht es nicht darum, zwischen deinen Kindern und ihr zu entscheiden, sondern zwischen der Ehe, die du führst, und der Partnerschaft, die du haben könntest. Wenn du magst, komm zu meinem Seminar »Archaische Heldenreise«, da kannst du dir das alles in Ruhe ansehen, und vielleicht geht es dir danach ja besser. Denn ganz ehrlich, heute siehst du gar nicht gut aus.

Die Frau als Chefin:
Florian, der selbstverliebte Narziss mit der Lebensfreude des Dionysos

Florian ist 36 Jahre alt. Er ist in seinem Leben schon viel herumgekommen. Nach dem Abitur widmete er sich dem Studium der Kunstgeschichte. Seine Eltern waren sehr wohlhabend und erfüllten dem einzigen Kind jeden Wunsch. Nach dem Magisterabschluss wollte er weiter studieren und den schönen Dingen des Lebens zugetan, wählte er das Fach Design. Hier entdeckte er sein wahres Talent. Er hat einen angeborenen Instinkt für das Schöne und eine Gabe, sich selbst darzustellen. Geprägt von einem guten Elternhaus und einer hervorragenden Ausbildung versteht er es, sich eloquent und charmant auf jedem Parkett zu bewegen. Er war schon 32, als er mit seinen Studien fertig wurde. Zahlreiche Auslandsaufenthalte haben die Studienzeit interessanter, aber länger gemacht. Seinen Eltern gehörte ein mittelständisches Unternehmen, das er später übernehmen sollte. Mit Anfang 30 riss seine Glückssträhne das erste Mal. Das Unternehmen der Eltern ging in Konkurs und es blieb nichts von dem ehemaligen Reichtum übrig. So stand er da und hatte nichts außer einer guten Ausbildung, blendendem Aussehen und der gekränkten Seele eines vom Glück Verwöhnten, der nun sein Leben in die eigenen Hände nehmen muss.

Zunächst versank er im Selbstmitleid. Seine Eltern hatten sich so sehr ein Kind gewünscht, dass sie ihn für alles, was er gemacht hat, sehr bewundert haben, vor allem seine Mutter. Florian hatte im Leben nicht damit gerechnet, dass er jemals aus diesem weichen Nest fallen könnte. Jetzt musste er sich eine Stelle suchen, um erstmals seine Wohnung und seinen Lebensunterhalt selbst finanzieren zu können. Da er gute Zeugnisse und gute Beziehungen hatte, fand er eine vielversprechende Position als Designer für Automobilinnenausstattung bei einer angesehenen Firma. Nach und nach akzeptierte er die Tatsache, dass er nicht mehr der Sohn reicher Eltern war, und kniete sich in die Arbeit, die ihm wirklich Freude machte. Heute, vier Jahre später, läuft alles so gut, dass er sich auf den gerade frei gewordenen Posten des Artdirectors bewirbt, der die gesamte Designlinie des Konzerns unter sich hat. Er weiß, dass er intern der einzige Bewerber ist und auch auf Grund der hohen Anerkennung, die er beim CEO genießt, große Chancen hat.

Seit einem Jahr hat er eine richtig schöne und harmonische Beziehung zu der 29-jährigen Frederike, einer talentierten Modezeichnerin. Die beiden verstehen sich gut, genießen das Leben und Florian freut sich über ihre Unbeschwertheit und die schöngeistigen Gespräche.

An jenem Freitag, den 13., passieren dann zwei Dinge, die die Firmenpleite seiner Eltern fast in den Schatten stellen. Frederike teilt ihm morgens freudestrahlend mit, dass sie schwanger sei. Sie hatten ab und zu über die Möglichkeit, ein Kind zu haben, gesprochen, aber ernsthaft in Erwägung gezogen hatten sie es nicht – er zumindest nicht, sie schon, wie er jetzt feststellen muss. Das war am Morgen dieses Tages. Als er dann in die Firma kommt, sagt ihm seine Kollegin gleich, dass der CEO ihn erwarte. Er ist überrascht, es ist unüblich, dass er so kurzfristig zum Chef gerufen wird, doch da die Besetzung der Stelle des Artdirectors ansteht, hellt sich seine Miene auf und er nimmt an, dass er nun positiven Bescheid auf seine Bewerbung bekommen soll. Als er das geschmackvolle Büro seines Chefs betritt, kann der feinfühlige Künstler in ihm sofort riechen, dass es sich hier keinesfalls um eine Beförderung handelt. Der CEO bittet ihn, Platz zu nehmen – seiner Miene ist ein Hauch von schlechtem Gewissen anzusehen. Nach dem üblichen Smalltalk, der Frage nach dem Befinden und der starken Betonung von Florians außerordentlichen Leistungen kommt der Chef nach unerträglichen zehn Minuten zum Punkt. Dem Konzern sei es gelungen, den Chefdesigner des größten Konkurrenten abzuwerben – aber natürlich nur durch die Vergabe des

Artdirector-Postens. Frau Wilhelm, Florians neue Chefin, so endet der Vorstand, sei ja auch schon zehn Jahre älter als er selbst, habe größte Erfahrungen nicht nur im Bereich des Designs, sondern auch in der Führung von Menschen, und die Hauptzielgruppe der kleinen schicken Autos des Konzerns seien ja schließlich Frauen. Und er sei ganz sicher, dass Florian ganz wunderbar mir ihr klarkommen würde, dieser reizenden Chefin, die sich das gesamte Studium selbst finanzieren musste, seit 24 Jahren hart arbeite und mit ihren 46 Jahren eine sehr attraktive und einfach ganz zauberhafte Frau sei. Er gehe davon aus, dass Florian nach dem ersten Schreck erkennen würde, dass es im Grunde ein Glück sei, dass er sich nun ganz und gar auf das besinnen könne, was ihm wirklich liege: die Ästhetik und das Design schicker Autos. Ach ja, und man habe der neuen Kollegin natürlich nicht gesagt, dass sich jemand von ihren neuen Mitarbeitern auf den Abteilungsleiterposten beworben habe. Man wolle sie nicht durch solche Kleinigkeiten verunsichern und riskieren, dass sie am Ende doch noch abspringt. Der Vorstand endet mit dem Satz: »Also, Florian, nehmen Sie es sportlich, und viel Erfolg, und immer, wenn es Probleme gibt, kommen Sie direkt zu mir.«

Ja, klar, was sonst? Damit er sie genauso gut für ihn lösen würde wie seine Bewerbung zur Beförderung, denkt Florian und verlässt frustriert die Vorstandsetage. An diesem Tag gehr er das erste Mal seit Monaten bereits um 15:00 Uhr aus der Firma und macht, was er immer macht, wenn er nachdenken muss. Er geht Golf spielen. Dieses von seinen Eltern erlernte Ritual hatte er sich zurückerobert, sobald er es sich wieder leisten konnte. Aber er will nicht alleine golfen, also ruft er Eric an und bittet ihn, ihn zu begleiten. Eric ist zwar ein miserabler Golfer, aber er würde ihm Trost spenden und gemeinsam fänden sie eine Lösung für alle Probleme. Eric sagt zu, erwähnt aber, dass er um 20:00 Uhr im »Orakel« sein müsse.

Auf dem Golfplatz

Eric Mein Gott, was ist passiert, dass du dich nachmittags mit mir auf dem Golfplatz triffst?

Florian Die haben mir eine Frau vor die Nase gesetzt. Wie stehe ich denn jetzt vor den Kollegen da?

Eric Wer hat dir wen vor die Nase gesetzt? Jetzt atme erst mal ruhig durch und dann erzähl mir die ganze Geschichte von vorne.

Florian Mein Vorstand hat die Stelle des Artdirectors mit einer Frau besetzt, obwohl ich mich doch beworben hatte.

Eric Hmm, das ist natürlich eine ziemliche Kränkung für dich. Hat er dir die Gründe für seine Entscheidung genannt? War er nicht zufrieden mit dir?

Florian Nein, nur dass sie älter ist, mehr Erfahrung hat und von unserem Hauptkonkurrenten kommt. Und dann hat er noch zweimal gesagt, dass sie zauberhaft sein soll. Zauberhaft, was ist das denn? Pennt der mit ihr? Ich ahne schon, wie das wird. Sie hat keine Ahnung von unserer Firma, weiß aber, dass er sie unbedingt auf diesem Job haben wollte, und wird alles über ihn durchsetzen, was sie möchte. Und ich bin der Idiot, der weiß überhaupt nicht, was er an mir hat. Ich hab keine Lust, die Marionette dieser karrieregeilen Emanze zu werden und mir dauernd meine gute Arbeit verderben zu lassen.

Eric Nun mal langsam. Das waren gerade ziemlich viele Glaubenssätze auf einmal. Erstens: Nur weil jemand eine Frau zauberhaft findet, heißt das nicht, dass er ein Verhältnis mit ihr hat. Wenn du so an die Sache herangehst, hat eure zukünftige Geschäftsbeziehung ganz schlechte Chancen. Ich verstehe natürlich, dass dich das kränkt. Das ist ganz normal. Zweitens: Das, was du jetzt ahnst, sind nur deine Befürchtungen – du weißt noch überhaupt nicht, wie sie ist und wie sich das Ganze auf deine Arbeit auswirken wird. Und nicht jede gute Geschäftsfrau ist eine karrieregeile Emanze. Also, nur nichts überstürzen. Erst einmal abwarten und Fakten sammeln. Drittens: Lass uns hier mal zwei Dinge ganz deutlich voneinander trennen: Die Entscheidung deines Chefs, jemanden von der Konkurrenz in die Firma zu holen, ist die eine Sache, deine Leistungsfähigkeit und dein Ansehen bei deinem Chef eine ganz andere. Das eine hat nichts mit dem anderen zu tun! Oder gibt es irgendein Anzeichen, dass er dich als Designer nicht schätzt?

Florian Nein, er schätzt mich schon – aber eben nur als Designer. Und die Gesamtverantwortung gibt er einer Frau – einer Frau!

Eric Du bist ein exzellenter Designer, als Führungskraft hast du bisher keine Erfahrung – sie hat beides und er bekommt dadurch noch das Know-how der Konkurrenz. Das sind alles gute Gründe, sich für sie zu entscheiden. Und noch einmal: Das ist keine Entscheidung gegen dich. Und jetzt zu der Tatsache, dass sie eine Frau ist. Wäre es weniger kränkend für dich, wenn es ein Mann wäre?

Florian Was willst du denn immer mit deinem kränkend? Es wäre weniger blamabel für mich, wenn es ein Mann wäre. Gegen eine Frau verliert man nicht!

Eric Willkommen im 21. Jahrhundert! Du bist doch sonst so modern und auch Frauen gegenüber durchaus aufgeschlossen. So einen Satz von dir zu hören, erstaunt mich. Mark und Oliver, okay – aber von dir?

Florian Mark und Oliver, oh Gott, wie peinlich wird das erst, denen diese Niederlage mitzuteilen.

Eric *lächelt* Also die haben momentan ganz andere Sorgen.

Florian *hört gar nicht zu* Sie kennt den Laden nicht, aber anscheinend den Chef – und wird ätzende Wege finden, ihre angebliche Erfahrung durchzusetzen, und ...

Eric Nun komm mal wieder runter, Florian. Du hast derartige Vorurteile gegen diese Frau. Die kann doch nichts dafür. Die weiß wahrscheinlich noch nicht einmal, dass du dich beworben hast. Und außerdem kann sie auch nur bestehen, wenn ihr Team gut funktioniert. Am Ende aller Tage zählt in eurer Branche ja auch nur der Erfolg der Firma. Das hast du ja selbst schon bei deinen Eltern gesehen. Und das weiß sie garantiert auch. Wie ihr Verhältnis zu eurem Boss ist, das weißt du nicht – das sind nur deine Befürchtungen. Hüte dich davor, deinen Vorurteilen zu vertrauen. Die sind kein guter Ratgeber.

Florian Ja, ja, schon gut, großer Meister. Aber trotzdem ist das alles Mist. Und wie gehe ich jetzt mit ihr um? Mir kommt schon das Grauen, wenn ich nur an dieses Weib denke.

Eric Du kannst ja immer noch gehen. Du hast einen guten Namen im Markt, oder?

Florian Ja, das war auch mein erster Gedanke, aber das ist ja nicht die einzige Katastrophe dieses Tages. Zu allem Überfluss erzählt mir Frederike auch noch, dass sie schwanger ist. Einfach so. Weiber! Wir hatten die perfekte Beziehung. Spaß, Reisen, Beruf – und jetzt das. Ein schreiendes Baby, keine Nacht durchschlafen und eine Viper als Chefin. Was habe ich getan, dass ich so gestraft werde? Ich wollte so bald keine Familie – das hat sie gewusst. Irgendwann ja – aber doch noch nicht jetzt!

Eric Hmm. Da kommt ja einiges zusammen. Kinder sind ein großes Geschenk. Ihr habt doch eine echt gute Beziehung – und irgendwann wird es ja nun auch Zeit.

Florian Das sagst du auch nur, weil du keine hast ... Sorry, Alter, war nicht so gemeint. Ich bin da anders als du. Für mich ist das nicht so wichtig. Ich wollte erst mal mein Leben genießen, bevor ich so viel Verantwortung übernehme.

Eric Jetzt will ich dir mal was sagen, Florian, aber nimm vorher den Schläger aus der Hand. Du hast die meiste Zeit damit verbracht, dein Leben zu genießen. Und sicher hast du auch jetzt noch die Chance, mehr oder weniger so weiterzuleben. Es liegt in deiner Hand zu beschließen, dich nicht zu dem Kind zu bekennen, vielleicht kannst du sie ja auch überzeugen, sich gegen das Kind zu entscheiden. Hast du einmal darüber nachgedacht, wie dein bisheriger Lebensstil und die Entscheidung deines Chefs, dir keine Führungsaufgabe zu geben, zusammenhängen? Es kommt vielleicht nicht darauf an, Kinder in diese Welt zu setzen. Aber es kommt darauf an, Verantwortung für sein eigenes Leben zu übernehmen. Du hast die Wahl, die Herausforderungen, die dir das Leben stellt, so anzunehmen, dass du herausfindest, was es für dich zu lernen gibt. Und vielleicht entscheidest du dich dann, Verantwortung für all das zu übernehmen, was gerade mit dir passiert. Denn dass du das kannst, hast du vor Jahren bewiesen, als die Pleite mit deinen Eltern passiert ist. Ohne dieses Ereignis wärst du vermutlich heute noch der unerträgliche Playboy, ohne Job und Ahnung von dem, was leben bedeutet.

Florian Danke, Eric – Supertherapeut. Weißt du, ich finde es aber nicht fair von Frederike, einfach so schwanger zu werden. Ich dachte, sie nimmt die Pille, und sie setzt sie einfach ab. Das ist nicht die feine Art, oder?

Eric Da hast du völlig recht. Wie hat sie sich denn dazu geäußert?

Florian Sie sagt, sie hätte sie nicht abgesetzt. Sie hätte sie nur ein- oder zweimal vergessen. Das kann ja sein, ich will ihr ja gar nicht unterstellen, dass sie das absichtlich gemacht hat. Fakt ist, dass sie sich total freut und ich mich nicht.

Eric Vergessen oder nicht. Wenn eine Frau die Pille vergisst und nicht schwanger werden will, verhütet sie zusätzlich. Habt ihr denn über die Möglichkeit, eine Familie zu gründen, gesprochen?

Florian Das haben wir nur ganz theoretisch erörtert. Da war nie die Rede davon, dass wir uns entschieden haben, jetzt eine Familie zu gründen. Ich finde, ein Jahr Beziehung ist ein bisschen kurz und ich muss doch auch erst mal sehen, wie ich jetzt mit den neuen Aussichten im Job klarkomme.

Eric Mein Lieber, ich fürchte, eure theoretischen Gespräche waren aus Frederikes Sicht nicht so theoretisch. Kann es sein, dass sie auf ihre Art sehr konkret versucht hat, herauszufinden, ob du mit ihr zusammenbleiben und mit ihr Familie haben möchtest? Wie waren die Gespräche, hast du ihr klargemacht, dass du noch nicht so weit bist?

Florian Nein, natürlich nicht. Ich habe das gar nicht so ernst genommen und mich nicht so klar geäußert. Irgendwie habe ich so was gesagt wie: »Ja, Familie, klar, irgendwann, aber das hat Zeit, wir können ja mal sehen.« Ich dachte doch nicht, dass die das ernst meint, und Frauen, die reden doch permanent von so was, und wenn du dann klar nein sagst, dann hast du auch wieder Stress. Und ich mag sie ja, aber ich will doch jetzt noch keine Familie.

Eric Tja, dann hat sie wohl was gehört, was du nicht gesagt hast. Und mal eben Tatsachen geschaffen – oder zumindest die Folgen billigend in Kauf genommen. So würde das jetzt unser Richter Bernd ausdrücken.

Florian Alles geht schief und du meinst, in diesen Katastrophen läge eine Chance. Deine Sicht auf die Welt möchte ich haben! Und was heißt eigentlich, dass ich ein Kotzbrocken war – vor der Katastrophe mit der Firma von meinen Eltern?

Eric Kotzbrocken hast du gesagt. Ich sagte und meinte, dass du unerträglich warst in deiner Oberflächlichkeit. Heute bist du schon viel näher bei dir und dem normalen Leben. Und jetzt hast du eben wieder die Chance. Die Welt hört normalerweise im Alter von einem Jahr auf, sich ausschließlich nach dir zu richten. Du hattest da ein bisschen mehr Glück und konntest das länger genießen, aber jetzt musst wohl auch du endgültig erwachsen werden. Welche Möglichkeiten also hast du – aus deiner Sicht? Beruflich und privat?

Florian Was meinst du?

Eric Na, ganz sachlich gesehen, was für Handlungsmöglichkeiten gibt es für dich?

Florian Also privat:

Ich kann Frederike heiraten und auf Familie machen.

Ich kann mich von ihr trennen und bezahle für ein Kind, das nicht bei mir ist.

Ich kann sie davon überzeugen, dass wir das Kind jetzt noch nicht wollen – und sie bleibt dann bei mir oder auch nicht.

Und beruflich:

Ich kann bleiben und mir das erst einmal ansehen, oder ich kann gleich gehen, was ich nicht kann, weil das blöd wäre, solange ich nichts Besseres habe.

Eric Na, das ist doch ganz übersichtlich. Das heißt, im Job musst du jetzt abwarten, dich ruhig verhalten und die Lage peilen, dann kannst du immer noch alles entscheiden. Ja?

Florian Ja, da brennt jetzt schon nichts mehr an.

Eric Dann hast du ja im Grunde alle Zeit, dich auf dein Privatleben zu konzentrieren und hier erst einmal herauszufinden, was du willst und was nicht, oder?

Florian Wenn du einem die Welt erklärst, ist sie irgendwie einfacher.

Eric Sie ist einfach. Ihr macht sie euch nur so kompliziert, weil ihr euch von euren Neurosen leiten lasst.

Florian Willst du mir damit sagen, ich hätte eins an der Klatsche?

Eric Nein, nicht mehr als jeder normale Mensch. Deine Art macht dich zu dem genialen Designer, der du bist, aber sie beschert dir auch genau die Probleme, die du jetzt gerade hast. Wenn du lernst, dich selbst besser zu verstehen und anzunehmen, kannst du die Vorteile der »Klatsche«, wie du das nennst, nutzen, ohne dass dir die Schattenseiten zu schaffen machen müssen. Ich habe da so ein neues Format für ein Seminar entworfen, da geht es um die persönliche Heldenreise von Männern. Was hältst du davon, das mal auszuprobieren? Vielleicht kommen die anderen drei ja auch dazu – gratis natürlich. Ich muss das sowieso mal testen, ob das alles so funktioniert.

Florian Aus dir wird nie ein richtiger Geschäftsmann, aber mit den anderen dreien wäre das sicher ganz lustig.

Eric Ob das so lustig wird, ist die Frage – aber du bist gerade in einer Situation, wo es dir gut tun würde, dich zwei bis drei Tage aus dem Verkehr zu ziehen und dir dein Leben anzusehen. Oliver geht es vermutlich ähnlich, er will sich nachher mit mir treffen. Mark sehe ich morgen früh, der hat auch etwas auf der Seele. Und vielleicht kann ich Bernd ja auch zum Mitmachen bewegen.

Florian Ich bin dabei, wenn die anderen es sind – und du schwörst, dass das keiner erfährt, dass wir so einen abgefahrenen Psychokram machen?!

Die Frau als Kundin und Auftraggeberin:

Mark, der wütende Ares mit der versteckten Weisheit des Prometheus

Mark ist 40 Jahre alt und ein großer Kämpfer. Er stammt aus ärmlichen Verhältnissen. Nach einer schwierigen Kindheit, in der er viel unter seinem gewalttätigen, alkoholabhängigen Vater, einem Werftarbeiter, litt, machte er zunächst eine Ausbildung zum Speditionskaufmann. Das ermöglichte es ihm, mit 18 Jahren aus der Umklammerung des harten Vaters und der weinerlichen Mutter herauszukommen. Als er merkte, dass ihm der Job überhaupt keinen Spaß brachte und er mehr vom Leben erwartete, machte er auf dem zweiten Bildungsweg das Abitur nach und studierte Betriebswirtschaftslehre.

Um das Ganze zu finanzieren, nahm er so ziemlich jeden Job an, der legal war und Geld brachte. Nach dem BWL-Studium mit der

Ausrichtung Unternehmenssteuerung arbeitete er eine Zeit lang in einer Unternehmensberatung als Junior-Berater. Er war ehrgeiziger als die anderen, arbeitete länger, disziplinierter und unerbittlicher. Kein Kunde sprang ihm ab, wenn jemand unzufrieden war, verhandelte er so lange, bis er den Kunden zufriedenstellen konnte und für die Unternehmensberatung die Kasse stimmte. Sein Chef erkannte sein Potenzial sehr schnell und beteiligte ihn am Umsatz. Da Mark ein sparsamer Mensch ist und sowieso keine Zeit hatte, Geld auszugeben, sparte er viel an und machte sich damit nach zehn Jahren Junior-Berater-Tätigkeit mit einer eigenen Unternehmensberatung selbstständig. Nach anfänglichen Schwierigkeiten hat er heute mit zehn festangestellten Beratern, mehreren Freiberuflern und einer kleinen, aber solventen Stammkundengruppe eine gute Position auf dem Markt. Seine Hauptzielgruppe sind Firmen der Dienstleistungs- oder Konsumgüterbranche.

Zu seinem Privatleben gibt es nicht viel zu sagen, da es inzwischen so gut wie nicht mehr existiert. Von seinem Jugendschwarm, einer Frau, von der er glaubte, mit ihr den Rest seines Lebens verbringen zu können, wurde er bereits nach zwei Jahren geschieden. Seiner Meinung nach hat sie ihm bei der Scheidung das Hemd ausgezogen. Gott sei Dank hatte er zu diesem Zeitpunkt seine Firma noch nicht. Seitdem verachtet er Frauen insgeheim. Er treibt viel Sport, um sich fit zu halten. Affären hat er immer noch – aber immer nur so lange, wie diese Frauen nett zu ihm sind, nicht kompliziert werden und vor allem keine Ansprüche stellen. Sobald sie aber besitzergreifend, kapriziös oder sonst irgendwie anstrengend werden, trennt er sich wieder von ihnen. Er hat keinen guten Ruf bei den Frauen, die er verlassen hat. Dafür ist sein Ruf bei denen, die ihn erst kurz kennen, umso besser. Wie gegenüber seinen Kunden kann er sehr gewinnend auftreten, da er dabei aber nie in die Tiefe geht, bleibt jede Beziehung oberflächlich. Tief in seinem Inneren ist Mark ganz anders – aber das sieht keiner. Kinder will er nicht.

Im Leben von Mark läuft alles nach Plan. Planänderungen hasst er und somit lässt er sie erst gar nicht zu. Aber an diesem Freitag, den 13., droht ihm einer seiner wichtigsten Kunden abzuspringen. Grund: Das Unternehmen wurde von einem ausländischen Investor gekauft und der Chef ist auf einmal eine Frau, die das gesamte Marketing von heute auf morgen auf die weibliche Zielgruppe abstimmen will. Mark hatte diesen Gedanken auch schon, das war der Grund, weswegen er vor einem Jahr das Zukunftssymposium besuchte, auf dem er Eric und die anderen Männer kennengelernt hat – aber irgendwie hat sich etwas in seinem Inneren so stark dagegen gewehrt, dass er die Strategie bis heute nicht geändert hat. Jetzt hat die neue Verantwortliche das Budget für das nächste Jahr neu ausgeschrieben. Sie lädt ihn und drei Konkurrenten dazu ein, in vier Wochen bei einer dreistündigen Präsentation ein Konzept vorzustellen, wie das gesamte Marketingkonzept der Finanzdienstleistungsfirma dem weiblichen Aspekt gerecht werden kann. Wer das originellste und den Frauen am meisten entsprechende Konzept habe, bekäme den Zuschlag. Er solle dabei besonders auf die innere Haltung und den Esprit des Ganzen eingehen. Erste Bedingung für die Teilnahme sei es außerdem, dass der Inhaber und Hauptverantwortliche den Vortrag selber halte, um zu beweisen, dass seine Haltung frauenfreundlich ist. Delegieren also ausgeschlossen. »Weiber!«, meint Mark.

Mark kalkuliert die Sache durch. Er kann es sich nicht leisten, diesen Kunden so kampflos aufzugeben. Er hat vier seiner festangestellten Berater dort eingesetzt, und der Imageverlust würde einen Flurschaden anrichten, der nicht mehr zu heilen wäre. Ein weibliches Marketing-Ass darf er nicht einsetzen, es wäre kein Problem gewesen, eine seiner Freiberuflerinnen auf das Konzept zu setzen. Das konnte er immer noch tun, aber er müsste selbst präsentieren. Verdammt, er weiß, dass man nur die Projekte wirklich gewinnbringend präsentieren kann, die man selbst entwickelt hat. Er denkt an den Film mit Mel Gibson, in dem der Held durch einen elektrischen Schlag auf einmal weiß, was Frauen wollen, und ruft Eric an.

Mark »Wie, Eric, du hast heute keine Zeit mehr? Na gut, dann morgen zum Frühstück im ›Orakel‹.«

Samstag, der 14., um 11:00 Uhr beim Frühstück

Eric Ihr haltet mich ganz schön auf Trab – ihr Männer des Universums! Hab gestern schon deine beiden Mitstreiter getroffen, bei denen ist die Kacke auch ganz schön am Dampfen. Sieht so aus, als habe sich die weibliche Welt gerade gegen die größten drei Machos der Republik verschworen. In welcher Form ist dir denn der weibliche Racheengel begegnet?

Mark Sehr witzig. Was mit den anderen los ist, hör ich mir später an, jetzt musst du erst mal mir aus der Patsche helfen. Ich muss ein weibliches Konzept für eine bescheuerte neue Chefin einer meiner Firmen machen. Sie will, dass wir ihr ganzes Marketingkonzept auf die weibliche Linie überführen. Was beim Produkt Finanzdienstleistung an sich ganz vernünftig ist. Aber das Schärfste kommt noch: Sie will es von mir präsentiert bekommen und dabei meine Frauenfreundlichkeit auf den Prüfstand stellen.

Eric Würde deine Firma in Konkurs gehen, wenn du den Auftrag verlierst? Falls ja, würde ich dir empfehlen, schon mal einen schwarzen Anzug fürs Konkursgericht zu kaufen.

Mark Ha, ha – und was machen wir jetzt?

Eric Das kommt darauf an, wie ernst es dir ist, diesen Auftrag zu bekommen.

Mark Super ernst. Ich will diesen Auftrag bekommen – und ich werde ihn bekommen!

Eric Koste es, was es wolle?

Mark *zögert kurz* Was soll es kosten, so eine Kuh rumzukriegen?

Eric Genau das!

Mark Was?

Eric Deine Verachtung für Frauen.

Mark Ich habe keine Verachtung für Frauen – ich denke noch nicht mal über sie nach.

Eric Genau das meine ich.

Mark Oh Mann, was heißt denn das schon wieder?

Eric Dass es anstrengend wird – und zwar richtig! Deswegen meine ich ja, lass einfach den Auftrag sausen und such dir ein bis zwei neue Kunden. Das ist wahrscheinlich einfacher.

Mark Nein, niemals. Ich habe in meinem Leben noch nie aufgegeben, und das werde ich jetzt auch nicht tun – schon gar nicht eines Weibes wegen.

Eric Okay, dann nimmst du also die Herausforderung an, die sich dir gerade bietet?

Mark Ich habe schon immer jede Herausforderung angenommen, oder etwa nicht?

Eric Diese hier ist aber von ganz anderer Natur. Du kannst sie nicht mit deinen herkömmlichen Methoden und Kompetenzen lösen.

Mark Wie meinst du das denn?

Eric Bisher hast du in deinem Leben immer alles geschafft, weil du es wolltest und sehr viel Kraft und Energie dafür eingesetzt hast, es zu bekommen. Und du musstest dich selbst dabei nie beleuchten oder verändern, stimmt's?

Mark Na, ich habe mich schon immer anstrengen müssen – geschenkt wurde mir im Leben gar nichts.

Eric Das stimmt. Und hier liegt auch deine ganz große Ressource, du bist ein Kämpfer – allerdings hast du bisher immer in einer sehr männlichen Welt gekämpft, mit Waffen, die dir bestens vertraut waren und in denen du der Beste bist.

Mark Ja, und?

Eric Genau das wird jetzt anders. Du trittst in einer Disziplin an, die du nicht kennst – der weiblichen Psyche.

Mark Als wenn ich die nicht kennen würde, die hat mich bei meiner Scheidung ein Vermögen gekostet und meinen Vater in den Alkoholismus getrieben!

Eric Ja, Mark, genau darum geht es. All das zu verstehen, was in deinem Leben bisher geschehen ist, und endlich den Frauen zu vergeben und ihre warme, weiche und liebenswerte Seite zu erkennen, oder besser gesagt, diese Seite in dir zu erkennen. Deine weibliche Seite.

Mark Werden wir jetzt alle schwul, um auf dem Markt bestehen zu können?

Eric Wir können es auch lassen. Komm, du brauchst diesen Auftrag nicht unbedingt. Du kriegst das Ganze auch anders wieder hin. Die andere Hälfte aller Konsumenten sind immer noch Männer.

Mark Nein, verdammt, ich will nicht nur die Hälfte aller Kunden – ich will 100 Prozent. Und diese verdammten Weiber übernehmen nun mal immer mehr die Kaufentscheidungen in allen Bereichen. Ich bin ja nicht blöd, das habe ich schon mitgekriegt.

Eric Okay, aber es wird hart, Mark. Für dich wird es am härtesten!

Mark Was, verdammt noch mal, meinst du?

Eric Ich habe mit Oliver und Florian einen kleinen Sonderworkshop anberaumt. Heißt »Archaische Heldenreise« und ist ein neues Seminardesign, das ich testen will. Die beiden sind momentan, wie du auch, in Situationen, wo sie ihr Leben und ihre Einstellung zu Frauen, oder sagen wir besser zu den weiblichen Teilen in sich selbst, einmal beleuchten sollten, und wir wollen uns dazu nächstes Wochenende in einem abgelegenen Seminarzentrum treffen.

Mark Aber das ist ohne anfassen?

Eric Du kannst dich auch einfach auf 50 Prozent deiner Zielgruppe beschränken.

Mark Ist ja schon gut, klar bin ich dabei. Zu dritt ertragen wir dich schon – aber wehe, du sagst das auch nur einer einzigen Menschenseele – dann bist du tot.

Eric *grinst* Ich glaube, ich habe gerade ein Déjà-vu.

Mark Was auch immer – bis nächste Woche!

Der Mann als Selbstversorger:

Bernd, der überperfekte Apollon mit der Liebessehnsucht des Amor

Bernd ist 43 und Richter am Strafgericht. Schon als kleiner Junge hatte er einen ausgeprägten Sinn für Richtig und Falsch. Seine Mutter quälte er, seitdem er sprechen konnte, mit Fragen, die alle mit Warum anfingen. Er will die Welt verstehen, er will alles richtig machen. Er macht alles richtig. Er ernährt sich gesund, treibt ausreichend Sport – aber auch nicht zu viel, er liest die richtigen Bücher. Was sind die richtigen Bücher? Auch hier muss man nur Bernd fragen, um eine erschöpfende Antwort zu bekommen, die allerdings keiner hören will. Und irgendwann fragt man ihn einfach nicht mehr. Oder besser noch, man geht ihm insgesamt aus dem Weg. Das Schlimme an Bernd ist, dass er alles besser weiß, und das Unerträgliche an ihm ist: Er weiß es wirklich *immer besser.* Bernd hat sich in seinem Leben noch nie geirrt. Zumindest hatte bislang niemand die Geduld und Ausdauer, ihm das Gegenteil seiner Meinung zu beweisen. Er machte das beste Abitur, danach den besten Studienabschluss. Er wurde Richter, und seitdem ist er gefürchtet – besonders bei den Rechtsanwälten, aber auch bei den Staatsanwälten und vor allem bei den Straftätern. Er verfolgt sie alle und er findet heraus, was richtig ist und was nicht. Und gnade Gott den Schuldigen – denn Bernd tut es nicht. Er fordert die Höchststrafe – immer. In Bernds Welt gibt es so etwas wie Fehler nicht. Er hat nie einen gemacht, also warum sollte er jemandem einen Fehler zubilligen. Schließlich war er nichts Besonderes, zumindest in den Augen seiner Mutter, die den blassen Jungen anscheinend nicht sehr gemocht hatte. Der Vater war auch immer sehr korrekt – Finanzbeamter immerhin. Beide hatten Bernd gelehrt, dass es in dieser Welt nur deshalb so schlimm zugehe, weil sich keiner mehr an Recht und Ordnung hielt. Und das wollte Bernd jetzt ändern. Ansonsten war er ein ganz gut aussehender Mann, durchschnittliche 1,76 Meter groß und ein wenig zu dünn – weil er kaum etwas aß, geschweige denn Alkohol trank oder sonst einmal über die Stränge schlug. Aber er war liebenswert, nur das merkte keiner.

Einmal hatte es eine Frau gemerkt. Das war in seiner Studienzeit. Melissa war Bibliothekarin. Sie trug eine riesige Brille und war auch sonst nicht sehr attraktiv, aber herzensgut, und sie fand es rührend, wie er immer die Nase in all die Rechtsbücher steckte, die sie ihm heraussuchen sollte. Er ermahnte sie stets, wenn sie das falsche Buch brachte, aber er machte das auf eine nette und sehr unauffällige Art. Dass sie das so empfand, lag vielleicht daran, dass Melissa, wenn sie bei ihrem Vater etwas falsch machte – und das kam sehr oft vor, denn ihm konnte man nichts recht machen –, immer gleich heftige Prügel bezog. Die beiden fanden irgendwie zueinander, da war Bernd gerade 23. Er heiratete sie, weil sich das schließlich so gehörte, und nach einem Jahr war sie schwanger – und nach weiteren fünf Jahren ließ sie sich scheiden.

Sie hatte eine Therapie gemacht und dabei einiges über sich, ihren Vater und ihren Ehemann gelernt. So befreit wollte sie dann nicht mehr bei Bernd und seinen festgefahrenen Vorstellungen vom Leben bleiben. Sie trennten sich einigermaßen diszipliniert und Melissa bekam das Sorgerecht – aber jedes Wochenende hatte Bernd seine kleine Tochter. Am Anfang kam er mit dem Kind nicht richtig gut klar, aber heute, wo sie eine erwachsene Frau ist und Jura studiert, hat er ein harmonisches Verhältnis zu ihr. Zumindest ist sie die Einzige, die wirklich Zugang zu Bernds Herz hat. So lebt er also für die Gerechtigkeit und seine juristischen Fachbücher. Die Begegnung mit Oliver, Mark, Florian und vor allem mit Eric gibt ihm viel. Mit ihrer Hilfe sieht er die Welt durch eine ganz andere Brille. Manchmal ist er entsetzt über Marks Art und Weise, mit Frauen umzugehen, aber insgeheim möchte er das auch einmal – nur einmal. Er träumt immer noch davon, die Frau fürs Leben zu finden. Manchmal geht er mit einer aus – aber die meisten verabschieden sich ganz schnell wieder und rufen auch nie wieder an. Melissa hat wieder geheiratet. Sie ist immer noch sehr freundlich zu ihm, aber das hat nichts zu bedeuten, Melissa ist zu jedem freundlich – auch nach ihrer Therapie.

Bernd und Eric sind am Montag, den 16., zum Essen verabredet. Weil Bernd das »Orakel« nicht so gerne mag, gehen sie woanders hin.

Eric Tag, Bernd, alles okay bei dir, oder hattest du auch einen Freitag, den 13., an dem du vom Pech verfolgt wurdest?

Bernd Das ist doch nur abergläubisches Geschwätz. Es ist statistisch nachgewiesen, dass an einem Freitag, den 13., nicht mehr Unheil in der Welt passiert als sonst auch. Und falls doch, dann nur darum, weil die Menschen Angst haben, dass ihnen etwas passieren könnte, und sie sich schon deswegen noch ungeschickter anstellen als sonst. Außerdem, wenn die Menschen verantwortungsvoller, vernünftiger und nicht so unsagbar dumm wären, kämen sie erst gar nicht auf so einen Mist wie Freitag, den 13.

Eric Aber gerade in deinem beruflichen Umfeld wird doch deutlich, dass früher oder später jeder Verantwortung übernehmen muss.

Bernd Meinst du?

Eric Ja, schon. Die Anwälte übernehmen sie sozusagen kollektiv für die Angeklagten, nur in polarisierten Positionen; du, indem du entweder das Urteil sprichst oder im Fall einer Geschworenenverhandlung den Prozess steuerst, und die Angeklagten in jedem Schuldfall, denn dafür sitzen sie ja da.

Bernd Von wegen! Letzte Woche kam genau der Gegenbeweis – ein Drama!

Eric Wann letzte Woche?

Bernd Am Freitag.

Eric *grinst* Ah, ja. Erzähl mal.

Bernd Der Typ war absolut schuldig. Ich hätte meinen Talar darauf verwettet, dass der einsitzt. Und dann kommt dieses Weib …

Eric *grinst über das ganze Gesicht*

Bernd Lach nicht! Sie stürzt die Zeugen in Verwirrung, rüttelt an ihrer Glaubwürdigkeit und macht mit den Geschworenen, was sie will. Als wären auf einmal alle taub, als gälten Fakten und das gesprochene Wort nichts mehr.

Eric *lacht laut*

Bernd Hör endlich auf! Der Staatsanwalt saß da wie ein kleiner Junge. Ich hab noch versucht, zu retten, was zu retten war, indem ich die geringste Kleinigkeit genutzt habe, um sie zum Richtertisch zu bitten und zu ermahnen.

Eric Wie hat sie darauf reagiert?

Bernd Reagiert? Gar nicht. Gelächelt hat sie und »Wird nicht wieder vorkommen, Euer Ehren« geflötet.

Eric Was hat sie anders gemacht? Oder sah sie einfach nur so gut aus, dass sie alle um den Verstand gebracht hat?

Bernd Nein, eigentlich sieht sie gar nicht so gut aus. Und stell dir vor: Nicht nur, dass sie wider jede Erwartung einen Freispruch erwirkt hat, wofür sie sich zumindest aus moralischer Sicht eigentlich schämen müsste. Nein, das Weib besitzt auch noch die Dreistigkeit, mich nach dem Prozess auf einen Kaffee einzuladen.

Eric Und bist du gegangen?

Bernd Nein, natürlich nicht. Obwohl: Am Wochenende habe ich mich darüber ein bisschen geärgert.

Eric Du siehst so aus, also würdest du dich immer noch darüber ärgern. Aber das war bestimmt besser so. Mit so einer unmoralischen Person willst du doch sicher nichts zu tun haben!?

Bernd Na ja, unmoralisch sieht sie nicht aus – aber das Prozessergebnis, das sie da hingekriegt hat, ist unglaublich und völlig inakzeptabel.

Eric Du hast mir immer noch nicht gesagt, wie sie das geschafft hat.

Bernd Hexerei. Sie hat so eine Art. Weißt du, als sie da vor meinem Richtertisch stand, gab sie mir auf der einen Seite das Gefühl, als wäre es völlig gleichgültig, was ich inhaltlich sage. Auf der anderen Seite hörte sie mir mit einer Intensität zu, die man fast greifen konnte. Einmal hätte ich beinahe vergessen, was ich ihr eigentlich sagen wollte.

Eric Oh, das hört sich nach einer interessanten Frau an.

Bernd Dieses Gesicht hat eine Lebhaftigkeit und Ausstrahlung, ihre Augen sprechen irgendwie dauernd mit dir. Ich finde es nicht in Ordnung, dass sie sich selbst als Mittel einsetzt, um ihre schwache juristische Position auszugleichen.

Eric Bist du jetzt objektiv, war die wirklich schwach?

Bernd Eigentlich schon, sie hat nur eine ganz kleine Schwachstelle der Staatsanwaltschaft genutzt und dann über ihre Person den ganzen Fall gekippt.

Eric Dann ist sie doch eine tolle Anwältin. Wenn das deine Tochter bei einem anderen Richter gemacht hätte, wärst du stolz auf sie gewesen, oder?

Bernd Meine Tochter würde sich nicht so verhalten. Vor allem würde sie nie einen Richter so ansehen.

Eric Wie ansehen?

Bernd So wie die mich angesehen hat – so herausfordernd.

Eric Wie gut, dass du nicht mit ihr Kaffeetrinken gegangen bist. Überleg mal, wenn dich das jetzt schon so aus dem Tritt bringt, wie sehr dich erst so ein Treffen aufgerüttelt hätte? All die Lebendigkeit in dieser Frau und diese wirren Ansichten über Recht und Unrecht. Das ist nichts für dich, Bernd. Wie geht es eigentlich Melissa?

Bernd Wem? Ach Melissa, gut, denke ich. Verdammt, was heißt hier »das ist nichts für mich«? Hältst du mich etwa auch für einen blutleeren Juristen?

Eric Aber nein. Du hast doch gesagt, dass die völlig daneben ist. Oder etwa doch nicht?

Bernd Verdammt, irgendwie krieg ich sie nicht aus dem Kopf … ach, vergiss es. Wahrscheinlich ärgere ich mich nur immer noch über den Freispruch.

Eric Könnte es sein, dass sie dir gefällt?

Bernd Auf keinen Fall kann das sein! Jemand, der so arbeitet und so souverän das Recht beugt.

Eric Ich kenne dich gar nicht wieder. Die Staatsanwaltschaft hatte offensichtlich ihre Hausaufgaben nicht gemacht. Das hast du doch schon öfter erlebt. Vielleicht hat sie mit gar keinem im Gerichtssaal irgendetwas angestellt – außer mit dir. Vielleicht ist sie einfach nur stark, unabhängig und eine exzellente Juristin. Ich glaube, diese Frau hat dich mehr beeindruckt, als du zugeben möchtest. Und möglicherweise hat sie dich zum Kaffee eingeladen, weil du ihr gefällst. Wenn du dich ein ganzes Wochenende damit herumschlägst, solltest du auf jeden Fall mindestens einen Kaffee mit ihr trinken. Ich glaube nämlich, du hast dich verliebt.

Bernd Oh, Mann …

Das Seminar im Kloster: Erkennen und Durchbrechen der Muster

Im Gruppenraum des klösterlichen Seminarhauses

Nachdem Eric seine vier Teilnehmer begrüßt und sie gebeten hat, alles mitzuspielen wie ganz normale Teilnehmer und ihm erst im Nachhinein ihr persönliches Feedback zum Seminardesign zu geben, entspannen sich die vier. Es geht ja in erster Linie darum, dem Kumpel Eric mal wieder aus der Patsche zu helfen – mit seinen verrückten Ideen. Und es hat ja noch nie geschadet, sich mit dem auseinanderzusetzen, was er so auf Lager hat. Sicher, manches ist schon gewöhnungsbedürftig – aber sie sind ja unter sich. Letztendlich ist jeder der vier sehr mit sich selbst beschäftigt, und die Anwesenheit der anderen tut irgendwie gut. Da stellt keiner dumme Fragen, doch es hört jeder zu, wenn man etwas zu berichten hat. Fast jeder, Florian will am liebsten ständig von sich erzählen, aber Mark bringt ihn immer recht schnell dazu, den Mund zu halten, wenn es zu viel wird. Sie alle wollen endlich einmal über ihre Sorgen und Wünsche reden. Also sind sie alle wach und offen für das, was Eric ihnen vorstellt, etwas, das angeblich ihre Probleme lösen oder doch zumindest einen Lösungsweg aufzeigen könnte. Und die Idee, eine archaische Heldenreise zu machen, finden sie auch ganz spannend. Nach den üblichen Warm-ups kommen sie schnell auf das Wesentliche und beginnen mit der ersten Übung.

Die Irrenhaus-Übung

Anhand einer kleinen Geschichte führt Eric in ein Szenario ein, das sie in den nächsten zwei Stunden intensiv mit allen Facetten spielen sollen. Sie sollen dabei alles ausprobieren und über jede Schamgrenze gehen. Deswegen auch die lange Zeit – und die verschlossene Tür. Es ist alles erlaubt, solange jeder in seiner Rolle bleibt. Die Geschichte ist einfach, alle vier sollen sich vorstellen, sie säßen in einer geschlossenen Anstalt. Und da sitzen sie jetzt fest. Nun sollen sie herausfinden, wie es ihnen dabei geht, welche inneren Bilder und Gefühle sich melden, wenn sie eine Zeit lang mit niemandem vernünftig reden können. Warum sind sie hier gelandet? Was war der ausschlaggebende Moment in ihrem Leben, der sie so aus dem Gleis hat werfen können?

Nach anfänglicher Irritation begeben sich die vier jeder in eine Ecke des großen Raums und fangen an, über ihr Leben nachzudenken. Was hätte alles noch passieren können, und wie wären sie damit umgegangen? Wie hätten sie reagiert, was waren ihre hellen Seiten und wie sieht ihr Schatten aus?

Oliver Oliver fragt sich, warum er solch einen Blödsinn überhaupt mitmacht. Aber nach einiger Zeit lässt er sich doch auf die Situation ein. Er im Irrenhaus – meine Güte. Was müsste passieren, damit er dort landet? Das ist doch völlig unwahrscheinlich, er hat doch immer alles gut im Griff! Hat er das? Hat er das wirklich? Es kommen Zweifel in ihm hoch. Er fängt an, unruhig im Raum herumzulaufen. Die Gedanken in seinem Kopf schwirren durcheinander. Das Wichtigste in seinem Leben war immer sein beruflicher Erfolg, dem ist er hinterhergejagt, nun ja, eigentlich ist es ihm leichtgefallen. Aber warum? Weil er sich eben nur darum gekümmert hat. Die Frauen in seinem Leben – die kamen, da musste er sich nicht sonderlich bemühen. Seine Frau Bettina, die braucht ihn – zumindest nimmt er das an. Ihr fällt das Leben nicht so leicht wie ihm. Sie nimmt aber auch immer alles so schwer. Alles, was nicht an der richtigen Stelle liegt, macht sie nervös. Sie ist peinlich ordentlich und wenn jemand von ihnen beiden verrückt werden würde, dann doch eher sie als er. Sie ist nicht sehr eigenständig – ganz anders als Julienne. Julienne braucht ihn nicht – und doch fühlt er sich von ihr so viel mehr geliebt. Beim Gedanken an Julienne zieht sich sein Herz schmerzhaft zusammen. Sie kann so traurig sein. Wahrscheinlich würde auch sie eher in ewiger Traurigkeit versinken – aber er doch nicht.

Warum ist er sich da so sicher? Er wird noch unruhiger und versucht Kontakt mit den anderen aufzunehmen – aber die sind mit sich beschäftigt und interessieren sich nicht für ihn. Er will Eric etwas fragen oder einfach nur mit ihm reden, aber der macht ihm ein Zeichen, dass dafür jetzt nicht der richtige Zeitpunkt sei, und zeigt auf ein Plakat an der Wand, auf dem steht:

»Beginne damit, über dich selbst nachzudenken,
nicht über die anderen.«

Und so denkt er über sich nach. Es kommen ihm aber immer nur Bilder der beiden Frauen, zwischen denen er zu stehen glaubt. Er fühlt den Blick, mit dem seine Frau ihn strafend betrachtet, wann immer er sie berühren will – und dann denkt er an Julienne, wie sehr sie ihn geliebt hat, an ihre Tränen, als sie noch geweint hat, wenn er zu seiner Familie gefahren ist … und an die Zeit, wo sie nicht mehr geweint hat. Mein Gott, ja, irgendwann ist sie cooler geworden – zumindest äußerlich. Jetzt spürt er, wie weit sie von ihm weg ist – und dass sie nicht einfach gegangen ist, sondern ihre

Tränen nach und nach versiegt sind und sie sich Schritt für Schritt von ihm entfernt hat.

Da hört er auf, herumzulaufen, setzt sich in eine Ecke und fragt sich, warum er hier gelandet ist. Denken kann er es irgendwie nicht – aber fühlen –, und es fühlt sich sehr dumpf, sehr leer und sehr traurig an. Und jetzt weiß er, was passieren müsste, damit er in so eine missliche Lage käme. Wenn niemand mehr da wäre, über den er sich definieren könnte, dann würde es nicht gut um sein Leben bestellt sein.

Mark Mark weiß zunächst nicht so recht, was er tun soll. Er in der Klapse, was für eine bekloppte Vorstellung! Ihm ist klar, dass viele um ihn herum ziemlich verrückt sind, aber er, Mark, hat doch immer alles fest im Griff. Eric sagt dauernd, er solle fühlen statt zu denken. Also fühlt er in sich hinein. Je mehr er hineinfühlt, desto wütender wird er. Wie konnte diese bescheuerte Rebecca Winterfeld-Krone solche Forderungen stellen? Was ist das überhaupt für ein Name? Winterfeld-Krone, Frauen mit Doppelnamen sind ihm verhasst. Rebecca klingt dagegen nett, das hat etwas Warmes, Sinnliches, Dunkelhaariges ... Wieso hat er nicht schon vor Jahren seine Marketingstrategien auch auf die weibliche Zielgruppe eingestellt? Weshalb hat er so früh geheiratet und sich von dieser Frau derart über den Tisch ziehen lassen? Je mehr er sich diese Fragen stellt, desto wütender wird er. Da entdeckt er in einer Ecke des Raumes einen roten Sandsack. Was für ein Segen! Hätte er noch weiter gegrübelt, er wäre explodiert. So beginnt er, gegen diesen Sack zu schlagen, erst verhalten, dann immer mehr und stärker. Er merkt, wie ihm das Spaß macht – und da liegen ja auch Boxhandschuhe. Als er die über die Hände gezogen hat, schlägt er richtig zu. Er schlägt in Gedanken seine erste Frau, dann die neue Auftraggeberin, diese Winterfeld-Krone. Dabei sieht er vor seinem geistigen Auge eine dunkelhaarige, arrogante Frau mit einer Krone auf dem Kopf. Je mehr er in Gedanken auf sie einschlägt, desto schiefer sitzt die Krone, bis sie ihr schließlich vom Kopf rutscht. Meine Güte, wäre er in der Lage, eine Frau zu schlagen? Und er wechselt die Bilder und schlägt nun auf männliche Idioten ein, die ihm das Leben in der letzten Zeit schwer gemacht haben. Er prügelt so lange auf den verdammten Sack ein, bis er völlig erschöpft, aber irgendwie befreit auf die Matte sinkt. Dann kommt ihm ein eigenartiges Gefühl, es ist nicht die ihm bekannte Wut und auch nicht die befreiende Erschöpfung, die er sonst nach dem Sport empfindet, sondern eine nicht gekannte Stille.

Da wird ihm klar, dass er wahrscheinlich weniger gefährdet ist, in einer geschlossenen Anstalt zu landen, aber dass durchaus die Gefahr besteht, dass er irgendwann einmal derart ausrastet, dass er jemanden, der ihn reizt, so zusammenschlägt, dass er im Gefängnis landen könnte. Das erschreckt ihn, er schämt sich insgeheim dafür, aber es macht ihn auch offener für das, was noch kommt.

Florian

Florian schaut auf seine Mitstreiter und fühlt sich ganz elend. Er will sich nicht so gehen lassen – das ist ja peinlich ohne Ende. Er betrachtet seine gepflegten Fingernägel und denkt an seine Freundin. Dann denkt er an seine berufliche Situation und die ganze Misere, in der er gerade steckt. Er entdeckt ein Flipchart und bunte Stifte und fängt an, seine Lage in einem Bild festzuhalten. Er muss irgendetwas tun, sonst wird er wirklich noch verrückt. Er pfeift vor sich hin, will es einfach nicht zulassen, dass ihm tiefe Gedanken kommen. Zeichnen und Malen sind seine wahre Begabung. Und so gelingt es ihm ziemlich schnell, ein schönes Bild zu malen. Er betrachtet es selbstverliebt und staunt einmal mehr über seine Improvisationskunst. Nur dass die anderen ihn dabei in keiner Weise beachten oder sein Bild bewundern, ärgert ihn. Er will Mark ansprechen, traut sich dann aber doch nicht, so wild wie der diesen Boxsack bearbeitet. Gott sei Dank ist er nicht so unbeherrscht. Oliver und Bernd machen auch gerade keinen guten Eindruck. Also malt er noch einen Moment weiter. Er will im Grunde alles tun, um nur nicht ernsthaft über sich selbst nachdenken zu müssen. Da kommt Eric auf ihn zu und zeigt ihm ein Plakat, auf dem steht:

»Wenn du Lösungen für dein Leben suchst, findest du sie am leichtesten in der Tiefe deiner Seele.«

Meine Güte, genau das will Florian auf gar keinen Fall. Er will nicht in die Tiefen seiner Seele hinabsteigen. Er möchte einfach nur diesen Führungsposten und eine Freundin, mit der er Spaß haben kann und die nicht schwanger ist. Als hätte Eric seine Gedanken erahnt, reicht er ihm ein Arbeitsblatt mit zwei Fragen:

1. *Was wünschst du dir in deinem Leben, und was hast du davon noch nicht erreicht?*
2. *Was in deinem Leben macht dich wirklich durch und durch glücklich?*

Florian merkt, dass er sehr viel zu Frage eins schreiben kann, aber im Grunde sehr wenig zu Frage zwei. Er fühlt sich, als hätte man ihm alle Leichtigkeit genommen, als wolle ihn das Leben strafen. Er freut sich nicht über das Kind, er will keine Verantwortung für so ein kleines Wesen übernehmen und fühlt sich komplett überfordert. Das mit dem Job – das würde er irgendwie schon hinkriegen. Als er so auf den Zettel starrt mit den vielen unerreichten Wünschen und Zielen, fühlt er sich auf einmal ganz leer. Wann kann er endlich mit den anderen darüber reden? Es ist nicht auszuhalten, mit seinen Gedanken alleine gelassen zu werden.

Bernd Bernd nimmt die vielen Decken, die wahllos im Raum herumliegen, und beginnt, sie ordentlich zu falten und eine Art Mauer um sich herum zu bauen. Dabei achtet er darauf, dass jede der Decken genau gleich groß gefaltet ist und die farbigen Kissen, die er dazwischenlegt, in einem bestimmten Muster angeordnet sind. Erst ein rotes, dann ein gelbes, dann ein blaues Kissen, dann wieder ein rotes, ein gelbes, ein blaues … Von den grünen sind zu wenig da, das würde das Muster sprengen. Also packt er alle grünen Kissen zusammen und räumt sie in eine andere Ecke des Zimmers. Dort legt er sie in der Nähe von Oliver ab, ohne ihn zu stören, und begibt sich wieder in seine sichere Kissenburg. Auf seinem Schreibblock zieht mit dem Lineal eine akkurate Linie in der Mitte und schreibt auf die rechte Seite fein säuberlich »Richtig« und auf die linke Seite »Falsch«. Dann fängt er an, alles aufzulisten, was richtig und was falsch ist. Das fällt ihm leicht, bis er an den Punkt mit der Rechtsanwältin kommt. Er schreibt sie zuerst auf die linke Seite. Dann sieht er auf sein Blatt und stellt fest, dass das nicht stimmt. Er nimmt das Lineal, streicht ihren Namen sauber durch und schreibt ihn auf die rechte Seite. Aber das stimmt auch nicht. Er streicht die Notiz wieder durch. Aber wo soll er sie jetzt hinschreiben? So kommt er nicht weiter. Langsam spürt er Wut in sich aufsteigen über den ganzen Quatsch, den er da mit sich machen lässt. Es macht ihn unzufrieden, wenn er keine Lösungen finden kann. Er in der Irrenanstalt? Was für ein Gedanke! Es gibt niemanden, der besser weiß, was richtig und was falsch ist. Er beschäftigt sich nicht gern nur mit sich selbst.

Nach einer Stunde sind alle vier ziemlich aufgewühlt und reagieren je nach Naturell extrem wütend, depressiv, resigniert oder hysterisch. Da bittet Eric sie, ihm kurz zuzuhören und eine weitere Aufgabe in diesem Setting zu lösen. Sie sollen zunächst einige Fragen ganz ehrlich für sich beantworten. Danach sollen die Ergebnisse dann in der Gruppe diskutiert werden. Wichtig ist, dass am Ende der Übung jeder seine Antworten auf die Fragen hat und sich angehört hat, was die anderen Teilnehmer und Eric selbst dazu zu sagen haben. Folgendes Arbeitsblatt reicht Eric in die Runde:

Die eigenen Kommunikationsmuster herausfinden

1. Was denken Sie über sich in Beziehung zu Ihren nächsten Mitmenschen?

2. Welchen Satz verwenden Sie häufig im Umgang mit diesen nahen Menschen?

3. Was glauben Sie, wie Sie von Ihren Freunden/Ihrer Familie wahrgenommen werden, wenn Sie sich so geben?

4. Wie sieht das Wertequadrat aus, in dem Sie sich tagtäglich bewegen?

Das Wertequadrat zeigt die Werte unseres Lebens, die meist in einem Spannungsverhältnis zueinander stehen. Gehen wir davon aus, dass hinter jedem Wert eine positive Absicht steckt, so steht diese auch hinter den negativen Werten. Bei Streitereien werfen sich Gegner häufig Extrempositionen vor. Aus einem sparsamen Menschen wird ein Geizhals, aus einem Mutigen ein Draufgänger usw. Ziel einer lösungsorientierten Konfliktbearbeitung ist daher, Polarisierungen zu vermeiden und stattdessen die Werte zu reflektieren.

Beispiel anhand des Wertekonflikts Vorsicht versus Kühnheit:

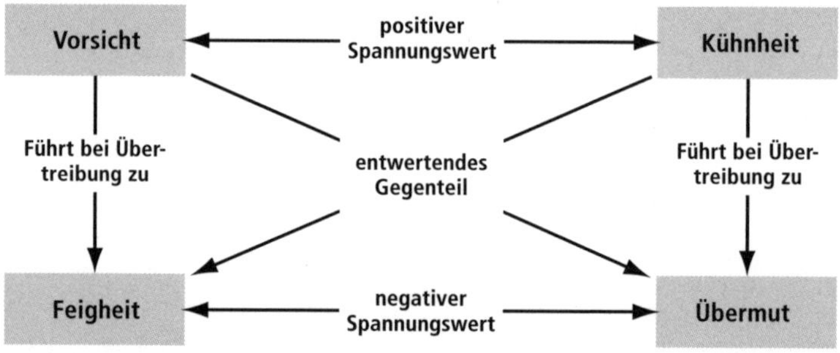

Und so sehen die ausgefüllten Fragebögen der vier Freunde aus:

Oliver

1. Was denken Sie über sich in Beziehung zu Ihren nächsten Mitmenschen?
Ich bin stärker als die meisten Menschen und brauche niemanden.
Aber ich bin gern für jemand anderen da.

2. Welchen Satz verwenden Sie häufig im Umgang mit diesen nahen Menschen?
Sag mir, wo dein Problem ist, und ich löse es für dich.
(Bis hierher herrscht Einigkeit zwischen dem, wie Oliver sich sieht und wie die anderen ihn sehen.)

3. Was glauben Sie, wie Sie von Ihren Freunden/Ihrer Familie wahrgenommen werden, wenn Sie sich so geben?
Oliver:
Besonders die Frauen sind mir sehr dankbar, dass ich ihnen immer wieder aus der Patsche helfe.
Gruppe:
Die anderen fühlen sich klein und gegängelt, wenn du dich so verhältst.
Niemand möchte ständig bevormundet werden.

4. Wie sieht das Wertequadrat aus, in dem Sie sich tagtäglich bewegen?

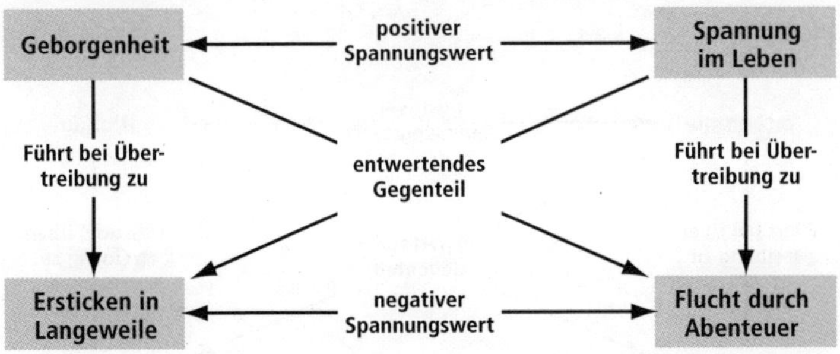

Mark

1. Was denken Sie über sich in Beziehung zu Ihren nächsten Mitmenschen? Was ich fühle, geht niemanden etwas an – außerdem fühle ich nichts. *(Auf diesen Satz ist Mark selbst gekommen, und es hat ihm keiner widersprochen.)*
2. Welchen Satz verwenden Sie häufig im Umgang mit diesen nahen Menschen? Das kannst du nicht. Wenn ich nicht alles selbst mache, geht alles schief. Man kann sich eben auf niemanden verlassen als auf sich selbst. *(Auch hier herrscht Einigkeit.)*
3. Was glauben Sie, wie Sie von Ihren Freunden/Ihrer Familie wahrgenommen werden, wenn Sie sich so geben? *Mark:* Sie bewundern mich dafür, dass ich mein Leben so gut im Griff habe, und viele Menschen wollen sich mir beruflich anschließen. *Gruppe:* Ja, und außerdem wirkst du arrogant und abweisend auf die anderen. Du hast kein Einfühlungsvermögen und im Grunde will sich dir niemand wirklich anvertrauen. Wer sich dir anschließt, tut dies nur, um einen Vorteil für sich herauszuschlagen, weil du wirklich ein guter Geschäftsmann bist. Befreundet will eigentlich niemand mit dir sein. Außer wir natürlich, aber selbst uns stößt du vor den Kopf, wann immer du kannst.
4. Wie sieht das Wertequadrat aus, in dem Sie sich tagtäglich bewegen?

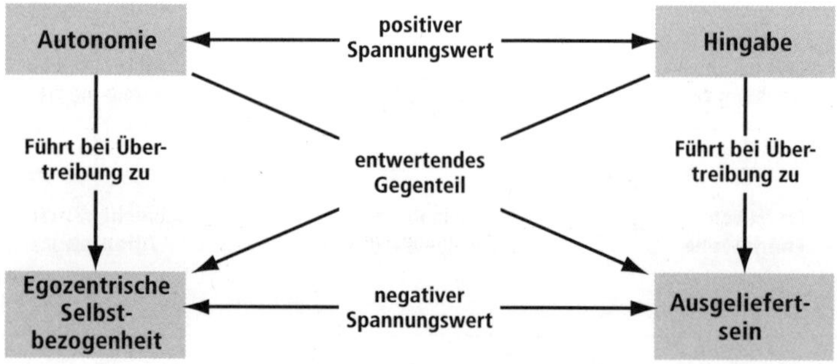

Florian

1. Was denken Sie über sich in Beziehung zu Ihren nächsten Mitmenschen? Ich bin ein Sonnenschein, der viel Glück im Leben hat und große Begabungen. Seht mich an und bewundert mich. *(Den letzten Satz musste sich Florian von den anderen ergänzen lassen, er selbst hätte sich eher für bescheiden gehalten. Das wurde aber mit Gelächter quittiert.)*
2. Welchen Satz verwenden Sie häufig im Umgang mit diesen nahen Menschen? *Florian:* Ich bin begabt und werde von meiner Umwelt leider häufig nicht genug geschätzt. *Gruppe:* Bewundere mich und huldige mir dafür, was ich kann und leiste.
3. Was glauben Sie, wie Sie von Ihren Freunden/Ihrer Familie wahrgenommen werden, wenn Sie sich so geben? *Florian:* Menschen sind gerne mit mir zusammen, weil es in meiner Gegenwart immer lustig und inspirierend ist. *Gruppe:* Das stimmt und manchmal geht es uns auf die Nerven, dass du am liebsten immer nur von dir sprichst. Wir möchten auch einmal von uns reden, aber das interessiert dich überhaupt nicht. (*Mark und Oliver schmunzeln:* Na ja, im Grunde sind wir ja alle so.) In deinem Umfald werden viele das Gefühl haben, dass sie mit dir konkurrieren und dass du sie ständig bewertest und ihre Leistungen mit deinen vergleichst.

4. Wie sieht das Wertequadrat aus, in dem Sie sich tagtäglich bewegen?

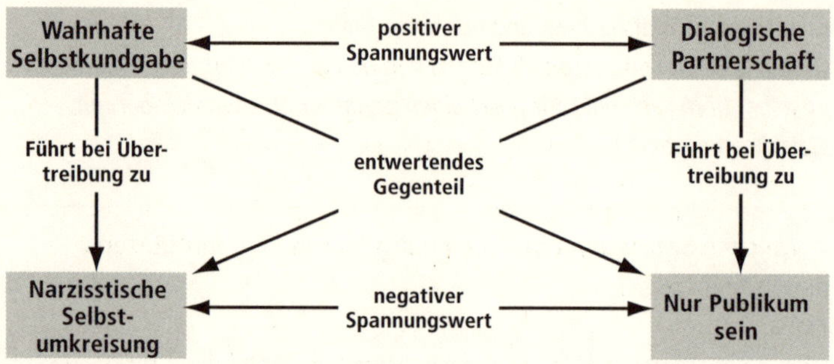

Bernd

1. Was denken Sie über sich in Beziehung zu Ihren nächsten Mitmenschen?
Ich weiß, was richtig und was falsch ist. Dafür bin ich Richter geworden.

2. Welchen Satz verwenden Sie häufig im Umgang mit diesen nahen Menschen?
Mach das so und so. Weiß du nicht, was Recht und Ordnung ist?
Ich verordne Ihnen eine Ordnungsstrafe.

3. Was glauben Sie, wie Sie von Ihren Freunden/Ihrer Familie wahrgenommen werden, wenn Sie sich so geben?
Bernd:
Menschen müssen geleitet werden, sonst fangen sie nichts Vernünftiges mit ihrem Leben an.
Gruppe:
Kein erwachsener Mensch möchte sich ständig von dir erklären lassen, wie die Welt funktioniert. Es geht allen auf die Nerven, dass du immer alles besser weißt und das Recht auf Richtig und Falsch anscheinend gepachtet hast. Außerdem bist du manchmal eine richtige Spaßbremse, die den anderen auch noch erklären will, dass man nicht auf der Welt ist, um Spaß zu haben. Mensch, Bernd, werd doch mal lockerer.

4. Wie sieht das Wertequadrat aus, in dem Sie sich tagtäglich bewegen?

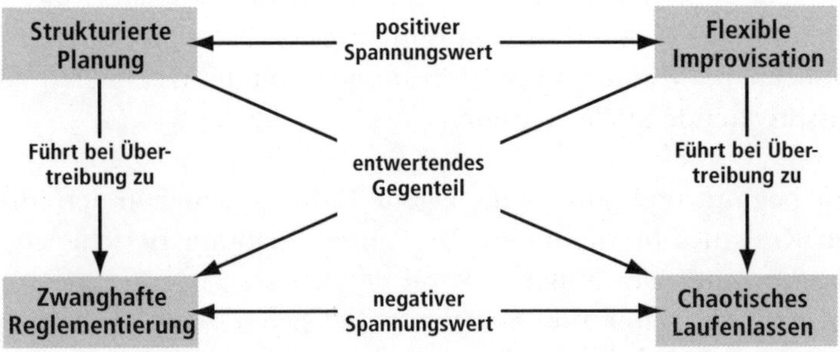

Das Persönlichkeits-Mythenrad

Nach dieser Einstimmungsübung, den ersten erkenntnisreichen Diskussionen und dem Mittagessen rollt Eric ein riesiges Stoffplakat aus und hängt es an die Pinnwand. Es zeigt ein Rad und viele Begriffe (das Mythenrad von Seite 49). Eric bittet nun alle vier, es sich auf ihren Plätzen gemütlich zu machen und seinen Geschichten zu lauschen. Die Freunde lächeln und entspannen sich ein wenig. Hauptsache, kein Irrenhaus mehr!

Eric erzählt die Heldensagen der acht typischen Männergestalten aus der griechischen Mythologie. Er beginnt mit Herakles, der die Unsterblichkeit durch Arbeit erreichen will, und endet mit Ares, der in seiner blinden Wut alles niedermetzelt, was nicht rechtzeitig aus dem Weg kommt. Er erzählt von der großen Kraft der Helden – aber auch von ihren Schattenseiten. Ab und zu macht er einen Ausflug zu den Geschichten der entsprechenden acht Frauengestalten. Am Ende sagt er, dass es bei dieser Typologisierung nicht um besser oder schlechter gehe – sondern einzig und allein darum, den eigenen Mythos anzunehmen und dadurch Herr seiner selbst zu werden, dass man seine Kraft erkennt und auch das Lebensskript, das sich dahinter verbirgt. Nur in der bewussten Entscheidung, sein Lebenskonzept zu akzeptieren und positiv zu verändern, liege letztendlich das Glück eines selbstbestimmten Lebens, in der Ablehnung und Abspaltung des Schicksals das große Unglück. Alle vier sind nun aufgefordert, sich in dem Persönlichkeits-Mythenrad wiederzufinden und ihren Namen an die entsprechende Stelle zu heften.

Eric beginnt und pinnt seine eigene Karte zu Amor in den inneren Kreis des Mythenrades. Die Unterscheidung zwischen dem inneren und dem äußeren Rand des Kreises bedeutet die Ausprägung. Je weiter außen auf dem Rad sich jemand positioniert, desto extremer ist er in dieser Rolle und desto leichter kann er auch als dieser Typ erkannt werden. Je weiter innen jemand sich auf dem Rad befindet, desto schwerer ist er zu erkennen und desto leichter wird es ihm fallen, sich auf andere Typen/Positionen einzulassen.

Mark steuert sehr zielgerichtet eine sehr weit außen stehende Position zwischen Herakles und Ares an. Oliver heftet seinen Namen in das Feld des Odysseus, aber nicht so sehr weit außen, ein wenig in Richtung Herakles. Florian geht etwas verschämt auf die Position des Narziss an der Schwelle zu Dionysos zu. Bernd hängt seinen Namen wie selbstverständlich zwischen Apollon und Prometheus. So ergibt sich folgendes Bild:

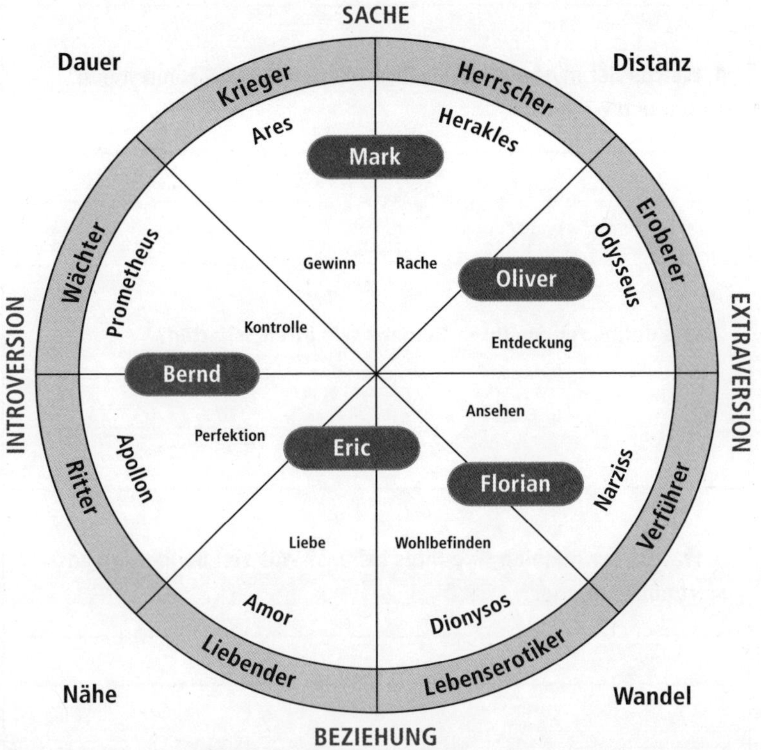

Mit der nächsten Übung sollen die vier herausfinden, was sie aus den Geschichten lernen können. Sie sollen die Drehbücher ihres Lebens lesen – ohne irgendetwas dabei lösen oder verbessern zu wollen. Es geht darum, wahrzunehmen und zu analysieren, was ist, am besten ohne jegliche Bewertung. Hierzu reicht Eric ihnen folgenden Fragebogen:

1. Welche der mythologischen Geschichten hat etwas mit Ihnen zu tun und warum?

2. Wie definieren Sie Ihren Helden? Wie Ihren Schatten?

3. Was ist der Running Gag Ihres Lebens? Was von Bedeutung passiert immer wieder?

4. Wenn das immer so weitergeht und sich dieses Muster aufrechterhält, was ist dann in 5, 10 oder 20 Jahren?

5. Wenn es ein Leben lang so weitergeht, was steht dann auf Ihrem Grabstein?

Oliver schreibt:

Oliver

1. Welche der mythologischen Geschichten hat etwas mit Ihnen zu tun und warum?

Das ist zum einen der Herakles, aber vor allem Odysseus. An Herakles erinnert mich mein ewiges Streben nach Erfolg. Wie er glaube ich tief in meinem Inneren, dass ich nichts wert bin, wenn ich nicht erfolgreich bin, und dass mich dann auch keiner liebt. Ich muss immer für jemanden da sein, sei es für meine Vertriebsmannschaft, die ich ständig zu neuen Erfolgen antreibe, oder eben für meine Frau und meine Kinder. Es hat mich nie sehr interessiert, wie es ihnen innerlich geht, ich habe immer nur dafür gesorgt, dass alle Probleme gelöst werden. Bei Julienne war das dann anders. Sie hat ihre Probleme selbst gelöst, und wir hatten Zeit für die schönen Dinge. Ähnlich wie in der Geschichte zwischen Odysseus und Circe. Wahrscheinlich ist sie eben wirklich eine Circe und meine Frau mehr eine Artemis, die mit ihrem Ordnungssinn und ihrer Unsinnlichkeit irgendwann nur noch mein Verantwortungsbewusstsein angesprochen hat, aber nicht mehr mich als Mann. An Odysseus erinnert mich bei mir selbst diese Lust, unterwegs zu sein. Wie er halte ich es nicht länger als ein paar Tage an demselben Ort oder in derselben Tätigkeit aus. Ich habe dann Angst, in der Einöde und Langeweile meines eigenen Seins unterzugehen, und so suche ich mir eben immer wieder neue Abenteuer. Also, um es auf den Punkt zu bringen: Unsterblichkeit durch Vertriebserfolge und das Gefühl, interessant zu sein, durch spannende Affären.

2. Wie definieren Sie Ihren Helden? Wie Ihren Schatten?

Mein Held ist der Eroberer, der Abenteurer, der jedem Ungeheuer mit List und Tücke entkommt. Er ist unheimlich agil und voller Leben und Leidenschaft. Mein Schatten dagegen ist gesichtslos, fahrig und ständig auf der Flucht. Als sei ich wie Odysseus von Poseidon verflucht, immer unterwegs zu sein. Der Schatten hat Angst, irgendwo festgehalten zu werden. Vor allem hat er Angst, jemanden so zu lieben, dass er nicht mehr weggehen kann. Was, wenn dann der andere geht? Was wäre mit Odysseus geschehen, wenn Circe ihn als Erste verlassen hätte? Es ist mir schon wichtig, derjenige zu sein, der jede Situation meistert. Wenn mir dabei die Frauen helfen, ist das okay, aber als Mann sollte man immer die Oberhand behalten.

3. Was ist der Running Gag Ihres Lebens?
Was von Bedeutung passiert immer wieder?

Das ist schwierig zu beantworten. Im Grunde hat das nichts mit meinem Berufsleben zu tun, das läuft irgendwie von alleine. Aber es ist schon so, dass ich nirgendwo ganz zu Hause bin. Wenn es zu heimelig wird, wird mir langweilig und ich halte es nicht mehr aus. Und die Ehe gehört eben irgendwie dazu und ist auch anders als andere Liebesbeziehungen. Da lebt man zusammen, und doch habe ich immer dafür gesorgt, dass ich nicht zu oft zu Hause war. Richtig zu Hause gefühlt habe ich mich bei meiner Familie auch nicht. Das mag jetzt eigenartig klingen, aber wirklich zu Hause fühle ich mich in meinem Wagen, wenn ich auf der Autobahn unterwegs bin. Da hat niemand Einfluss auf mich. Ich halte das Steuer fest in der Hand und erreiche all meine Ziele. Wenn ich mit jemandem sprechen will, dann rufe ich ihn an – wenn nicht, gehe ich nicht ans Telefon. So einfach ist das. Im Grunde ist das ganz gut so. Auf der Autobahn zu sein ist für mich Freiheit. So muss sich Odysseus gefühlt haben, wenn er sein Schiff durch all diese Gefahren gelenkt hat. Es ist auch so, dass ich dadurch, dass ich nicht allzu gern zu Hause war, immer noch erfolgreicher geworden bin. So habe ich letztlich auch alle guten Aufträge bekommen. Ich war stets bereit dazu, mobil und flexibel zu sein, während die anderen lieber bei ihren Familien sitzen wollten. Mit Julienne habe ich mich wohlgefühlt, aber immer bei ihr sein? Das hätte es nicht besser gemacht. Sie war mir viel zu nah dazu. Hätte ich bei ihr gelebt, ich wäre zu gerne nach Hause gekommen und hätte meine Arbeit vernachlässigt. Wahrscheinlich hatte ich Angst, dass ich durch die Liebe zu einer Frau im Job nur noch mittelmäßig gewesen wäre. Odysseus wäre ja auch nicht in die Geschichte eingegangen, wenn er bei Penelope zu Hause gehockt hätte.

4. Wenn das immer so weitergeht und sich dieses Muster aufrechterhält, was ist dann in 5, 10 oder 20 Jahren?

Tja, das ist die Frage, wie lange man so ein Leben aushält. 5 bis 10 Jahre ist das schon noch drin – aber dann? Heute bin ich 47. Mit 60 hätte ich dann schon gerne ein Zuhause. So wie Odysseus ja auch wieder eines hatte, kurz bevor er gestorben ist. Wahrscheinlich ist, dass ich – wenn ich so weitermache – mit 60 keine Frau mehr haben werde, die noch wirklich bei mir sein wird. Ich meine nicht nur um mich herum.

5. Wenn es ein Leben lang so weitergeht, was steht dann auf Ihrem Grabstein?

Hier liegt
der ewig ruhelose Oliver,
der viel unterwegs war –
und niemals ankam

Psychologische Anmerkungen zu Olivers Odysseus-Herakles-Syndrom

Oliver ist von einem prägenden Glaubenssatz beeinflusst:

Olivers Glaubensmuster

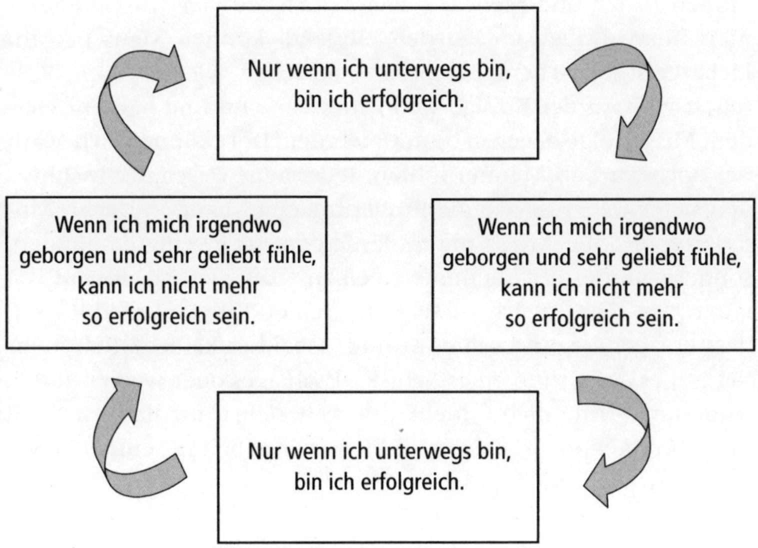

Bei Glaubenssätzen geht es nie darum, ob sie stimmen oder nicht. Weil ein Mensch sie verinnerlicht hat, wirken sie auf sein Leben – und somit stimmen sie letztlich immer. Sein Glaubenssatz hält Oliver auf Trab und macht ihn beruflich sehr erfolgreich. Er ist dabei nicht unglücklich, nur findet er keine Zufriedenheit. Welches Ziel er auch anstrebt, am Anfang ist da diese riesige Freude auf den Erfolg, den er erwartet. Das macht ihn agil und lässt ihn alle Hürden nehmen. Wenn er dann das Ziel erreicht hat, freut er sich zwar kurzfristig darüber, aber im Grunde stellt sich das Gefühl, das er erhofft hat, nicht ein, und so muss er weiterziehen zu neuen Abenteuern und neue Ziele erobern, die ihn niemals wirklich satt machen und immer noch weiter hinaus in die Ferne treiben, also weg von sich selbst.

Dieser Menschentyp, es gibt ihn selbstverständlich auch unter Frauen (Circe und Medea) – wenn auch seltener –, ist prädestiniert für Aufgaben im Vertrieb. Nirgends können Menschen ihr Liebe-Leistungs-Thema so perfekt ausleben wie in einer Wirtschaftswelt, in der Erfolge sofort messbar sind und belohnt werden, Misserfolge dagegen bestraft werden. Dort können sich Männer noch ganz als Männer fühlen. Jeder neue Geschäftsabschluss, den sie erzielen, ist wie die Eroberung eines Landes. Der so Motivierte wird die Arbeit nie als lästig oder langweilig empfinden, sondern immer als Abenteuerspielplatz. Die Gefahr, die auf ihn lauert, ist, dass er sich so sehr mit seiner Tätigkeit identifiziert, dass er irgendwann ausbrennt und, sobald er keine Arbeit mehr hat, sei es auf Grund eines Schicksalsschlages oder weil er in den Ruhestand tritt, nichts mehr mit sich selbst anzufangen weiß und erkennen muss, dass es außer seiner Arbeit in seinem Leben nichts wirklich Wichtiges gab.

Oliver und die Frauen

Olivers Beziehung zu Frauen ist davon geprägt, dass er nirgends verweilen kann und will. Das heißt nicht, dass dieser Männertypus nicht heiratet und eine Familie gründet. Viele erfolgreiche Eroberer der Neuzeit haben wie Odysseus eine Familie, eine schöne Frau, ein prächtiges Haus und reizende Kinder, nur sind sie selbst zu Hause selten anzutreffen. Warum gründen sie dann eine Familie? Zum einen bekommt ihr Erfolg durch die Familie ein

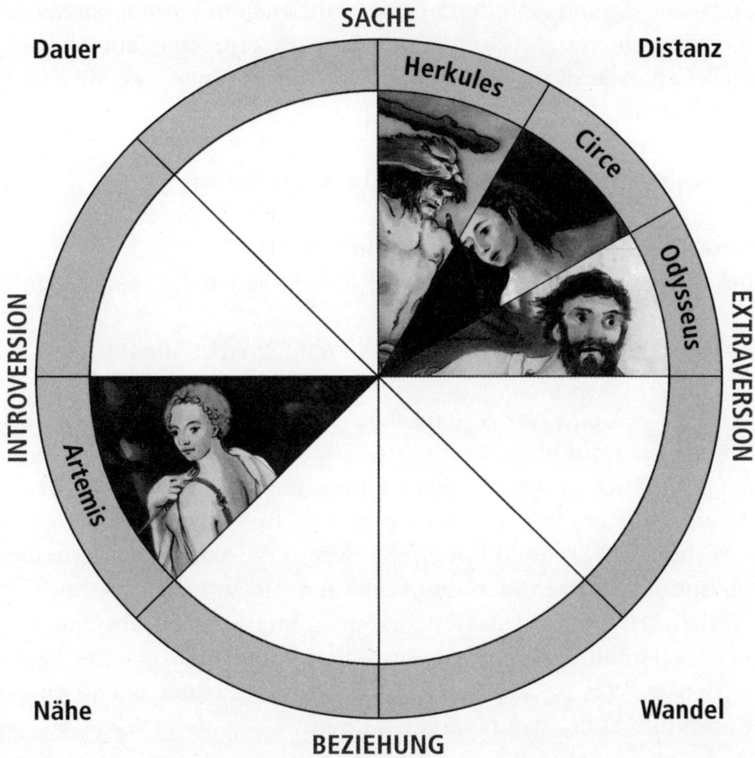

Gesicht, einen Ausdruck. Zum anderen schaffen sie sich ein Umfeld, mit dem sie ihr Lebensmuster kompensieren. Die Frau sorgt für die Wohnlichkeit und Geborgenheit, die der Odysseus-Mann braucht, aber doch nicht dauerhaft aushält.

Odysseus-Typen wollen von ihrer Umgebung Dankbarkeit dafür, was sie alles für sie tun. So erhalten sie psychischen Lohn – so lange, bis sie keine Dankbarkeit mehr ernten, sondern Vorwürfe, dass sie nie da sind.

Die Beständigkeit solcher Ehen hängt stark vom Frauentyp ab, den sich der rastlose Mann auswählt. Oliver hat in Bettina eine auf Dauer und Beständigkeit bauende Artemis. Sie ergänzt ihn in vielen Dingen, ist dabei weniger selbstständig und lehnt sich gern an seiner starken Schulter an (die er ihr auch in Form finanzieller Sicherheit bietet). So kann er sein Beschützermuster ganz und gar ausleben. Allerdings funktioniert das nur so lange, wie sie dafür dankbar ist.

Im positiven Fall sieht die Kommunikation so aus:

Bettina Schön, dass du da bist. Bitte hilf mir.

Oliver Aber das ist doch gar kein Problem, mach das doch so und so.

Bettina Ach, ich bin dir so dankbar. Wenn ich dich nicht hätte.

So weit – so gut. Am Anfang von Beziehungen funktioniert das Miteinander auf diese Weise meistens, je nach Selbstbewusstsein der Frau auch länger. In den Fünfzigerjahren haben Ehen nach diesem Muster ein Leben lang gehalten, weil die Frauen ein entsprechendes Selbstbild hatten. Sie waren die Schwachen und die Männer, die sich vorgenommen hatten, sie zu retten, waren die Starken. Heute sieht das anders aus. Frauen haben ein anderes Selbstverständnis und somit auch ein anderes Bild von der Partnerschaft. Was passiert in den Köpfen der Partner bei so einer Kommunikation, wenn die Basis kippt?

Im negativen Fall sieht die Kommunikation dann so aus:

Bettina Schön, dass du da bist. Bitte hilf mir. *(Ihr Muster von Nähe)*

Oliver Aber das ist doch gar kein Problem, mach das doch so und so. *(Sein Muster von Nähe. Dadurch fühlt er sich stark, kompetent und ihr überlegen.)*

Bettina Ach, ich bin dir so dankbar. Wenn ich dich nicht hätte. *(Irgendwann fühlt sie sich in diesem Muster klein und hilflos.)*

Nehmen wir jetzt an, sein Tipp führt bei ihr nicht zum erhofften Erfolg, dann geht der Dialog wie folgt weiter:

Bettina Ja, aber so, wie du mir das sagst, funktioniert das nicht! *(Fühlt sich enttäuscht, weil sie nicht das bekommt, was sie will)*

Oliver Dann hast du es nicht so gemacht, wie ich es dir gesagt habe.

(Fühlt sich nicht mehr bestätigt und überlegen, sondern wird mit der Zeit frustriert und ärgerlich darüber, dass das Belohnungsmuster, auf Grund dessen er diese Beziehung eingegangen ist – unbewusst –, nicht mehr funktioniert, und zieht sich zurück)

Bettina Du bist ja eh nie da, wenn ich dich brauche. *(Dreht den Spieß um und wird durch Vorwurf vom Opfer zur Täterin)*

Oliver Wenn ich da bin, höre ich ja doch nur immer deine Vorwürfe. *(Zieht sich zurück und sucht sich eine Geliebte mit einem anderen Muster)*

In Olivers Beziehung zu Julienne findet dieses Muster so nicht statt, da sie ein ähnlicher Typ ist wie er und dieses beliebte Frauchen-Spiel nicht spielt. Sie aktiviert ganz andere Muster in ihm. Er will sie eher besiegen, indem er ihr zeigt, wie erfolgreich er ist. Die Sexualität unter Gleichberechtigten ist spielerischer. Frauen des Elements Luft und Feuer haben meist auch einen ungezwungeneren Zugang zur Sexualität als Wasser-Frauen.

Olivers Spannungsquadrat

Ein wichtiges Thema ist für Oliver das Spannungsquadrat der Werte Autonomie versus Wahrnehmung der eigenen Bedürftigkeit:

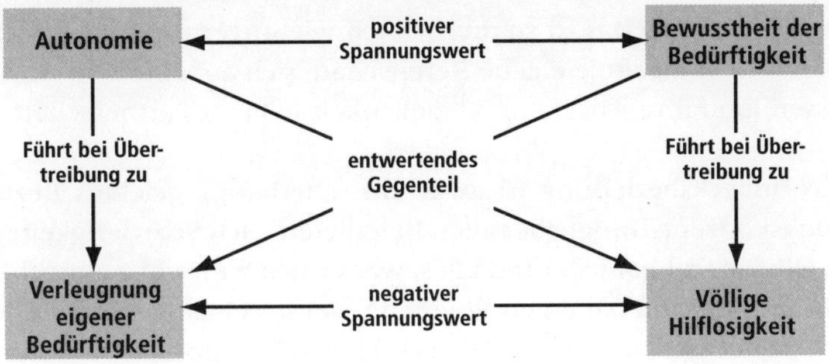

Die Verleugnung der eigenen Bedürftigkeit kann ein Herakles- oder Odysseus-Typ desto besser aufrechterhalten, je mehr ihm sein Gegenüber die Chance gibt, ihm zu helfen. Das bringt ihn zum einen in eine überlegene Rolle und zum anderen lässt es die Möglichkeit, selbst der Schwache zu sein, gar nicht zu. In der

Ehe mit Bettina lebt Oliver diese Seite voll und ganz aus. Er ist stark – sie schwach. Je mehr er sich mit seiner weicheren, verletzlichen Seite auseinandersetzt, desto mehr wird er innerlich bedauern, dass es ihm in seiner Partnerschaft mit Bettina fehlt, sich selbst einmal fallen zu lassen und gehalten zu werden. Diese Stärke findet Oliver in der gleichberechtigten Julienne. Weil sie nicht die Hilflose ist, muss er nicht ständig den Retter geben. Das irritiert ihn auf der einen Seite, auf der anderen reizt es ihn. Sie ist autonomer in ihrem Denken und Handeln, das macht sie für ihn interessanter. Da sie nicht von ihm erwartet, dass er sie rettet, wird er auch nicht dafür abgestraft, wenn er einmal keinen Rat weiß. Insofern hätten die beiden eine echte Chance auf eine gleichberechtigte und gute Beziehung. Sie sind in der Lage, die Nähe des anderen zu genießen und sich trotzdem frei zu fühlen und ihre Abenteuer zu bestehen – gemeinsam oder alleine, aber sich immer gegenseitig unterstützend. Trotzdem bricht Julienne aus der Beziehung aus. Warum?

Julienne merkt, dass Oliver sich nicht wirklich entscheidet – weder für sie noch gegen sie, weder für noch gegen seine Frau. Das aktiviert ihren Schatten. Die Schattenseite der Medea-Circe ist genau wie bei der Aphrodite der Narzissmus und der Wunsch, die Einzige zu sein. Das ist so menschlich wie unvernünftig, bedenkt man ihre mangelnde eigene Bereitschaft, sich auf eine Ehe einzulassen, und ihre Angst vor Alltäglichkeit in einer Partnerschaft.

Das Dilemma in Dreiecksbeziehungen

Die Dreiecksbeziehung ist zwar ein sehr häufig gelebtes Beziehungskonzept, bringt aber allen Beteiligten auch Schwierigkeiten. In Olivers Fall hat jeder fast alles, was er sich wünscht – aber eben nur fast. Bettina hat einen Ehemann, der ihr ein angenehmes Leben bietet und sie nicht öffentlich bloßstellt (von der Beziehung zu anderen Frauen weiß sie ja nichts). Oliver hat eine Ehefrau und eine Geliebte. Er würde es gern dabei belassen. Julienne hat einen Liebhaber, mit dem sie eine wunderbare Zeit verlebt und der ihr den Raum lässt, ihr eigenes Leben zu führen und ihre Ziele zu erreichen. Warum funktionieren Dreiecksbeziehungen häufig nicht auf Dauer? Ist Lüge in einem System, so betrifft dies alle und wirkt sich negativ aus. Selbst wenn die Ehefrau nichts von dem

Betrug weiß, systemisch gesehen ist er immer da. Er ist zu spüren, zu riechen, fast zu sehen. Zwei der drei Beteiligten wissen, dass sie etwas tun, was sie dem Dritten verheimlichen. Es ist nicht die Dreierbeziehung, die den Makel hat. Es ist die Tatsache, dass einer der drei entmündigt wird, zu entscheiden, ob er so leben möchte, indem er in der Lüge gehalten wird. Die andere Frage ist, ob die betrogene Ehefrau wirklich nichts merkt oder ob sie sich blind und taub stellt, nur um den Status quo aufrechtzuerhalten, und hofft, dass diese unangenehme Sache einfach zu Ende geht. Häufig sind die Ehemänner ihren Frauen dankbar dafür, dass sie ihnen das lassen, was sie am meisten lieben, die Illusion eines geglückten Familienlebens – und ihre Geliebte. Manche Ehefrau toleriert den Betrug mit dem unausgesprochenen Agreement »Ich lasse dich machen, was du willst, wenn du es heimlich tust und mir mein Gesicht und meinen Status als Ehefrau wahrst«. Besteht so eine Verabredung, wie es im Fall von Oliver und Bettina wahrscheinlich ist, kann das ziemlich lange gut gehen, da von Seiten der Ehefrau keine Szenen, Entweder-oder-Fragen oder andere unangenehme Reaktionen zu erwarten sind. Die Frage ist, wie lange eine Frau damit leben kann, dass sich der Mann, den sie liebt, nicht für sie entscheidet. Julienne hält genau diese Tatsache nicht mehr aus. Die andere Frage ist, ob eine Circe wirklich mit Odysseus ihr gesamtes Leben auf der Insel verbringen will.

Olivers Weg aus seinem Verhaltensmuster

Die Durchbrechung der Dreiecksbeziehung gelingt ähnlich wie bei Miller und Nin nur dadurch, dass alle Beteiligten davon wissen, es verinnerlichen, annehmen und leben. Könnte Oliver seiner Frau erklären, dass er mit ihr und den Kindern leben, aber Julienne lieben will, und würde Bettina das akzeptieren, könnte das Muster des Fremdgehens durchbrochen und eine neue Art der Beziehung gefunden werden. In den Kommunen der 1960er-Jahre wurden diese Formen der freien Liebe ausprobiert, und doch sind die meisten daran gescheitert. Solange die Menschen mit einer Bindung zu einem anderen Menschen auch Besitzdenken verknüpfen, wird diese Beziehungsform sich nicht öffentlich etablieren und Menschen werden weiter fremdgehen. Die stille Toleranz ersetzt die wissende Akzeptanz, und Schmerz und Verachtung sind dann der Preis.

Marks Blatt sieht folgendermaßen aus:

Mark

1. Welche der mythologischen Geschichten hat etwas mit Ihnen zu tun und warum?

Die Geschichte von Herakles und seiner Suche nach Unsterblichkeit durch Heldentaten hat mich sehr angesprochen. Ansonsten habe ich wohl auch viel von Ares. Vielleicht will ich auch deswegen keine Kinder. Zwei der Kinder von Ares und Aphrodite sind die Zwillinge Phobos und Deimos: Angst und Schrecken. Das ist so ungefähr das, was ich mit Kindern verbinde.

Dass Ares in der Geschichte ständig gegen Pallas Athene verliert, weil sie ihn permanent überlistet und ihm immer einen Schritt voraus ist, gefällt mir ganz und gar nicht. Auf der anderen Seite konnte sie ihn nur darum überlisten, weil er sich von seinem Zorn hat treiben lassen. Wäre er strategischer und überlegter vorgegangen, hätte er sie vielleicht besiegen können. Wenn ich mir die Weisheit der Pallas Athene zu Eigen machen könnte, hätte ich doch eine gute Chance, diese Winterfeld-Krone von meinen Qualitäten zu überzeugen, und bekomme den Auftrag. Ares hat sich ja auch immer gerne bei den Amazonen aufgehalten. Es ist also nicht verwerflich, wenn man den Feind Frau erobern will, sich bei den Frauen Ratschläge zu holen.

Was mich treibt, ist wie bei Herakles, durch Arbeit und Ruhm unsterblich zu werden. Meine Gefühlslage ähnelt der des Ares, große Wut und die Gewissheit, dass mich eigentlich keine Frau wirklich gern hat.

2. Wie definieren Sie Ihren Helden? Wie Ihren Schatten?

Mein Held ist der kämpferische Kriegsgott. Er ist durch nichts aufzuhalten, weil er durchtrainierter, ausdauernder und einfach erfolgreicher ist als alle anderen. Und das aus einem einzigen Grund: Er gibt niemals auf!

Der Schatten ist dann eben die andere Seite des Kämpferischen, und das ist das Zerstörerische. Ich gebe zu, dass ich manchmal unendlich viel Wut verspüre. Wenn diese Wut durchkommt, wenden sich die Menschen von mir ab. Bei Männern passiert mir das nicht so oft – bei Frauen schon, die scheinen einen Sender dafür zu haben. Das genau ist meine Angst bei dieser Präsentation. Das Inhaltliche ist dabei das geringste Problem. Wenn dieser Schatten von mir Besitz ergreift, wird alles in mir starr und kalt. Ich kann mich dann auch nicht mehr auf das, was mein Gegenüber sagt, konzentrieren.

3. Was ist der Running Gag Ihres Lebens?
Was von Bedeutung passiert immer wieder?

Ein wiederkehrendes Muster ist bei mir, dass mir ein Ziel vor Augen kommt, das ich unbedingt erreichen will. Dann setze ich alle Hebel in Bewegung, um es zu erlangen. Ich achte nicht viel darauf, wie es meiner Umwelt dabei geht, und im Grunde auch nicht darauf, wie es mir dabei geht. Hinter dem Ziel verschwinden alle anderen Bedürfnisse, werden völlig unwichtig. Wenn ich es dann erreiche, ist alles gut. Wenn ich es nicht erreiche, werde ich wütend und suche einen Schuldigen. Ich kann nach einer Niederlage nicht loslassen oder aufgeben. Es ist wie ein Zwang, ich muss es immer wieder probieren. Und so setze ich alle Energie dabei ein – ohne Rücksicht auf Verluste. Als ich einmal Florian beim Golfen schlagen wollte, habe ich dabei einen Schläger zerbrochen und sie haben mich des Platzes verwiesen. Florian ist das heute noch peinlich – und er geht nie wieder mit mir golfen.

4. Wenn das immer so weitergeht und sich dieses Muster aufrechterhält, was ist dann in 5, 10 oder 20 Jahren?

Wenn ich es durchhalte, dann habe ich in 10 bis 15 Jahren sicher eine der größten Unternehmensberatungen Deutschlands. Vorausgesetzt, ich bekomme jetzt den Auftrag von diesem Großkonzern. Dann könnte ich sofort meinen Angestelltenstamm verdoppeln. In 20 Jahren könnte ich mich zur Ruhe setzen – finanziell gesehen.

Die Frage ist, was ich dann mit meiner Zeit anfangen würde. Ich kann ja nicht nur Sport treiben. Darüber habe ich bisher nicht nachgedacht – und es ist ja auch noch lange hin. Zuerst muss ich diesen verdammten Auftrag bekommen.

5. Wenn es ein Leben lang so weitergeht, was steht dann auf Ihrem Grabstein?

Hier liegt Mark,
der jeden Markt gewonnen
und sich selbst
dabei verloren hat

(Den letzten Teil des Satzes ergänzen die anderen Gruppenmitglieder.)

Psychologische Anmerkungen zu Marks Herakles-Ares-Syndrom

Marks Glaubensmuster

Wie Oliver und extrem viele erfolgreiche Männer hat auch Mark ein sehr starkes Herakles-Syndrom, das ihn unbewusst glauben lässt, dass er durch Arbeit und Erfolge unsterblich würde. Dieses Phänomen scheint bislang noch mehr in der männlichen als in der weiblichen Welt vertreten zu sein, lässt sich heute aber schon immer häufiger bei den Frauen finden. Was Mark zudem ausmacht, ist seine Wut. Diese Aggression ist sein größter Antrieb. Er will auf jeden Fall dort weg, wo er herkommt. In seiner Kindheit hat er wenig Liebe bekommen, der Vater war oft betrunken, hat ihn verprügelt, und die Mutter wollte vielleicht helfen, konnte es aber nicht, weil sie zu schwach war. Dadurch lernte er sehr früh, für sich selbst verantwortlich zu sein und sein Leben in die eigenen Hände zu nehmen. Er verachtet alles Schwache und Weiche, weil er es nur in der Weise erlebt hat, dass seine Mutter, statt ihm gegen den gewalttätigen Vater zu helfen, selber weinerlich war. Marks prägendes Lebensmuster sieht folgendermaßen aus:

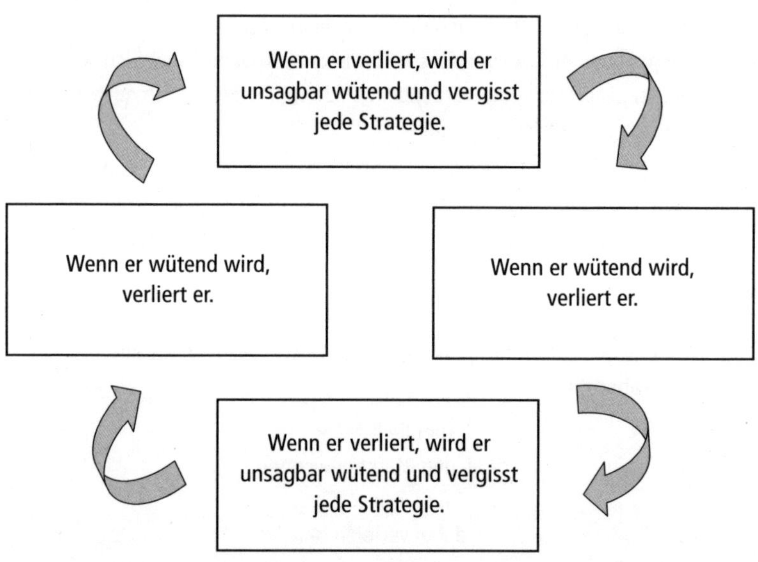

Mark und die Frauen

Ein anderes Bild von Weiblichkeit als das der schwachen Mutter hat er bis zu seinem sechsten Lebensjahr nicht kennengelernt, das prägt ihn und macht ihn Frauen gegenüber misstrauisch und verächtlich. Es ist eine logische Folge seiner Kindheitserlebnisse, dass ihn die erste Frau, in die er sich verliebt und die er heiratet, zutiefst enttäuscht – genau wie die Mutter es getan hat. Jetzt hat er einen handfesten Beweis für die Schlechtigkeit der Frauen und allen Grund, sie in Zukunft nur als Sexualobjekte zu behandeln. Dass er dabei charmant und gewinnend sein kann, ist kein Widerspruch, betrachtet man die Erfolge so mancher Heiratsschwindler, die ihren Hass gegen Frauen hinter den charmantesten Larven verstecken. In seinem beruflichen Wirken hat er gelernt, wie er sich verhalten muss, um Verhandlungen zu gewinnen. Er setzt seine Mister-Charming-Maske auf, die seine Kunden schmelzen

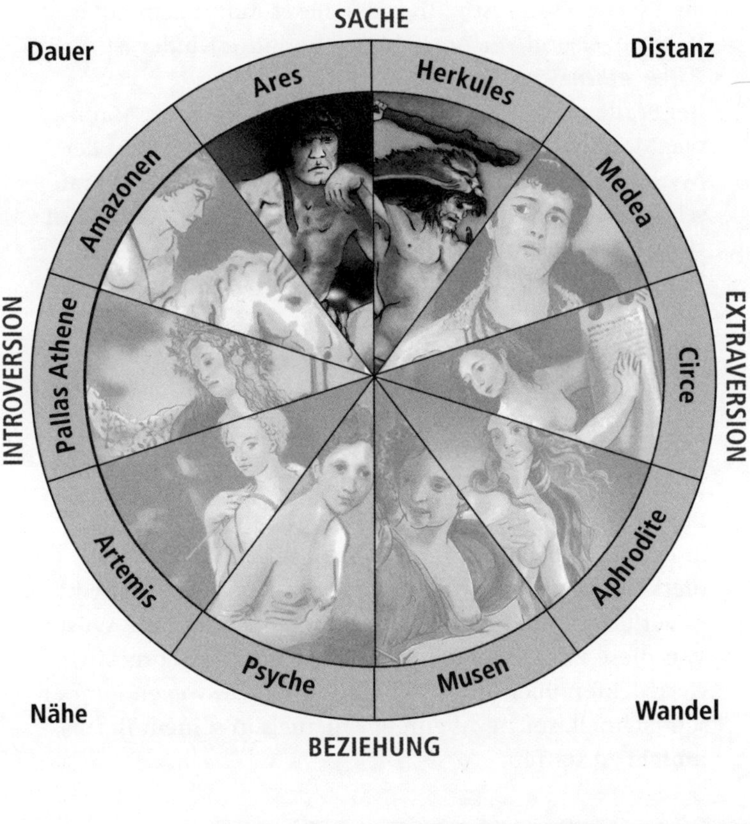

lässt, und so kann er auch Erfolge bei den Frauen nachweisen, solange sie nicht sein wahres Gesicht sehen: das des grimmigen Verfolgers und Rächers.

Hier sieht man deutlich die Mischung aus keulenschwingendem Herakles und grimmigem Ares. Aber es kommt auf die Auserwählte an. Mit einer Art siebtem Sinn erkennt Mark meist ganz genau, mit welchen Frauen sein Spiel funktioniert und mit welchen er es gar nicht erst zu versuchen braucht:

- *Psyche*
  Frauen vom Typ Psyche riechen den Braten sofort und machen einen riesigen Bogen um den Krieger und Herrscher. Die einzige Falle, in die diese Frauen laufen könnten, ist seine Männlichkeit, die sie anzieht. Doch meist erkennt die Psyche-Frau instinktiv, dass dieser Mann kein guter Beschützer und Versorger für sie und ihre Kinder ist.
- *Pallas Athene*
  Bei Frauen des Typs Pallas Athene braucht es ein Mann wie Mark gar nicht erst zu probieren, sie sind wie in der Mythologie seine erklärten Feindinnen. Eine solche Frau schätzt Männer des Geistes, nicht des Körpers. Auch wird sie für ihn vermutlich nicht sehr anziehend sein, da sie ihm zu intellektuell und kühl erscheint.
- *Artemis*
  Ähnlich verhält es sich mit Frauen des Typs Artemis. Bei ihnen fühlt er sich auf Grund ihrer Ordnungsliebe und Pedanterie nicht wohl und so geht er ihnen unbewusst schon aus dem Weg.
- *Circe und Aphrodite*
  Ein leichteres Spiel hat er mit den Circen und Aphroditen, die selbst nur ihren Spaß suchen. Sobald er aber merkt, dass sie ihn genauso wenig meint wie er sie, wird er verletzend und schickt sie auf unfeine Art in die Wüste. Was diese Frau dann damit quittiert, dass sie schreckliche Geschichten über ihn in Umlauf bringt. Deswegen lernt er sehr schnell, solche Abenteuer niemals in seinem Berufsumfeld zu starten.

- *Musen*
  Die Musen sind seine Lieblingsbeute. Sie entsprechen genau dem Frauentyp seiner Träume, sind lieb, nett und hilfsbereit. Sie erfüllen ihm nahezu jeden Wunsch. Sobald sie aber mehr wollen, trennt er sich. Hier ist sein Trennungsritual aber wesentlich anständiger und freundlicher als bei den Aphroditen. Es fällt ihm fast schwer, so ein liebenswertes Geschöpf zu verlassen. Vielleicht geht er auch nur deshalb, weil er im tiefsten Innern seiner Seele weiß, dass er eine so liebe Frau nicht verdient. Und so trennt er sich, bevor er sie völlig zerstört, wie Marks Vater seine Mutter zerstört hat.
- *Amazonen und Medea*
  Viel Spaß hat der Herakles-Ares-Mann mit den Amazonen und den Medeas, aber eher auf sportlicher oder rein sexueller Ebene. Beide sind ein wenig wie er selbst. Er kann mit ihnen lachen, Witze machen oder einfach nur ins Bett gehen. Auf den Gedanken einer ernsthaften Partnerschaft kommt er hier gar nicht, da sie absolut nicht in sein Beuteschema passen.
- *Mischtypen*
  Dann gibt es natürlich noch die spannenden Mischtypen, die so ambivalent sind, dass Mark sie nicht zuordnen kann, die Widersprüchlichen, die in einem Moment kratzbürstig und widerspenstig sind und im nächsten dann zärtlich und anlehnungsbedürftig. Von sich selbst weiß er, dass er auf gar keinen Fall ein Dionysos, Amor oder Apollon und leider auch kein Prometheus ist. Vielleicht hat er noch ein paar Anteile des ewigen Seefahrers in sich und sicher ist er auf seine Art auch ein wenig narzisstisch.

Marks Spannungsquadrat

Hat Mark eine Zeit lang mit den Frauen seinen Spaß gehabt, trennt er sich wieder von ihnen, je nach Typ unterschiedlich schroff. Mit jeder Trennung rächt er sich unbewusst an seiner Mutter, ohne zu merken, dass er sich selbst dabei am meisten verletzt. Herakles- und Ares-Typen sollten eines nie vergessen: Sie haben das Motiv Rache als tiefsten Antreiber für all ihr Fühlen, Denken und Handeln in sich. Diese Rache muss sich nicht zwingend gegen eine konkrete Person richten. Sie ist vielmehr ein Gefühl, es der Welt beweisen und zeigen zu wollen. Kommt nun ein bestimmter Mensch ins Spiel und richtet sich die Rache gegen diesen, kommt es nicht selten zu einem existenziellen Kampf – nicht unbedingt auf Leben und Tod, aber um Sieg oder Niederlage des Egos. Weil Mark anderen nicht vertrauen kann und stets nach völliger Unabhängigkeit strebt, bewegt er sich in folgendem Spannungsquadrat, das ihm eine gute Partnerschaft schwer macht:

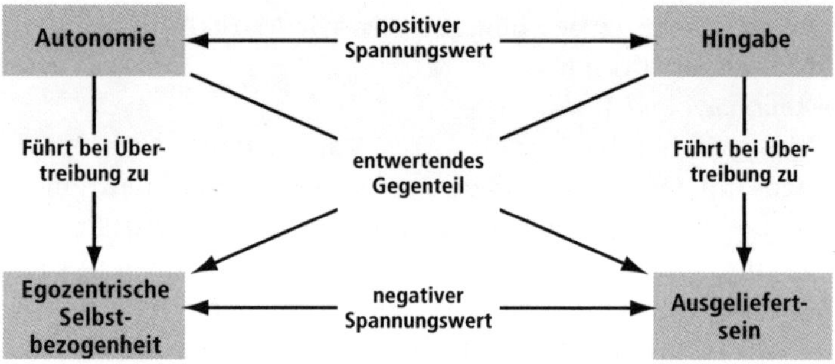

Marks psychologische Disposition, seine Glaubenssätze und seine Kommunikationsmuster erschweren ihm nicht nur Liebesbeziehungen, sondern alle Verbindungen zu Frauen, auch im beruflichen Umfeld. Für seine geplante Präsentation könnte das bedeuten: Selbst wenn seine Ideen sehr gut sind, wird Rebecca Winterfeld-Krone zu 95 Prozent aus dem Bauch heraus entscheiden und sich jemanden aussuchen, mit dem sie gern in einem Raum ist. Deswegen ist viel interessanter als der Inhalt die nonverbale Kommunikation zwischen den beiden. Geht Mark schlecht vorbereitet in das Gespräch, besteht folgende Gefahr:

Simulation der Situation

Mark hat seine Präsentation beendet und will im persönlichen Gespräch mit Frau Winterfeld-Krone noch einige Fragen klären.

Mark Ich schlage Ihnen vor, das so und so zu machen. *(Seine unbewusste Botschaft an das Unterbewusstsein von Frau Winterfeld-Krone:* Ich sag dir jetzt mal, wie das hier läuft, Kleine. Du magst ja vielleicht eine Menge zu sagen haben, aber im Grunde bist du doch nur so ein Weib, das uns Männern das Messer in den Rücken rammt, wenn wir uns umdrehen. *Körperhaltung, Mimik und Betonung werden seine Respektlosigkeit und Geringschätzung verraten. Sobald sie ihn reizt, wird er ihr mit Machoallüren seine Überlegenheit zeigen wollen. Da er in einer Stresssituation ist, werden all seine Kindheitsmuster ungebremst ans Tageslicht kommen.)*

Winterfeld-Krone *(die diese Botschaft zumindest unbewusst wahrnimmt)* Nein, da bin ich anderer Meinung und deswegen geht der Zuschlag an Ihren Konkurrenten. *(Sie denkt dabei:* Du kleines Macho-Miststück hast vermutlich schon viele Frauen beruflich und privat geknechtet und keine Ahnung, was wirklich in uns vorgeht, weil es dich auch gar nicht interessiert. Und ich habe nicht die geringste Lust, mit einem Typen wie dir über so etwas für mich Wichtiges wie weibliches Marketing zu reden.)

Frauen sind sehr lange genau von diesem Typus Mann bevormundet worden, so dass nun jede, die auf eine entsprechende Stelle gelangt, vieles tun wird, damit solche Männer keine Gelegenheit mehr bekommen, Frauen zu unterdrücken. Je nachdem, welcher Frauentyp seine Verhandlungspartnerin ist, muss Mark natürlich mit unterschiedlichen Reaktionen rechnen:

- *Psyche*
  Ist Frau Krone-Winterfeld eine eher zart besaitete und feinfühlige Frau vom Schlag Psyche (was nicht wahrscheinlich ist in ihrer Position), wird sie es sich einfach nicht antun wollen, mit so jemandem Umgang zu pflegen.
- *Muse*
  Die Muse wäre gefährdet, ihm auf den Leim zu gehen, allerdings ist es sehr unwahrscheinlich, dass Muse-Frauen auf diesen Stühlen sitzen.
- *Aphrodite und Circe*
  Ist sie eher eine Aphrodite oder Circe, wird sie ihr Spiel mit ihm treiben und ihm den Auftrag trotzdem nicht geben, ihm aber seine Ideen stehlen, um sie dem ihr angenehmeren Konkurrenten zuzuspielen.

- *Artemis und Pallas Athene*
  Eine Artemis oder Pallas Athene wird ihn, ohne weiter nachzudenken, aus ihrem Gesichtsbereich verbannen, einfach deswegen, weil dieser Typ Mann der natürliche Feind dieser verkopften Frau ist.
- *Medea und Amazone*
  Eine Chance hat er einzig und allein beim Typus Medea oder Amazone. Diese beiden Frauen haben selbst so viele männliche Anteile in sich, dass ihr Unbewusstes keine Angst vor seiner Verachtung haben muss, da sie ihm die gleiche Geringschätzung entgegenzusetzen haben. Aber auch eine solche Frau wird diesen Männertyp nicht in ihr wichtigstes Lebensfeld, den Beruf, lassen. Sie ist eher gewillt, privat durch ihn unglücklich zu werden, als ihr »Baby« Karriere von ihm in Gefahr zu bringen.

Das Wertequadrat, in dem Mark sich während seiner Verhandlung befindet, sieht so aus:

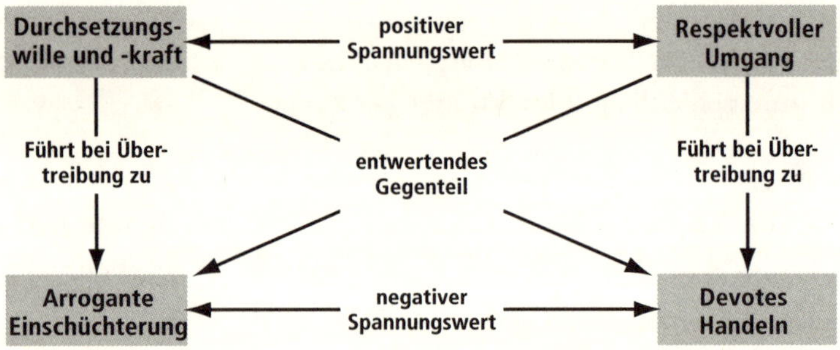

Marks Weg aus seinem Verhaltensmuster

Wenn er emotional involviert ist, fällt es ihm schwer, die Balance zwischen Respekt und Durchsetzungskraft zu halten. Bei jeder wertschätzenden Handlung in Richtung seines Gegenübers überfällt ihn die angstvolle Befürchtung, devot und schwach zu wirken – Eigenschaften, die er abgrundtief ablehnt. Marks Weg heraus aus dieser Misere, die ja nicht nur eine berufliche ist, sondern auch sein privates Leben beeinträchtigt, kann gelingen, wenn er lernt, nicht jedes weibliche Wesen für seine Mutter zu halten und mit entsprechender Wut zu überschütten. Statt dieser ständigen Verachtung muss er es schaffen, die eigenen weiblichen Anteile (Anima) zu integrieren. Nur dann werden sonst noch so wirksame und erfolgversprechende Kommunikationstechniken und ein gutes Konzept eine Frau überzeugen.

Florian schreibt Folgendes auf sein Blatt:

Florian

1. Welche der mythologischen Geschichten hat etwas mit Ihnen zu tun und warum?

Zum einen fühle ich mich von Dionysos angesprochen. Das fröhliche, unbeschwerte Leben hat durchaus seinen Reiz. Dass sich Unsterblichkeit nicht durch Arbeit und Erfolg einstellt, habe ich bei meinen Eltern gesehen. Und dann bin ich eben auch ein wenig Narziss, wobei mir die Geschichte der Aphrodite besser gefällt. Aber es stimmt schon, ich bin sehr mit mir selbst beschäftigt und es ist mir wichtig, dass ich Bewunderung ernte und dass mir die Leute gerne zuhören und sich für mich interessieren. Manchmal frage ich mich auch, ob ich zu oberflächlich bin und die Verantwortung zu sehr scheue.

2. Wie definieren Sie Ihren Helden? Wie Ihren Schatten?

Mein Held ist der kreative Künstler, der sich treiben lassen kann, aber daraus immer auch große Ideen schöpft. Der Schatten ist derjenige, der keine Verantwortung übernehmen will und manchmal oberflächlich ist.

3. Was ist der Running Gag Ihres Lebens?
Was von Bedeutung passiert immer wieder?

Ich komme immer ganz nah an ein Ziel heran und dann schaffe ich es doch nicht. Es fehlt immer der letzte Rest. Die anderen haben – obwohl sie künstlerisch nicht so begabt sind – letztlich doch mehr Erfolg. Immer, wenn es mir gerade richtig gut geht, passiert etwas und zerstört alles: zuerst die Pleite meiner Eltern, jetzt die geplatzte Beförderung und in der sorgenfreien Beziehung zu Frederike ihre Schwangerschaft.

4. Wenn das immer so weitergeht und sich dieses Muster aufrechterhält, was ist dann in 5, 10 oder 20 Jahren? Ich habe dann wohl ein Leben, in dem ich immer ganz nah dran war, aber doch nichts wirklich erreicht habe. Auf der anderen Seite weiß ich ja auch gar nicht, was ich wirklich will, und so ist klar, dass ich nicht ankomme. Wenn ich ganz ehrlich bin, weiß ich überhaupt nicht, wo ich in 20 Jahren stehen will. Ich habe überhaupt kein Bild von meiner Zukunft. Ich lasse mich viel lieber treiben.
5. Wenn es ein Leben lang so weitergeht, was steht dann auf Ihrem Grabstein? Hier liegt Florian, ein vergeudetes Talent

Psychologische Anmerkungen zu Florians Narziss-Dionysos-Syndrom

Florian wächst als verwöhntes Kind auf. Seine Eltern erfüllen ihm jeden Wunsch, er wird immer gelobt und muss sich anders als andere nicht wirklich durchbeißen. So lernt er nie, dass er auch Fehler haben und machen könnte. Allerdings schleichen sich auch Selbstzweifel ein: »Bin ich wirklich so gut, oder loben sie mich nur, weil ich ihr einziger Sohn bin?« Durch die Verzärtelung, die er erfährt, ist er daran gewöhnt, dass sich stets alles um ihn dreht. Er ist ein Einzelkind und lernt nicht zu teilen. Er begibt sich so immer mehr in die narzisstische Selbstumkreisung. Nur wenn ihn die Außenwelt lobt, wie dies seine Eltern getan haben, fühlt er sich wohl.

Strategien, wie er dies erreichen kann, hat er gelernt. So ist er charmanter als die meisten, belesener und eloquenter. Nur sich um andere Menschen kümmern, ihnen zuhören, sie genauso wichtig nehmen wie sich selbst, das kann er nicht. Außerdem liebt er das leichte und ein wenig oberflächliche Leben des Dionysos.

Florians Glaubensmuster

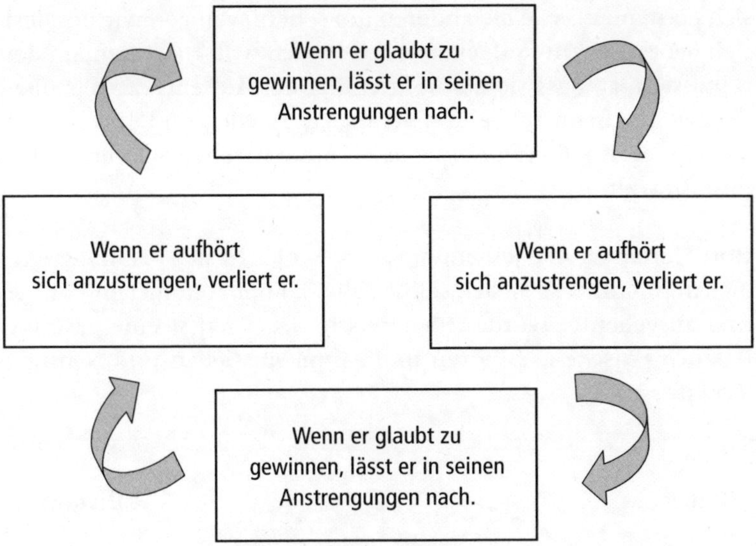

Die Tatsache, dass er den Posten, den er anstrebt, nicht bekommt, wirkt sich bei ihm als tiefe narzisstische Kränkung aus. Es ist mehr die Kränkung seines Egos, die ihm zu schaffen macht, als die Tatsache, die Führungsaufgabe nicht erhalten zu haben. Dass ihm nun eine Frau vorgesetzt wird, kann er weniger aus eigener Überzeugung schwer aushalten als vielmehr aus Angst davor, was die anderen dazu sagen werden. Als typischer Narziss fragt er

Florians Spannungsquadrat

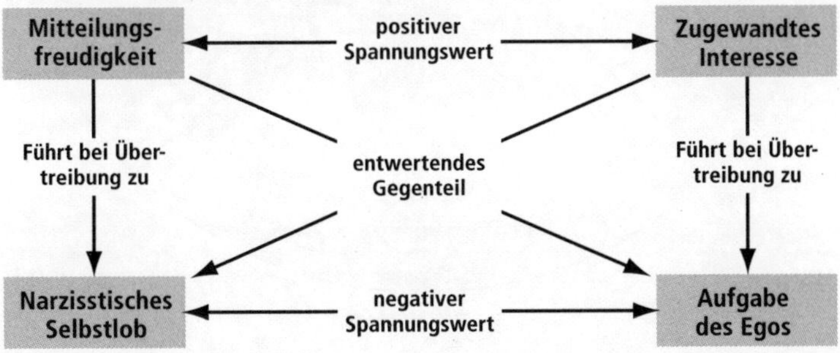

sich permanent, wie die anderen ihn sehen, weniger, wie er selbst sich bei etwas fühlt oder was er eigentlich will. Das Dilemma der Narzissten ist, dass sie die Beurteilung der Außenwelt stets über die eigenen Bedürfnisse und Sehnsüchte stellen und dass sie sich ständig selbst reden hören wollen – ohne wirkliches Interesse für ihre Umwelt.

Hört Florian einmal jemandem zu, so schleicht sich bei ihm gleich die Angst ein, dass er sich selbst dabei komplett aufgeben könnte und ausgebeutet würde. Hier müsste der Narzisst eine gesunde Balance zwischen, Zuhören und Mitteilen, Geben und Nehmen lernen.

Florian und Frederike

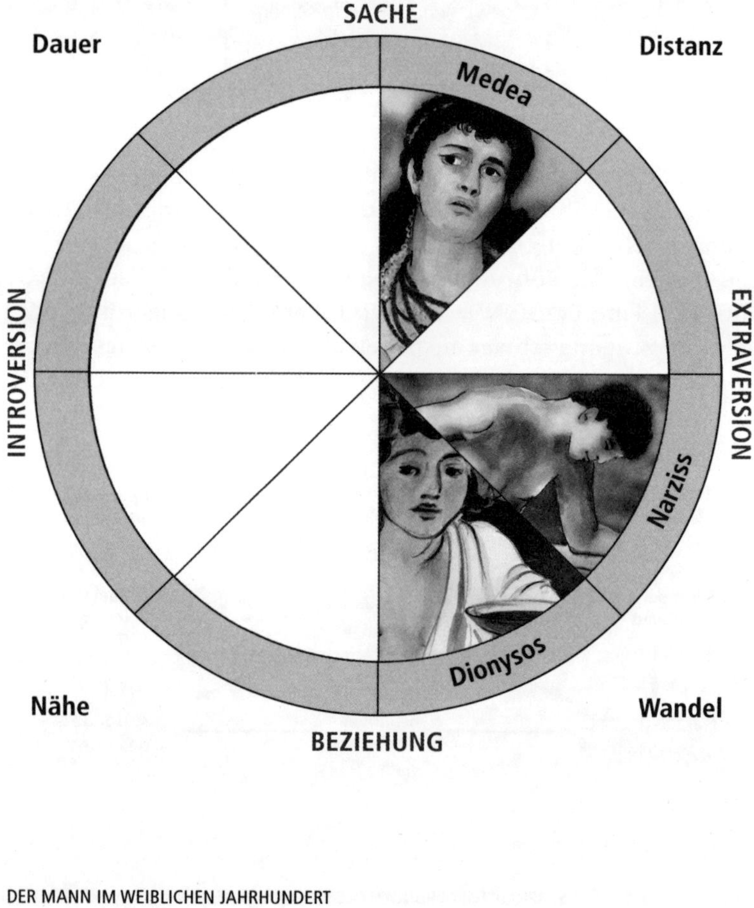

Während Florian eher dem luftigen Element angehört, weiß Frederike als Feuer-Frau ganz genau, was sie will. Da Empathie und Zuhören nicht zu seinen Stärken zählen, bekommt er nicht mit, was Frederike wirklich möchte und wie ernst es ihr mit dem Kinderwunsch ist. Sie stellt ihn vor vollendete Tatsachen. Wieder ist er im Konflikt mit sich und dem, was man über ihn sagen wird. Florian möchte kein Kind. Dafür gibt es in seiner Persönlichkeitsstruktur zwei Gründe:

1. Er will keine Verantwortung übernehmen (Dionysos-Einfluss).
2. Er will die Aufmerksamkeit Frederikes nicht mit einem Kind teilen müssen (Narziss-Einfluss).

Nur wenn er beide Einflüsse überwindet, kann er zu einer verantwortungsvollen Führungskraft und zu einem guten Vater werden. Die Qualitäten einer Führungskraft und eines guten Vaters liegen näher beisammen, als man vielfach glaubt.

Männlicher und weiblicher Narzissmus

Narzissmus kommt in einer weiblichen und in einer männlichen Variante vor:

Männlicher Narzissmus (Narziss)	Weiblicher Narzissmus (Aphrodite)
Kampf um Anerkennung und Autonomie	Anerkennung durch Überanpassung
Kompensation der Schwäche durch Grandiosiät	Kompensation der Schwäche durch Ausspielen der Attraktivität (Koketterie)
unempathisch und distanziert	empathisch bis zur Übernahme der Fremdgefühle
Stabilisierung des Selbstwertgefühls durch die Bewunderung der Partnerin	Suche des Selbstbildes durch die Verbündung mit einem erfolgreichen Partner
Verfolgerposition	Opferposition

Florians Narzissmus schwankt zwischen der männlichen und der weiblichen Form. Dass er sich selbst als Person sofort abgelehnt fühlt, als er die erwünschte Stelle nicht bekommt, entspricht eher der weiblichen Ausprägung, genauso seine Eitelkeit. Seine unempathische Art zu kommunizieren allerdings ähnelt wieder mehr dem männlichen Narzissmus. Sowohl der weibliche als auch der männliche Narzisst werden immer danach streben, von der Außenwelt bewundert und anerkannt zu werden, statt den Pfad des Herzens zu suchen. Beide kranken daran, dass sie nahezu kritikunfähig sind. Sie sind (scheinbar) so von sich überzeugt, dass sie es nicht ertragen, wenn jemand ihre Leistungen oder selbst ihre Gedanken in Frage stellt. Jeder Kritikpunkt wird als persönliche Beleidigung empfunden. So ist der Umgang mit Narzissten für die Umwelt manchmal sehr schwer.

Der Narzisst befindet sich in einer Art innerem Gefängnis, das ihm den Weg zu seinem spirituellen Selbst verbaut. Er findet nur sehr schwer heraus, was ihm in seinem Leben wirklich wichtig ist. Oft ist es so, dass Menschen dieses Schlages einen höheren Sinn im Leben schlichtweg abstreiten, sich aber nichtsdestotrotz als wertlos empfinden, weil sie ihr Dasein, das nur im Außen stattfindet, je älter sie werden, kaum noch ertragen. Sie verfügen aber auch über große Ressourcen: Nur der narzisstische Mensch kann sich ernsthaft aus der Masse herausheben, nur er hat überhaupt den Wunsch, durch sein Schaffen auf sich aufmerksam zu machen, und so ist der Narzissmus eine wichtige Grundlage für Erfolg. Auch Florian besitzt kreative Gaben und den unbedingten Wunsch, etwas Besonderes zu sein.

Florians Weg aus seinem Verhaltensmuster

Dreh- und Angelpunkt in Florians Misere ist, dass er nicht wirklich weiß, wohin er will und was er mit seinem Leben anfangen soll: Vater – Kreativer – Führungskraft oder alles zusammen? Für Florian geht es vor allem darum, herauszufinden, wo er sich selbst sieht und spürt.

Bernd findet schließlich folgende Antworten:

Bernd

1. Welche der mythologischen Geschichten hat etwas mit Ihnen zu tun und warum? Ich finde mich ganz stark in Apollon wieder. Er ist der Perfekteste von allen und dennoch bleibt er allein. Die Frauen wollen ihn trotz seiner Begabungen, seiner Schönheit und Klugheit nicht. Je mehr er weiß, desto mehr wenden sich die anderen von ihm ab. Außerdem spricht mich die Weisheitsgöttin Pallas Athene an. Mit einer Rüstung geboren zu werden, das ganze Leben zu beherrschen und immer Ruhe und Überlegenheit zu behalten – das ist sehr beeindruckend.
2. Wie definieren Sie Ihren Helden? Wie Ihren Schatten? Mein Held ist der Perfekte, der für jedes Problem eine Lösung hat. Der Schatten ist der Übergenaue oder auch Rigide, der nichts fertig bringt, weil ihm alles noch nicht gut genug ist, und der seine Umwelt mit seiner ewigen Besserwisserei zur Verzweiflung treibt, weshalb niemand auf Dauer wirklich bei ihm bleiben will.
3. Was ist der Running Gag Ihres Lebens? Was von Bedeutung passiert immer wieder? Beruflich gelingt mir alles, und privat bin ich ziemlich allein. Mein ganzes Leben passiert mir immer wieder. Es ist einfach jeder Tag gleich. Ich stehe auf, gehe zu Gericht, die Fälle sind im Grunde auch immer ähnlich, dann gehe ich wieder nach Hause und sorge dafür, dass dort alles ordentlich ist. Es passiert nie etwas Spannendes. Das Aufregendste sind die Geschichten, die mir meine Tochter erzählt, oder der Stammtisch mit euch – und da sind es dann auch wieder eure Erzählungen, denen ich ständig zuhöre. Selbst erlebe ich selten etwas.
4. Wenn das immer so weitergeht und sich dieses Muster aufrechterhält, was ist dann in 5, 10 oder 20 Jahren? Na, dann wird mein Leben in 20 Jahren noch genauso verlaufen wie heute auch. Und irgendwann falle ich um und bin tot.

5. Wenn es ein Leben lang so weitergeht, was steht dann auf Ihrem Grabstein?

Hier ruht Bernd,
er wusste immer,
was richtig und was falsch war.

Psychologische Anmerkungen zu Bernds Apollon-Prometheus-Syndrom

Bernd wächst in einer eher sterilen Umgebung ohne viel Wärme auf. Es wird ihm bald beigebracht, wie die Welt zu sein hat, damit alles richtig ist. Sein Über-Ich wird von Anfang mit sehr vielen Daten gefüttert, was sich gehört und was nicht.

Bernds Glaubensmuster

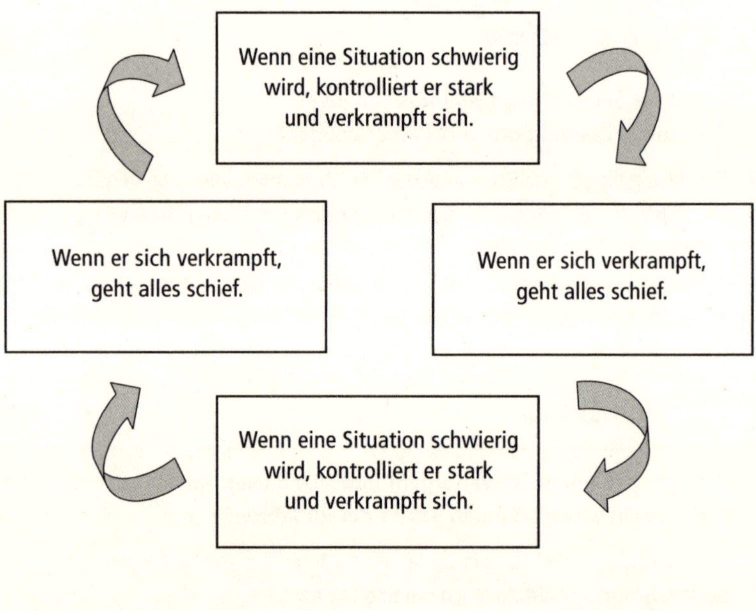

Mit dem *Über-Ich* meint Freud den Teil der Persönlichkeit, der die inneren Normen und Gesetze mit all ihren Ge- und Verboten aufstellt. Der große Gegenspieler des Über-Ichs um das Glück eines Menschen ist das *Es*. Unter dem Es versteht Freud den Teil des menschlichen Unterbewusstseins, im dem seine Gefühle, Sehnsüchte und Triebe zu Hause sind. Das *Ich* steht in der Mitte zwischen diesen Polen und muss sie bändigen und in ein ausgewogenes Maß bringen. Eric Berne entwickelte Freuds Theorie weiter und machte aus dem Über-Ich das *Eltern-Ich,* das sich in eine kritische und eine fürsorgliche Seite aufteilt. Aus dem Ich wird bei Berne das *Erwachsenen-Ich* und aus dem Es das *Kindheits-Ich,* das sich in *angepasst, rebellisch* oder *glücklich* gliedert. Grafisch sieht das so aus:

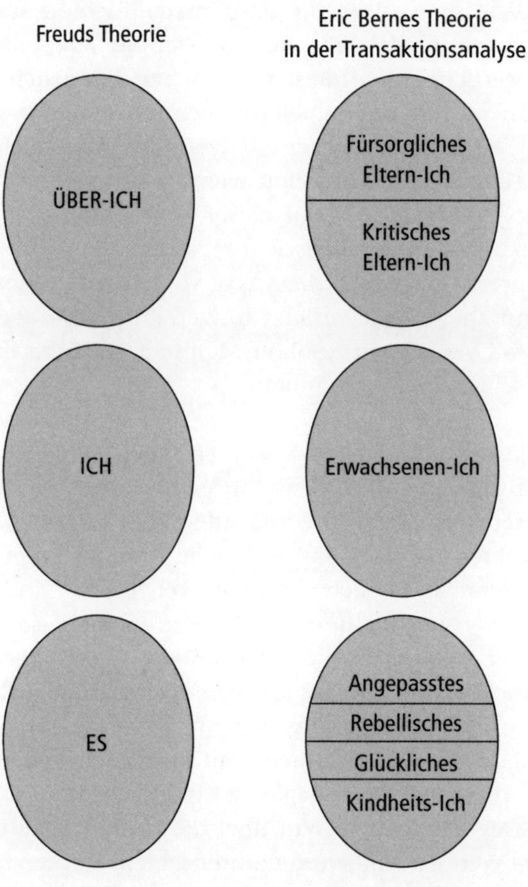

Da es in Bernds Kindheit wenig Raum für Gefühle und fröhliche Spiele gab, prägte sich bei ihm sehr schnell ein großes Über-Ich in der Form des kritischen Eltern-Ichs aus. In einer starren, rigiden Umgebung lernen Kinder, dass sie nur erwünscht sind und geliebt werden, wenn sie sich so verhalten, wie es die Eltern erfreut. Manche brechen später aus und entwickeln sich genau zum Gegenteil dieses Wunschbildes, aber bei Bernd ist das nicht der Fall. Er wird schon in der Schule zu einem kleinen Erwachsenen, der sich vor der Welt dadurch beweist, dass er noch strenger und gewissenhafter ist, als es seine Eltern sich ersehnen konnten.

Dieses stark ausgeprägte kritische Eltern-Ich ist ihm auf der einen Seite nützlich, so wird er ein gefürchteter Richter, andererseits allerdings macht er sich mit diesem Charakterzug keine Freunde. Viele Menschen sind diesem kritischen Eltern-Ich in ihrem Leben begegnet und haben gelernt, sich mit unterschiedlichsten Abwehrmechanismen dagegen zu wehren – wie auch Daphne sich gegen den strengen Apollon wehrt, indem sie sich in einen Lorbeerbusch verwandelt. Mit dieser Verwandlung entzieht sie dem Perfektionisten symbolisch ihre wahre Persönlichkeit, gibt sich nicht preis – zu groß ist die Angst, von diesem Besserwisser in der empfindsamen Seele verletzt zu werden. Und so wendet sich manche Frau von einem Apollon-Mann ab und lässt ihn alleine zurück in seiner Vollkommenheit.

Wenn Menschen kommunizieren, entscheiden sie durch ihre Körperhaltung, ihren Tonfall und ihre Stimmlage, ob sie als Sender mit ihrer Botschaft den vernünftigen Erwachsenen, den fürsorglichen Elternteil oder das glückliche Kind im Empfänger adressieren oder aber das sich wehrende, rebellische Kind oder den kritischen Elternteil. In Bernds Fall wird es meist so sein, dass er mit seiner Apollon-Energie den anderen entweder sofort in sein rebellisches Kind oder ins kritische Eltern-Ich schickt. Nur bei Melissa war es eine Ausnahme, da sie vor ihrer Therapie gewohnt war, auf diese Art der Ansprache mit dem angepassten Kind zu reagieren. Aber auch das angepasste Kind ist auf Dauer kein guter Partner, da es seine ganze Wut über die Unterdrückung anstaut und das Schwert der Vergeltung hinter seinem Rücken bereithält.

Weil es den wenigsten Menschen Spaß macht, sich ständig gegen einen Besserwisser verteidigen zu müssen, suchen sie schnell das Weite. Grafisch sieht Bernds Kommunikation wie folgt aus:

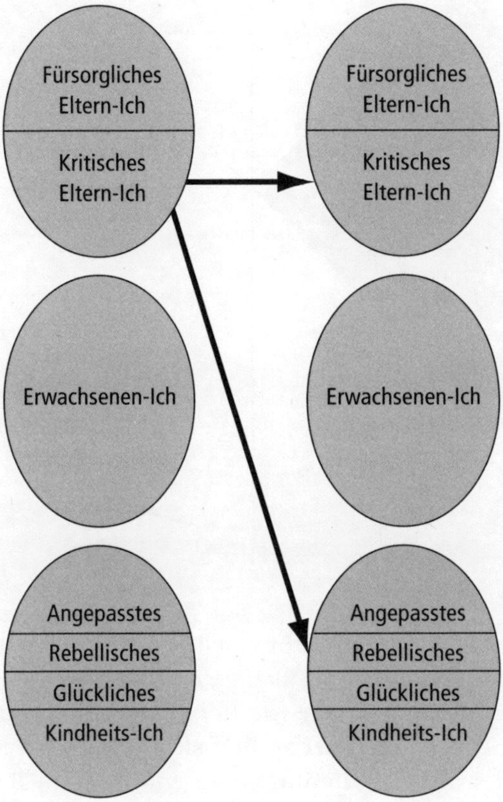

Bernd und die Frauen

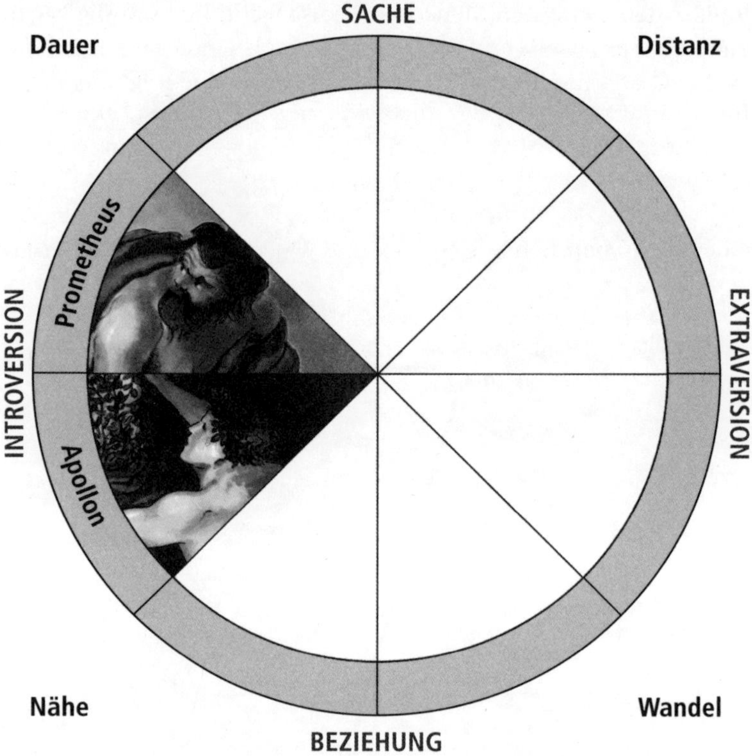

Wie die Abbildung zeigt, steht er alleine auf weiter Flur. Seine erste Frau Melissa ist vermutlich eine Muse oder Psyche. Da ihr Vater ein ähnlicher Typ war wie Bernd, vermutlich ein Apollon mit ziemlich viel Ares-Energie, hat sie früh gelernt, sich anzupassen, um seiner Gewalttätigkeit zu entgehen. In Bernd erlebt sie das gewohnte Muster ohne die Schläge. Da sie nichts anderes kennt, erscheint ihr das zunächst wie das Paradies. Und so ist es nicht verwunderlich, dass sie sich bei Bernd geborgen fühlt. Als sie dann eine Therapie macht und erfährt, wie und warum sie in einer solchen Beziehung lebt, trennt sie sich. In der Therapie wird ihr klar, wie sie versucht, ein gelerntes negatives Muster immer wieder herzustellen, nicht aus eigenem Willen heraus, sondern weil sie schlicht und ergreifend nichts anderes kennt. So ist es verständlich, dass sie ausbricht, um ihr Glück frei von Bevormundung zu finden. Bernd bleibt alleine zurück und weiß gar nicht, was er falsch gemacht hat.

Im Grunde macht er auch nichts falsch – er ist eben, wie er ist: korrekt und tadellos und das immerzu. Genau das können Menschen aber so gut wie gar nicht ertragen, weil sie sich dadurch klein und schäbig vorkommen. Niemand möchte ständig das Ideal eines Menschen neben sich haben, das über jeden Zweifel erhaben ist. Erstens ist ein so perfekter Mensch todlangweilig, zweitens macht er einem selbst ein schlechtes Gewissen wegen der eigenen Unzulänglichkeiten.

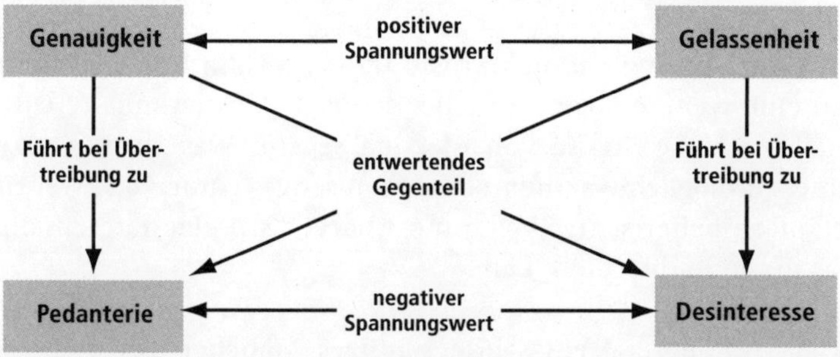

Bernds Spannungsquadrat

Bernds Weg aus seinem Verhaltensmuster

Sobald es ihm gelingt, die Menschen so sein zu lassen, wie sie eben sind, kann Bernd sein Leben genießen und andere können sich bei ihm entspannen. Indem er ein wenig von der ihm verhassten Dionysos-Energie gewinnt, werden sich seine Körperhaltung, sein Tonfall und mit der Zeit auch die Wahl seiner Worte verändern und die Menschen werden lieber mit ihm zusammen sein.

Zusammenfassung der Muster

Eric fasst zusammen:

- Bei Oliver ist es der Klassiker: der Mann zwischen zwei Frauen.
- Mark fragt sich, ob er sich dem weiblichen Element öffnen soll oder ob er lieber so weitermacht wie bisher. Erfolgreich war er damit bislang ja immer.

- Florian ist insgesamt unsicher, was er vom Leben erwartet.
- Bernd wägt ab, ob er sich mit einer in seinen Augen sehr widersprüchlichen Frau treffen möchte, und damit, ob er bereit ist, sein Wesen ein wenig zu hinterfragen oder eben nicht.

Eric macht den vieren noch einmal sehr deutlich, dass er mit all seinen Übungen nur ein wenig Licht in die dunklen Ecken ihrer Seele bringen könne, wodurch Entscheidungen leichter fielen. Entscheiden müssten sie sich aber selbst.

Das Tetra-Lemma-Szenario

Zwischen Skylla und Charybdis

Zur Einstimmung auf die nächste Übung erzählt Eric den Freunden eine weitere Sage: Auf einer seiner Irrfahrten musste Odysseus durch die Straße von Messina segeln. Was zu dieser Zeit schier unmöglich war, denn die Meeresenge wurde von zwei Ungeheuern beherrscht: Skylla und Charybdis. Beide töteten alles, was ihnen in die Quere kam.

Skylla war einmal ein schönes junges Mädchen gewesen, das Glaukos liebte. Aber auch Circe liebte ihn, und aus Eifersucht vergiftete sie das Meer, in dem Skylla gern badete. Als diese nach einem Bad aus dem Wasser stieg, war sie entstellt. Ihr Oberkörper war noch der einer schönen jungen Frau, aber aus ihrem Unterleib wuchsen ihr sechs Hundeköpfe und zwölf Hundefüße. So erniedrigt, wurde aus dem liebenswerten Mädchen ein verbittertes böses Ungeheuer, das jedes Schiff angriff, um das ihr angetane Unrecht zu rächen.

Das zweite Ungeheuer, Charybdis, war eine Tochter von Poseidon und Gaia. Ihr oblag die Vergrößerung von Poseidons Reich, sie sollte das Land überfluten. Damit sie ihre Aufgabe besser erfüllen konnte, verwandelte der Meeresgott sie in ein Monster. So sog sie dreimal am Tag das Meerwasser ein, um es danach brüllend wieder auszustoßen. Schiffe, die in ihren Sog gerieten, waren verloren.

Zusammen waren die beiden unüberwindbar. Alles, was der Charybdis entging, griff sich Skylla. Die Redewendung »zwischen Skylla und Charybdis« steht heute noch für eine ausweglose Situation zwischen zwei Gefahren. Es ist, wie zwischen Pest und Cholera wählen zu müssen.

Odysseus entschied sich für die Skylla und opferte so nur sechs seiner Seeleute. Da aber auch er seinem Schicksal nicht entgehen konnte und Poseidon sein großer Feind war, erwischte ihn später dann doch noch die Charybdis – auch das überlebte er, indem er sich an den Mast seines Schiffes band und mit diesem wieder ausgespuckt wurde.

Die nächsten Übungen macht Eric jeweils mit jedem der vier allein. Es geht dabei stets um die Klärung von Entscheidungssituationen.

Traumreise in ein Tetra-Lemma-Szenario

Mit Oliver und Mark baut er dafür ein Tetra-Lemma-Szenario auf. Die Tetra-Lemma-Aufstellung wurde von Matthias Varga von Kibéd entwickelt und hilft mit systemischer Weisheit, Lösungen in verfahrenen Situationen zu finden. Es geht hierbei zunächst darum, zwei alternative Lösungsmöglichkeiten mit Bodenankern zu platzieren. Dabei ist die erste Position meist der Status quo, die zweite Position dann die zur Debatte stehende Alternative. Darüber hinaus wird jetzt eine dritte Position belegt, die sowohl Alternative eins als auch zwei einschließt, und eine vierte Position, in der man sich weder für eins noch für zwei entscheidet. Das Ganze erfolgt in einer geführten Trance, in der die Probanden sich ihr Leben ansehen, wie es in den verschiedenen Positionen ausgesehen hätte (Vergangenheit) oder aussehen könnte (Zukunft).

Die therapeutische Intervention liegt nun in einer neuen, fünften Position: Diese enthält weder Alternative eins noch Alternative zwei, aber auch nicht beides (Position drei) und selbst nicht keines davon (Position vier). Der Verstand mag an dieser Stelle sagen, dass es das logischerweise nicht gibt. Aber genau darum geht es: dem Unterbewusstsein die Chance zu geben, eine kreative neue

Lösung zu finden – und dabei zu unterstellen, das Ursprungsproblem habe gar nichts mit den beiden Alternativen zu tun.

Tetra-Lemma nach Vargas von Kibéd

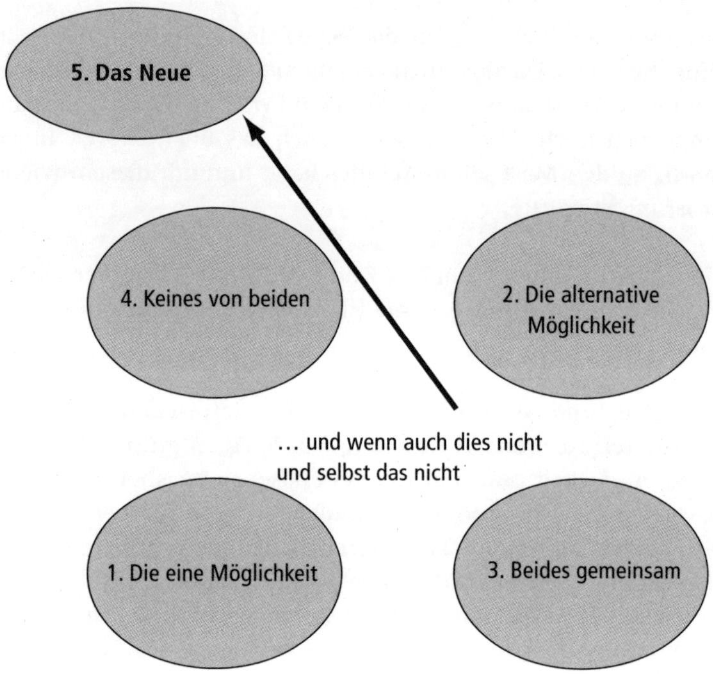

Oliver zwischen zwei Frauen

Bei dieser Übung fragt Oliver sich: Wo liegt für mich das Glück – bei Bettina, meiner Frau, oder bei Julienne, meiner Geliebten?

Erste Position: Entscheidung für Ehefrau Bettina

Die erste Position belegt er mit dem Status quo: Er bleibt bei seiner Ehefrau und verzichtet auf Julienne, sie ist ja sowieso weg – in London. Er schließt die Augen und lässt Bilder entstehen, so wie Eric es ihm sagt. Er sieht sich, wie er abends heimkommt in das vertraute Haus, die Kinder und seine Frau sind da – so wie immer.

Bettina ist unauffällig, sie ist einfach da. Er gehört dazu, so wie der Tisch und der Stuhl. Er sieht sich auf dem Stuhl sitzen – und doch sieht er sich kaum. Die Umrisse haben an Kontur verloren, irgendwie blass sieht er aus. Und dann geht er weiter auf dieser Zeitreise, die ihm einen kleinen Blick in die Zukunft gewährt. Er sieht sich älter, seine Kinder immer größer werden, schließlich verlassen sie das Haus. Dann sind da nur noch er und Bettina. Er sieht sich an – er sieht Bettina an. Schaut in die Gesichter. Bettinas Augen sind ohne Glanz, sie sieht nicht glücklich aus, sondern ausdruckslos, verbittert. Er blickt in sein Gesicht: Auch seine Augen haben ihr Strahlen verloren, sind blass und grau – wie seine Haare. Schließlich sieht er die Zeit, wo er nicht mehr arbeiten geht und jeden Tag zu Hause ist. Das Haus ist leer und still – die Kinder sind lange weg. Mit ihnen ist die Lebendigkeit gegangen und die Zärtlichkeit. Dann sieht er, wie er sich Bettina nähert. Es hat sich nichts geändert. Sie weicht irgendwie zurück. Sie hat noch nie einen Schritt auf ihn zu gemacht und dabei ihn gemeint – nur die Dinge, die er für sie tun sollte –, nie ihn als Mann. So ist es auch jetzt: Er nähert sich ihr und sie weicht zurück. Es hat damals weh getan, das erste Ausweichen, die erste Verweigerung erhoffter Zärtlichkeit. Heute spürt er den Schmerz nicht mehr – nicht einmal der Schmerz ist ihm geblieben. Es ist nichts mehr zu spüren, überhaupt nichts mehr zu spüren.

In all diesem Nichts fällt ihm auf einmal Juliennes Name ein – aber nur der Name. So sehr er sich auch anstrengt, er kann ihr Gesicht, ihren Körper nicht fassen, oder wenn, dann nur ganz kurz – sie ist nicht mehr vorhanden. Als hätte es sie nie gegeben – nur ein wenig Wehmut erfasst ihn bei dem Gedanken an etwas, von dem er gar nicht mehr weiß, ob es wirklich geschehen ist. Es kommt ihm vor wie ein wunderschöner Traum, aus dem man erfüllt erwacht, ihn festhalten will, aber im nächsten Moment ist er für immer verloren.

Nein, diese Position fühlt sich ganz und gar nicht gut an – weder für ihn noch für Bettina. Sie hätte andere Möglichkeiten gehabt, hatte ihr ganzes Leben nur nach ihm ausgerichtet, und wofür? Dafür, dass sie sich heute nichts mehr zu sagen hatten. Für die

Kinder, ja – dafür hatte es sich gelohnt. Sie waren wunderbar und hatten ihren Platz im Leben gefunden. Aber was hatten sie beide aus ihrem eigenen Leben gemacht? Von den Frauen, mit denen er Bettina nach Julienne betrogen hat, hat sie genauso wenig mitbekommen wie von Julienne. Und warum auch, hat er doch in jeder neuen Affäre immer nur Julienne gesucht!

Zweite Position: Julienne als einzige Frau

Wieder schließt Oliver die Augen und wartet auf die Bilder, die sich ihm offenbaren. Er sieht sich aus dem Haus ausziehen. Seine Frau reagiert ungewöhnlich verständnisvoll. Sie lässt ihn gehen – ohne Vorwürfe –, mit den Kindern trifft er sich regelmäßig, immer allein. Sie mögen Julienne nicht. Das versteht auch jeder. Es ist irgendwie in Ordnung. Am Anfang, da ist es schwierig – dann funktioniert es, vor allem, als die Kinder eigene Wege gehen, ihre eigenen Familien gründen. Mit Julienne ist es von Beginn an wunderschön. Sie liebt ihn sehr, ist lebendig zugewandt und so aktiv. Oliver ist ihr wichtig, sehr wichtig. Aber es gibt auch andere Dinge, die für sie und auch für ihn von Bedeutung sind. So verreisen sie beide viel gemeinsam – aber auch alleine. Sie kämpfen für ihre Themen, manchmal zusammen, manchmal jeder für sich. Das gemeinsame Haus, das sie sich einrichten, ist geräumig. Es bietet genügend Platz, damit sich jeder von ihnen zurückziehen kann, wenn er das Bedürfnis danach hat. Beide wissen, wie wichtig es für sie ist, auch einmal allein zu sein und das eine oder andere Abenteuer ohne Hilfe zu bestehen. Aber sie kommen immer wieder in ihr gemeinsames Heim zurück und berichten einander von ihren beruflichen Kämpfen, Siegen und auch von den Niederlagen. Sie trösten sich und geben sich gegenseitig Kraft.

Es gibt auch eine dunkle Stelle in der Beziehung. Julienne wird das schlechte Gewissen nicht los, weil Oliver durch sie die heldenhafte Rolle im Leben seiner Kinder eingebüßt hat. Aber sie sprechen offen über alles, und so weiß er, dass er richtig gehandelt hat. Er blickt sich selbst ins Gesicht, und es ist lebendig, sieht er Julienne an, so wirkt sie, als wolle sie niemals älter werden.

Dritte Position: beide

Oliver schließt erneut die Augen, und auf einmal ist wieder alles so, wie es war. Er sieht sich zu Hause aus und ein gehen, dann wieder ist er bei Julienne. Er trifft sie überall. Sie lieben sich. Es ist wunderbar – ziemlich lange. Dann geht er auf der Zeitschiene weiter. Und plötzlich verdüstert sich die Szene. Er kann zwar alles tun, was er möchte, aber irgendwie verblassen die Farben in dem Film. Er blickt in das Gesicht seiner Frau und sieht ihre Ablehnung. Er will sie etwas fragen, aber er dringt nicht zu ihr durch. Es scheint so, als könne sie ihn gar nicht hören. Ja, er selbst hört seine Stimme nicht. Dann sieht er Julienne: das Gleiche. Sie ist da, aber auch ihr Gesichtsausdruck zeigt diese Ablehnung. Er will sie fragen, was er denn falsch macht? Aber er erreicht auch sie nicht. Sie ist noch da – aber doch so weit weg. Dann sieht er sein eigenes Gesicht. Und er erkennt einen Mann, der sich alles vom Leben genommen hat und dabei hart geworden ist. Und hinter der Härte, da erblickt er noch etwas anderes. Er sieht das schlechte Gewissen. Weil er zwei Frauen hat? Nein, das ist es nicht. Es ist, dass er, ein wahrheitsliebender und aufrichtiger Mann, viele Jahre mit Lügen verbracht hat. Er hat seine Frau belogen, die sowieso die Wahrheit nicht wissen wollte, manchmal hat er Julienne angelogen, weil es dann einfacher für sie war. Aber am meisten hat er sich selbst belogen, war den bequemen Weg gegangen, hat sich nie gefragt, warum er diese beiden Frauen braucht. Was es für ihn bedeutet, was es für sie bedeutet. Er hat sie genommen und da sie nicht gegangen sind, ist alles beim Alten geblieben. Oliver weiß, dass auch das keine Lösung ist – schüttelt sich und geht auf die nächste Position.

Vierte Position: keine von beiden

Er schließt widerwillig die Augen. Auf diese Position will er nicht. Er sieht sich wieder ausziehen, aber diesmal nicht freiwillig. Seine Frau wirft ihn hinaus, macht ihm Vorwürfe, er habe sie nur betrogen. Sie hat recht. Er geht. Will zu Julienne, aber er findet sie nirgends. In dem Haus, in dem sie gewohnt hat, ist sie nicht mehr. Er fliegt nach London, sucht sie – aber sie ist nicht mehr da. Er wehrt sich, will sich diese Situation nicht ansehen – verdammt, Julienne, wo bist du? – Aber sie ist nicht da. Ihr Bild verschwindet. Er muss alleine sein. Erst nach langem Zögern nimmt er diese Herausforderung gedanklich an. Er lebt allein, geht alleine einkaufen, kocht alleine, niemand ist da, den er anrufen könnte. Er trifft andere Frauen, aber sie sind nicht so, wie sie sein sollten.

Dann sieht er sich an einem Strand sitzen und aufs Meer schauen. Alleine, ganz alleine. Niemand um ihn herum, nur ein paar Möwen – und da besinnt er sich auf sich selbst. Wer war er? Was war ihm wichtig? Warum diese zwei Frauen? Warum hatten sie ihn verlassen – oder hatte er sie verlassen?

Er lässt den Schmerz zu, ohne zu denken, taucht ein in sein Gefühl. Alles gleitet an ihm vorbei, die Verletzungen der Vergangenheit, seine Kindheit, die Mutter, der Vater, alles. Er merkt, wie sehr er sich sehnt, nach Julienne und auch nach Bettina – aber im Grunde war doch alles da, in ihm selbst. Er muss nur endlich wieder herankommen an das Gefühl – das Gefühl für sich selbst. Das kann nur er alleine. Und so weiß er, er muss noch eine Zeit lang alleine sein und sich erlauben, zu fühlen, traurig zu sein, nicht zu handeln, sich selbst nicht über seine Handlungen zu definieren, Liebe nicht mit Verantwortung zu verwechseln und nicht eine Frau seine eigenen Tränen weinen zu lassen.

Wenngleich auch diese Position für Oliver keine wirkliche Lösung bringt, so fühlt er sich hier doch zum ersten Mal wahrhaftig als er selbst.

Fünfte Position: und auch dies nicht und auch das nicht

Rein logisch gibt es diese Position bei der Frage nach zwei Möglichkeiten überhaupt nicht. Aber er schließt die Augen, und erst einmal kommt gar nichts, nur eine angenehme Müdigkeit, Leichtigkeit und Leere. Dann erscheinen langsam Bilder. Er sieht sich mit einem Körper, der irgendwie unvollständig ist. Es fehlt ihm ein Teil in der Brust – das aussieht wie ein Dreieck. Und es fehlt ihm ein Stück kurz oberhalb seiner Körpermitte. Dann sieht er Bettina, und die hat nun genau dieses Dreieck – und er will schon darauf zugehen. Aber er lässt es. Dann sieht er Julienne. Sie hat das runde Teil, das ihm fehlt. Und auch hier bremst er den Impuls, sich zu holen, was er vermisst. Er bleibt einfach stehen, besinnt sich auf sich selbst, konzentriert sich auf diese fehlenden Stellen, und je mehr er sich darauf konzentriert, desto mehr schließen sich diese Stellen und er wird vollständig – ganz aus sich heraus. Und dann sieht er Bettina und Julienne. Zum ersten Mal sieht er sie wirklich, nicht als diejenigen, die ihn ergänzen. Er sieht beide in ihrer Schönheit und bemerkt ihre fehlenden Ecken. Und statt ihnen zu geben, was ihnen fehlt, schickt er ihnen die Kraft, sich auf sich selbst zu konzentrieren, und so können sie ihre Lücken schließen genauso wie er seine.

Jetzt ist er frei, und die beiden Frauen sind es auch. Auf eigenartige Weise kann er jetzt auf einmal alleine bleiben oder zu seiner Frau gehen oder zu Julienne oder auch zu beiden. Es ist alles möglich, weil er aufhören kann, das, was ihm fehlt oder was die eine ihm nimmt, bei einer anderen zu suchen.

Mark zwischen Verachtung und Verständnis

Mark stellt sich, wie Eric es gesagt hat, die Frage, ob es für ihn sinnvoll ist, seine Frauenverachtung abzulegen und sich der neuen Situation zu stellen. Er hat in den vergangenen Tagen deutlich gemerkt, dass er mehr als die anderen Schwierigkeiten hat, einer Frau zu vertrauen. Etwas unsicher lässt er sich auf die Trance ein und besetzt folgende Positionen:

Erste Position: Ich werde Frauen weiterhin verachten

Mark schließt nach Erics Anweisungen die Augen und seine inneren Bilder führen ihn zurück in seine Kindheit. Er sieht sich als ganz kleinen Jungen. Er ist mit seiner Mutter alleine zu Hause, sie jammert wieder wegen irgendetwas herum und er findet das unerträglich. Nie kümmert sie sich wirklich um seine Bedürfnisse. Dann kommt der Vater nach Hause, er ist betrunken und fängt Streit an. Er sieht, dass Mark sein Spielzeug im Zimmer herumliegen lassen hat, und schlägt ihn ins Gesicht. Mark traut sich nicht, sich zu wehren, zu stark und wütend ist der tobende Mann. Seine Mutter heult wie immer und er flüchtet sich in sein Zimmer. Schnell springt er in seinen Gedanken weg von diesem Bild und sieht sich nun mit seiner ersten großen Liebe, Isabelle, vor dem Scheidungsrichter. Er hatte damals nicht viel, aber das Wenige hat sie ihm durch ihren Rechtsanwalt genommen. Er blickt ihr ins Gesicht und entdeckt dort so viel Schmerz und Wut. Dann ziehen die Bilder weiter und er sieht die vielen Frauen, mit denen er Affären hatte. Er schaut der Reihe nach in ihre Gesichter.

Am Anfang, wenn er gerade eine Frau kennengelernt hat, ist sie meist fröhlich und unbeschwert. Manche ist frech, manche eher melancholisch. Und dann sieht er jeder ins Gesicht in dem Moment, in dem er sich von ihr trennt, und in jedem Gesicht liest er diese Anklage, den Vorwurf, diese Frau tief verletzt zu haben. Er sieht sich die Gesichter an wie in einer Ahnengalerie: vorher und nachher. Das erfüllt ihn mit Genugtuung – aber auch mit Scham. Schnell sucht er nach neuen Bildern.

Er sieht sich jetzt in der Präsentation mit jener Rebecca Winterfeld-Krone. Obwohl er sie nicht kennt, bekommt sie ein Gesicht. Dieses Gesicht ist anders. Er weiß, diese Frau wird er mit seinen Tricks nicht besiegen. Mit diesem Gefühl geht er in die Präsentation. Er sieht sich präsentieren, er sieht und spürt, wie er das Gefühl für sich selbst verliert, und er erblickt ihre triumphierende, aber irgendwie auch fast mitleidige Miene. Er erkennt, wie sie mit den Daumen nach unten zeigt und den nächsten Gladiator in die Arena bittet. Das erste Mal empfindet Mark anders für eine Frau als sonst. Seine Wut über die Niederlage wandelt sich in Hochachtung für eine Frau, die es in einer Männerwelt so weit gebracht hat, aber den Auftrag bekommt er trotzdem nicht. Als er aus der kurzen Trance erwacht, ist ihm ganz schlecht und er schüttelt sich erst einmal.

Zweite Position: Ich werde zum Frauenversteher

Ziemlich erledigt begibt er sich wieder in Erics Obhut und beginnt erneut Bilder in sich aufsteigen zu lassen. Obwohl er das gar nicht bewusst will, kommt wieder diese eine Szene mit seiner Mutter. Aber irgendwie sieht sie diesmal anders aus. Er ist wieder bei ihr zu Hause und sie versucht ihm etwas zu erklären, weil sie aber diese unerträgliche Stimme hat, mag er nicht zuhören und wirft seine Holzklötzchen im Raum herum. Da kommt der Vater nach Hause und versetzt ihm eine Ohrfeige, worauf er fluchtartig das Zimmer verlässt. Aus den Augenwinkeln sieht er jetzt, dass seine Mutter die Klötzchen für ihn aufsammelt. In seinem Zimmer hört er, wie sein Vater herumpoltert und seine Mutter versucht, ihn zu beschwichtigen. Er will zu Mark, aber sie lässt es nicht zu, und so prügelt er stattdessen auf sie ein. Mark wird ganz schwindlig, wo kommen auf einmal diese Bilder her? So hätte es natürlich auch sein können. Es ist so lange her, und wenn der Vater wieder nüchtern war, dann war immer alles ganz normal. Danach sieht er sich mit Isabelle am Traualtar stehen. Er erblickt ihr Gesicht hinter dem kleinen Schleier – sie ist eine sehr schöne Frau, mit so hoffnungsvollen großen Augen. Dann sieht er sie vor dem Scheidungsanwalt und aus ihren Augen ist alle Hoffnung und jedes Funkeln verschwunden. Sie blicken nur noch traurig und zutiefst gekränkt. Warum, fragt er sich, und sieht eine weitere Szene. Er hat damals wie heute sehr viel gearbeitet, war so gut wie nie zu Hause und hatte auch keine Lust, sich mit ihren Sorgen und Nöten auseinanderzusetzen. Sie fing immer damit an, dass sie gerne ein Kind hätte. Und je häufiger sie das ansprach, desto schroffer wurde er zu ihr, und so zogen sie sich voneinander zurück. Richtig reden konnten sie nicht darüber. Und dann hatte er eine kleine, völlig unbedeutende Affäre. Aber davon wusste sie doch nichts, oder etwa doch? Dann sieht er die Frauen, die nach Isabelle kamen, und überall fällt ihm diese Enttäuschung in den Gesichtern auf. Er stellt sich vor, wie es gewesen wäre, hätte er anders gehandelt, hätte er seiner Mutter ihre Schwäche verziehen und mit seiner Frau ein Kind bekommen. Die Bilder wollen aber nicht so recht gelingen. Das Bild, das er da von sich selbst sieht, wirkt wie eine Karikatur.

Dann sieht er sich in diesem Zustand in die Präsentation gehen, angepasst, fast devot präsentiert er seine Ideen – mit dem Erfolg, dass Rebecca Winterfeld-Krone ihn mitleidig anlächelt und den nächsten Kandidaten in den Raum bittet. So wird das also auch nichts. Eric, was machst du hier eigentlich für einen Schwachsinn mit uns?

Dritte Position: beides

Völlig entnervt begibt Mark sich auf die nächste Position. Beides. Also manchmal darf ich sie verachten und wütend sein und manchmal nicht. Er sieht sich wieder mit seiner Mutter – und versucht ein wenig Verständnis für sie zu entwickeln und ihr ihre Schwäche zu verzeihen. Es gelingt ihm halbwegs, wenn auch das Gefühl von Liebe für sie ausbleibt. Eines erkennt er allerdings ganz deutlich: Sie hat nicht gegen ihn gehandelt. Sie hat so gehandelt, weil sie nicht anders konnte. Sie war auch nur ein

Opfer ihrer selbst und eines Mannes, dem er immer ähnlicher wurde.

Er fragt sich, wie seine Ehe ausgegangen wäre, wenn er das damals schon so gewusst hätte. Und er sieht wieder Isabelle vor dem Traualtar mit diesem ansteckenden hoffnungsvollen Lächeln um die Augen. Sie waren beide so jung. Dann sieht er die Szenen zu Hause, wie sie sich streiten, weil sie ein Kind möchte und er nicht. Doch auf einmal ist seine Abwehr gegen ein Kind gar nicht mehr so groß, und er sieht sich mit ihr reden. Statt zu einer Geliebten zu gehen, setzt er sich mit Isabelle auseinander, und sie lassen sich nicht scheiden. In diesem Lebensentwurf erscheinen die anderen Frauen nicht und er hat das Finanzdienstleistungs-Marketingkonzept schon vor einem Jahr auf die weibliche Schiene umgestellt.

Als er hier aus der Trance auftaucht, geht es ihm besser und er will schon aufhören, weil er glaubt, eine Lösung gefunden zu haben. Aber Eric lässt ihn nicht hinaus und so bewegt er sich tapfer auf die nächste Position.

Vierte Position: keines von beiden

Hier erscheinen sehr lange keine Bilder. Es entsteht einfach nur Leere. Sein Leben dreht sich auf einmal gar nicht mehr um Frauen. Sie sind alle aus seinem Blickfeld verschwunden. Er konzentriert sich auf seine männlichen Kunden. Es ist so, als ob es gar keine Frauen mehr auf der Welt gäbe. Das Bild seiner Mutter verschwindet, Isabelles Bild ist auch nur noch ganz blass und die anderen Frauen sind überhaupt nicht vorhanden. Er sucht jeden Winkel ab, aber da ist nichts, kein Gefühl für Frauen, weder Zuneigung noch Verachtung. Irgendwie ist das ganz schön langweilig, eine Businesswelt, in der sich alles nur noch ums Geschäft dreht – sachlich, korrekt und distanziert. Puh, er schüttelt sich, das möchte er auf gar keinen Fall.

Fünfte Position: und auch dies nicht und auch das nicht

So ist Mark froh, als er auf die letzte Position gehen kann. Logisch gesehen, gibt es diese ja eigentlich gar nicht. Aber er ist schon so erschöpft, also macht er mit, folgt Erics Stimme und gelangt in seine eigene Innenwelt. Zum ersten Mal nimmt er das Weibliche nicht außerhalb seines Körpers, sondern irgendwie in sich wahr. Dort sind nicht die Frauen, die er kennt, sondern er findet eine Tür, die er öffnen kann und die ihn in sein weibliches Zimmer führt. Dort fühlt er sich selbst ganz anders an als in der Außenwelt. Er entdeckt noch ein zweites Zimmer, sein männliches Zimmer, aber auch das fühlt sich anders an, als er es bislang gewohnt war. Und so geht er erst in das weibliche Zimmer. Darin sieht es sehr wohnlich aus, ohne irgendwie überladen oder kitschig zu wirken. Er kann sich dort niederlassen und hat die Erlaubnis, vor sich selbst ganz einfach nur zu sein, nichts tun zu müssen. Es gibt verschiedene Sessel, auf die er sich setzen kann. Der eine heißt »Traurigkeit«, der andere »Hoffnung«, der nächste »Stille«, ein anderer »Verzweiflung«. Er setzte sich auf die »Stille« und genießt es, einmal gar nichts leisten und denken zu müssen. Er kann hier einfach sitzen und es fühlt sich sehr entspannend und wohltuend an. Danach wagt er sich auf »Traurigkeit«, und es überkommt ihn eine große Schwere, und auf einmal fühlt er sich, als wäre er Isabelle und spürte ihre Verletzungen, die durch seine Worte und Taten entstanden sind. Er bleibt sitzen und will das jetzt einfach aushalten. Als er da eine Weile sitzt und die Schwere ihn zu erdrücken droht, entdeckt er noch einen Stuhl, den er vorher nicht gesehen hatte. Der Name, der darübersteht, ist »Vergebung«, und er flüchtet sich dorthin. Zunächst geschieht gar nichts. Zu schwer lastet all die Traurigkeit auf ihm. Doch als er auch das aushält, spürt er, wie die Schwere nach und nach schwindet und sich statt ihrer ein warmes und wohltuendes Gefühl ausbreitet. Da er es niemals zuvor gespürt hat, kann er es nicht benennen – aber es ist ja schon benannt. Es ist die Vergebung.

Als er aus dieser Vorstellung auftaucht, fühlt er sich eigenartig berührt und hat das dringende Bedürfnis, alleine zu sein. Und so geht er ein wenig am See spazieren. Dort wird ihm klar, dass ihm dieser Raum jeder Zeit offensteht und er damit seine Autonomie – die ihm so wichtig ist – für immer behalten kann. Dieses Geschenk der Freiheit durch die weibliche Kraft in sich lässt ihn freundlich und warm auf die Frauen seines Lebens blicken.

Bernd zwischen Zwang und Hingabe

Einfache systemische Problem-aufstellung

Als Bernd an der Reihe ist, verändert Eric das Szenario ein wenig. Er besetzt nur drei Positionen:

- Erste Position: das erste Extrem
- Zweite Position: genau das Gegenteil dessen, versehen mit einer großen Ressource
- Dritte Position: die Stärken aus beiden vereint

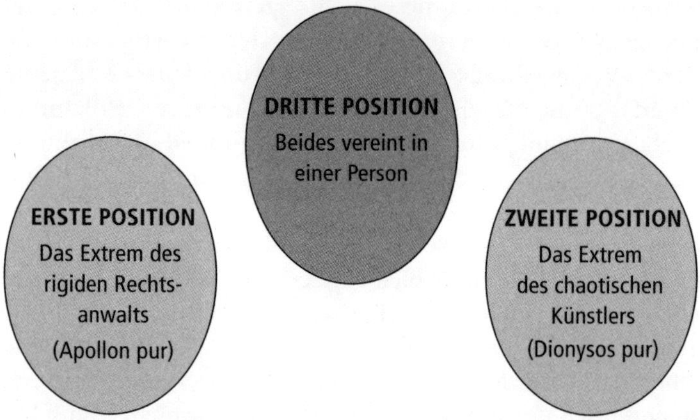

Bernd weiß zunächst nicht, wie er die Positionen besetzen soll. Die Frage, ob er nun mit der Rechtsanwältin Kaffee trinken gehen sollte oder nicht, scheint ihm doch zu banal. Da macht ihm Eric einen Vorschlag. Nun belegt er die beiden Positionen einerseits mit den für ihn typischen Eigenschaften und andererseits mit dem genauen Gegenteil dessen, was ihn ausmacht, seinem Gegentypus. Auf der einen Seite steht er selbst. Für sein Gegenbild fällt ihm auch sofort eine Person ein, es ist der amerikanische Maler Jackson Pollock, den er seit frühester Jugend sehr bewundert, wobei er sich immer gefragt hat, warum ihm gerade diese abstrakte Kunst gefällt, die so gar nicht seinem Wesen entspricht. Aber genau das kann er ja jetzt herausfinden: Er als Lebensersotiker und wilder Maler – es wird ihm ein wenig eigenartig zumute bei dem Gedanken, aber es ist ja nur eine Übung, was kann schon passieren?

Erste Position: Es bleibt alles, wie es ist

Bernd schließt die Augen und schaut sich sein Leben von der Kindheit bis heute an. Es scheint so, als seien alle Ereignisse und besonders die Geburtstage der besseren Ordnung halber an einer langen Kette aufgereiht. Er sieht sich als kleines, sauberes Baby in seiner Wiege liegen und sieht, wie er von seinen Eltern versorgt wird – aber irgendwie auch nicht mehr. Er bekommt körperlich, was er braucht – aber liebende Zuwendung ist da sehr wenig. So vergehen die Jahre, Tag für Tag, ordentlich, gleichmäßig, mit wenig Höhen und Tiefen. Seine Eltern sind gleichbleibend freundlich und distanziert – zueinander wie ihm gegenüber. Dann kommt er endlich in die Schule. Er sehnt diesen Tag herbei. Alle Kinder haben eine große bunte Schultüte mit Süßigkeiten darin – er hat eine kleine dunkelblaue mit Vollkorn-Roggenbrot, einer Banane und zwei Äpfeln. Das ist das erste Mal, dass die anderen Kinder ihn schief ansehen, bis auf ein Mädchen, das bietet ihm ein Bonbon aus ihrer Schultüte an. Als er ihr darauf erklärt, dass Zucker Karies verursacht, spricht sie nicht mehr mit ihm. Und so ergeht es ihm während der ganzen Schulzeit. Er ist die meiste Zeit allein. In den höheren Klassen, kurz vor dem Abitur, steigt sein Stern ein wenig, denn er ist immer noch Klassenbester und wer ihn freundlich fragt, dem hilft er auch. Er sieht, wie die anderen Jugendlichen auf Partys gehen, sich verlieben, aber er selbst steckt immer nur hinter seinen Büchern. Manchmal geht er mit einem Mädchen aus, aber immer nur einmal. Die meisten verabschieden sich ganz schnell von ihm. Dann trifft er Melissa, sie ist anders, wirklich nett und freundlich, ihm sehr zugewandt. Sie heiraten. Er sieht sich mit ihr in der Hochzeitsnacht. Sie scheint nicht wirklich viel Spaß an Sexualität zu haben, aber sie lässt es sich nicht anmerken. Bald ist sie schwanger, und mit der kleinen Tochter ändert sich das Leben schlagartig. Er sieht, wie Melissa immer unglücklicher und niedergeschlagener wird, bis sie schließlich zu diesem Therapeuten geht, der ihr dann wohl eingeredet haben muss, dass sie sich von ihm trennen soll. Und so ist er wieder alleine, zwar in Freundschaft mit Melissa verbunden, aber in sein Bett wird sie nie wieder kommen. Der Rest der Zeitschnur ist leer und grau. Er sieht sich durch die Jahre wandern, morgens aufstehen, in sein Büro oder zu Gericht gehen und abends wieder nach Hause – ohne Höhen und Tiefen: trostlos.

Zweite Position: Bernds Leben als Lebenserotiker

Bevor er auf diese Position geht, rät ihm Eric, ein Spiel zu spielen und einfach so zu tun, als hätte er als kleines Kind so viel chaotische Energie gehabt, dass ihm die Strenge der Eltern nichts anhaben konnte. Er führt ihn in diesen Zustand, indem er ihn fragt, wie sein Lieblingsmaler, Jackson Pollock, wohl seine Kunst geschaffen hat. Als Bernd Eric erzählt, wie Pollock gearbeitet hat, ankert dieser genau diese Energie bei Bernd für die folgende Traumreise.

Und so sieht sich Bernd wieder in diesem strengen Elternhaus, aber es ficht ihn nicht an. Es ist, als habe sich ein Schutzfilm über ihn gelegt. Er sieht sich selbst als Baby, das alles Gesunde ausspuckt, was ihm seine Mutter zu essen gibt, besonders, wenn es grün ist. Je rebellischer er wird, desto mehr Spaß macht es ihm und er sieht immer buntere Bilder von sich als Baby. Als dann jener erste Schultag kommt und das nette Mädchen ihm ein Bonbon anbietet, nimmt er es gerne an und reicht ihr dafür die ganze blaue Schultüte. Die Kinder haben Spaß daran, alles, was in ihren Schultüten ist, in die Mitte des Klassenzimmers zu werfen und alles zu teilen. Als die Lehrerin hereinkommt und fragt, wer den Schlamassel angefangen hat, meldet sich der mutige Bernd, um seine kleine Freundin zu schützen, denn eigentlich war sie es. Er wird in die Ecke gestellt – aber die Sympathie aller Kinder ist ihm sicher. Und so wird schon am ersten Schultag ein kleiner Held aus ihm. So bleibt es auch. Da ihm das Lernen sehr leicht fällt, muss er sich nie großartig anstrengen, um gute Noten zu schreiben. Klassenbester allerdings ist er nicht. Das ist ein kleiner Streber mit Brille, den keiner leiden kann. Richter wird Bernd allerdings auch nicht. Er sieht sich vielmehr als erfolgreichen Künstler à la Pollock mit vielen Frauen um sich herum. Und an dieser Stelle wacht er aus der Trance auf, schüttelt sich und sagt sich lächelnd, dass dieses Szenario ja wohl niemals der Wirklichkeit standhält. Das sollte es ja auch nicht, sondern nur aufzeigen, was auf der polaren Seite seines Verhaltens zu finden ist.

Dritte Position: beides

Nun soll sich Bernd noch einmal auf die Position eins und dann wieder auf die Position zwei stellen und die Eigenschaften, Gefühle und Eigenarten beider Seiten tief in seinem Bewusstsein verankern. So steigt er auf die dritte Position, deren Bodenanker zwischen den beiden anderen liegt. Hier verzichtet er auf die Reise in die Vergangenheit und begibt sich direkt in die Gegenwart. Er sieht Frau Konrad, die Rechtsanwältin. Weil er aus den vorherigen Trancesituationen beide Positionen, den Draufgänger und den Korrekten, noch ganz frisch in sich trägt, sieht er sich, wie er ganz mutig mit ihr in einem Café sitzt und sie plaudern. Er hat gar keine Lust, sich mit ihr über Juristerei zu unterhalten oder ihr zu erklären, wie die Weltpolitik aus seiner Sicht besser funktionieren würde. Stattdessen fragt er sie, ob sie sich für Malerei interessiert. Als sie nickt, fragt er weiter nach ihren Lieblingsmalern. Und es sind tatsächlich diejenigen, die ihm auch gefallen und über die er eine Menge weiß. Als sie ihm sagt, wie sehr sie sich für das Leben dieser Maler begeistert, erzählt er ihr von ihrem gemeinsamen Lieblingsmaler. Sie kommen in ein angeregtes Gespräch, wie er es vorher gar nicht kannte. Ihre Augen leuchten und sie sagt begeistert zu, als er sie bittet, mit ihm in eine Kunstausstellung zu gehen.

Wenn er auf der Zeitschiene weitergeht, so sieht er sich wie immer als korrekten Richter jeden Tag im Gericht sehr streng mit den Angeklagten, Staatsanwälten und Rechtsanwälten umgehen. Gleichzeitig aber weiß er, dass da noch ein anderer Bernd in ihm lebt und der sich auf den Abend mit seiner neuen Freundin freut. Sie werden gemeinsam kochen, in Ausstellungen gehen und jede Menge Spaß zusammen haben, auch im Schlafzimmer. Und auf einmal fühlt er, dass das alles überhaupt kein Widerspruch sein muss, wenn er sich nur die Erlaubnis dazu gibt, ab und zu den Talar auszuziehen.

Florian auf der Suche nach Sinn

Für Florian schlägt Eric ein anders Szenario vor. Es geht dabei weniger darum, sich zu entscheiden, ob er nun das Kind haben möchte oder nicht und ob er die Kränkung erträgt und in der Firma bleibt oder kündigt. Vielmehr muss Florian herausfinden, was er mit seinem Leben anfangen möchte. Wie möchte er leben? Was macht ihn wirklich glücklich? So schlägt Eric vor, mit Florian eine geführte Reise zu machen, die ihm all die entscheidenden Fragen stellt, seine Werte herausarbeitet, wobei er dann feststellen kann, wo seine wirklichen Leidenschaften liegen.

Florians Traumreise

Florian fällt es leicht, sich in Trance zu versetzen. Er legt sich dazu auf eine Matte und folgt Erics Stimme. Der zählt ihn auf einer Treppe von eins bis zehn hinunter, tiefer und tiefer in sein Unbewusstes, das sich Florian nach der letzten Stufe als ein bunter großer Flur darstellt mit vielen Türen. Hinter jeder dieser Türen verbirgt sich eine andere Aufgabe oder auch ein Lebensentwurf. Die Namen an den Türen erscheinen wie von selbst, und so wählt er als Erstes die Tür mit der Aufschrift: Führungskraft: Hinter dieser Tür eröffnet sich ihm ein großes Büro mit einem überdimensionalen Schreibtisch und unendlich viel unübersichtlicher Technik. Der Raum ist sehr stilvoll, aber auch sehr dunkel. Florian setzt sich hinter den großen Schreibtisch und sieht sich aber auf einmal aus der Vogelperspektive dort sitzen. Das Bild erschreckt ihn, der Schreibtischstuhl ist so groß, dass er ihn fast verschluckt, und so kommt er gar nicht an all die technischen Geräte heran, die sich auf dem Tisch befinden. Nach zwei erfolglosen Versuchen, an eines der klingelnden Hightech-Telefone zu gehen, verlässt er fluchtartig dieses Zimmer. Wieder auf dem Flur angekommen, atmet er auf und betrachtet die anderen Türen.

Seine nächste Wahl fällt auf einen Raum mit der Aufschrift: Kreativität. Er tritt ein und findet ein helles und in allen Farben leuchtendes Atelier vor. Es gibt dort überdimensionale Bildbände großer Künstler und Werbeleute. Florian fängt an zu blättern und ist wieder einmal begeistert von den Möglichkeiten menschlicher Kreativität. Die Bilder laden ihn ein, sich auszuprobieren, Ähnliches zu schaffen oder ganz anderes. Er sieht ein Zeichenbrett und einen modernen Apple-Computer mit allen Animationsprogrammen. Er merkt, wie er sich entspannt und sich wohlfühlt in diesem Raum. Es fallen ihm viele Ideen ein für Werbekonzepte, und sein Kopf beginnt angenehm zu kribbeln. Nachdem er noch ein wenig in dem Raum verweilt hat, erhebt er sich nach Erics Aufforderung und tritt wieder auf den Flur.

Er sieht sich die weiteren Türen an und lustwandelt durch Räume der Kunst, der Literatur und natürlich des Designs (von Haute Couture bis zu Essbestecken). Es ist für ihn wie ein Spaziergang durch die eigene Kreativität und ihm wird ganz klar, dass ihm eines in seinem Leben wirklich wichtig ist, und das ist das Designen, Entwickeln und Schöpfen kreativer Neuheiten – und diesen Neukreationen will er seinen Stempel und seinen Namen aufdrücken.

Marketing-Konzept: Was Frauen wünschen

Zum Abschluss bittet Eric alle, sich in einem gemeinsamen Workshop im Hinblick auf Marks bevorstehende Präsentation mit dem Thema Weiblichkeit zu beschäftigen. Oliver wendet ein, dass vier Männer vermutlich überhaupt nicht in der Lage sein würden, alles herauszufinden, was Frauen wünschen, und so kommen sie auf die Idee, die beiden freundlichen Kellnerinnen hinzuzubitten. Als Florian die beiden fragt, erklären sie sich auch freudig dazu bereit.

Hier folgen die Erkenntnisse dieses Workshops, die unter Zuhilfenahme einiger Literatur entstanden sind.

Frauen treffen andere Kaufentscheidungen als Männer und sie treffen ihre Entscheidungen anders – so weit der allgemeine Grundsatz. Er stimmt und er stimmt auch wieder nicht. Er vereinfacht stark, denn es treffen nicht nur Männer und Frauen nach unterschiedlichen Mustern ihre Entscheidungen, sondern man sollte die verschiedenen weiblichen Typen betrachten, um herauszufinden, wie unterschiedliche Frauen differenziert entscheiden. Für welche Frau trifft welcher Grundsatz zu und welcher Männertyp sollte dabei auf welche Eigenarten und Stolpersteine achten? Dabei hilft den vier Probanden das Mythenrad. Allgemeine Grundsätze finden sie in Faith Popcorns Forschungen zum Kaufverhalten von Frauen.

1. Frauen wollen sich einer Marke anschließen

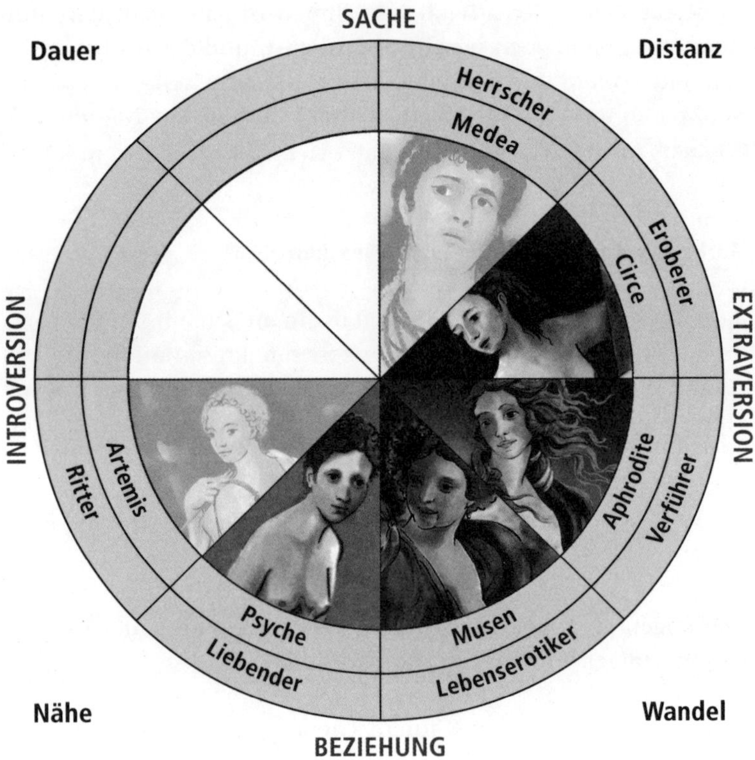

Für Frauen ist es im Großen und Ganzen wichtiger, sich einer Marke anzuschließen, als dies bei Männern der Fall ist. Um sich für ein Produkt zu entscheiden, genügen den meisten Frauen nicht einzelne Nutzenpunkte, sie möchten das Ganze mögen, es muss zu ihnen passen, sie identifizieren sich mit der Anmutung einer Marke. Dies gilt für Circe, Aphrodite, Muse und Psyche in besonderem Maße. Auch Frauen vom Typ Medea und Artemis ist diese Ganzheitlichkeit wichtig. Für eine Pallas Athene und eine Amazone dagegen gelten eher männliche Sachargumente.

Gerade Frauen der Elemente Luft und Erde möchten sich austauschen – und das immerzu. Das zeigt sich zum Beispiel auch darin, dass sie ganz anders mit Fremden kommunizieren, als Männer das tun. Sie verraten sich ihre Sorgen, ihre Ängste, mit wem sie gerade welche Beziehung haben, selbst wenn sie sich gar nicht gut kennen. Anders als Männer wollen die meisten Frauen über ihre Themen und Probleme sprechen, damit sie sie selbst verstehen können. Auch bevor sie eine Kaufentscheidung treffen, möchten sie darüber reden. Lediglich Amor und Dionysos zeigen unter den Männern ein ähnlich weibliches Kommunikationsverhalten.

Worauf müssen also männliche Verkäufer achten, wollen sie Frauen eine Marke nahebringen?

Herakles:	Zügeln Sie Ihre Ungeduld. Stellen Sie Fragen, statt Antworten zu geben.
Odysseus:	Lassen Sie sich Zeit, die Bedürfnisse Ihrer weiblichen Zielgruppe herauszufinden.
Narziss:	Gehen Sie nicht von sich selbst aus: Hören Sie zu, statt viel zu sprechen.
Dionysos/Amor:	Vertrauen Sie Ihrer Intuition, Sie sind Ihrer Zielgruppe sehr nahe.
Apollon:	Vergessen Sie technische Details und betonen Sie die Beziehungsebene.
Prometheus:	Bedenken Sie, dass die meisten Frauen wesentlich emotionaler entscheiden als Sie selbst.
Ares:	Zügeln Sie Ihre Verachtung gegenüber der Andersartigkeit der Frauen.

Umsetzungstipps

Umsetzungsideen für Marks Konzept:

- Frauen-Workshops zum Thema Finanz- und Versorgungsplanung einrichten
- Kundengruppen zur Entwicklung neuer Produkte und Verkaufsstrategien heranziehen (nach dem Motto: die Kundin fragen, was sie haben will)
- Produktentwicklerinnen und Verkaufstrainerinnen einstellen

2. Frauen lieben Vielfalt und leben mehrere Leben

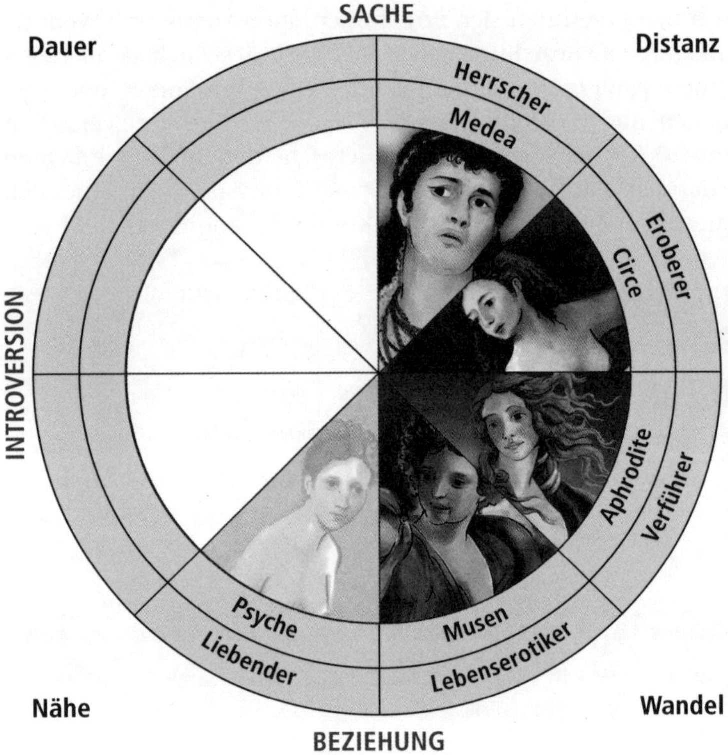

Frauen sind multitaskingfähig – während Männer fokussieren. Man kann sich das auch so vorstellen: Männer nehmen ihr Leben eher Schritt für Schritt wahr, Frauen sehen alles gleichzeitig im Überblick (dafür manches nicht so genau). Eine Ausnahme bilden Odysseus und Narziss, die in diesem Punkt eher weiblich denken. Hingegen nehmen Pallas Athene, die Amazonen und auch Artemis eher männlich, also linear wahr. Ein zielgruppengerechtes Marketing sollte diese Multitaskingfähigkeit unbedingt einbeziehen.

Frauen leben mehrere Leben, sie sind Mutter, Ehefrau, Karrierefrau, Sportlerin und Geliebte. Wenn eine Frau ein Kind bekommt, verändert das ihr Leben viel mehr, als wenn ein Mann Vater wird. Dies kann gerade bei Finanzdienstleistungsprodukten dahingehend berücksichtigt werden, dass sich das Produkt an alle Lebensumstände anpasst. Frauentypen wie Circe und Aphrodite lieben die Vielfalt generell. Diese Frauen wollen ein Leben leben, das ihnen maximale Möglichkeiten gibt, sich in verschiedensten Situationen auszuprobieren. Sie wollen ein individuelles Produkt, das sich jeder persönlichen Lebenssituation anpasst – aber sie wollen kein spezifisches Frauenprodukt.

Immer wichtiger wird die Generation der über 50-Jährigen. Bald werden die Kinder der Babyboomgeneration 50. Gilt eine Frau während der Zeit ihrer Menstruation schon im Allgemeinen als schwierig, so wird sie in der Menopause eine richtige Herausforderung. Auf all das gilt es sich einzustellen. Vielfalt, Individualität und persönliche Ansprache sind die Erfolgsgaranten weiblichen Marketings der Zukunft.

Was die verschiedenen Männer-Typen dabei beachten müssen:

Herakles:	Es kommt nicht darauf an, eine allgemein verbindliche Lösung für alle Probleme zu finden, sondern darauf, viele Möglichkeiten zu schaffen.
Odysseus/ Narziss/ Dionysos:	Nutzen Sie Ihr Potenzial, kreativ zu denken, und Ihren Charme, um die vielfältigen Wünsche Ihrer Kundinnen herauszufinden. Stellen Sie viele Fragen, geben Sie keine Antworten, sondern bieten Sie Möglichkeiten.
Amor:	Lösen Sie sich von Ihrem Wunsch nach Beständigkeit und denken Sie in bunten Möglichkeiten.
Apollon/ Prometheus:	Bedenken Sie immer, dass es nicht darum geht, etwas richtig zu machen, sondern darum, etwas lustvoll und vielfältig zu gestalten.
Ares:	Gehen Sie die ganze Thematik spielerisch an.

Umsetzungstipps Umsetzungsstrategien für Marks Konzept:

- Anreizfaktoren für Frauen im Vertrieb schaffen
  - Vergütungssysteme
  - Außendienst-Zeitpläne für Mütter
  - Dienstwagenverordnung
- Produkte sichtbar und spürbar machen durch haptische Momente (der Kundin etwas zum Anfassen geben, etwa Flyer, Proben usw.)

3. Frauen wollen verstanden werden

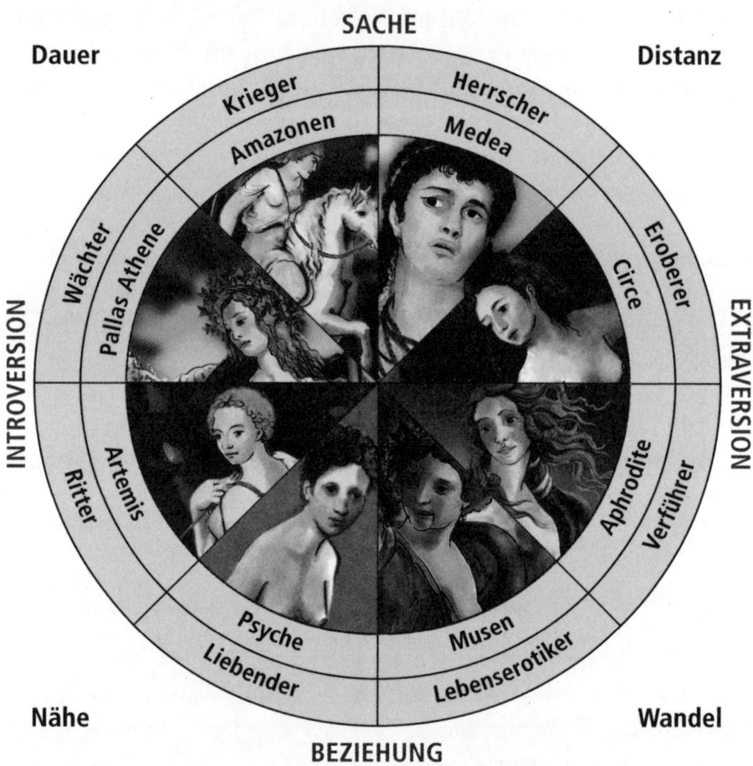

Ein Mann wandert am kalifornischen Strand entlang und stolpert über eine Flasche. Der Flasche entweicht ein Geist, der sagt zu ihm: »Du hast mich befreit und somit einen Wunsch frei. Was wünschst du dir?« Der Mann denkt kurz nach und antwortet dann: »Ich habe Flugangst, bitte baue mir eine Autobahn bis zur Westküste.« Der Flaschengeist streicht sich seinen langen grauen Bart und erwidert: »Das ist sehr schwierig, hast du noch einen anderen Wunsch?« Der Mann sagt: »Ja, natürlich. Lass mich die Frauen verstehen.« Darauf der Geist: »Möchtest du die Brücke zwei- oder vierspurig?"

»Warum sagen Frauen nicht einfach, was sie wollen – so wie wir Männer das tun?« Diesen Satz hört man häufig an Männerstammtischen – mit dem Unterton von Wut und Verzweiflung. Die Antwort liegt vermutlich in der Erziehung. Frauen empfinden es als unattraktiv, klipp und klar zu sagen: »Ich brauche …« oder »ich möchte …«. Fragt ein Mann seine Frau oder Freundin, was sie sich zum Geburtstag wünscht, ist sie entweder beleidigt oder sie sagt es vielleicht, aber dann ist das Geschenk bei Weitem nicht mehr das wert, was es wert gewesen wäre, hätte er ihren Wunsch erahnt und sie überrascht. Frau wünscht, dass »Mann« ihr an der Nasenspitze ansieht, was sie sich gerade in diesem Augenblick ersehnt. Hier gibt es kaum Ausnahmen. Frauen wollen ohne Worte verstanden werden. Sicherlich haben die weniger romantischen Wassertypen an dieser Stelle längst resigniert und sagen klarer, was sie wollen. Trotzdem wird man sie erfreuen und für sich gewinnen, erkennt man ihre geheimen Wünsche.

Was die verschiedenen Verkäufer-Typen hierzu beachten müssen:

Herakles/ Odysseus/ Narziss:	Vergessen Sie komplett Ihre eigene Position und begeben Sie sich ganz und gar in die Vorstellungswelt einer Frau. Geben Sie Ihr eigenes Ego für einen Augenblick auf und lernen Sie zu fühlen und zu denken wie eine Frau. Stellen Sie sich dafür vor, Sie wären Ihrem Gegenüber körperlich unterlegen.
Dionysos:	Hören Sie auf Ihr Gefühl und stellen Sie sich vor, Sie wären eine Frau.
Amor:	Vertrauen Sie Ihren weiblichen Anteilen und folgen Sie Ihren Impulsen.
Apollon/ Prometheus:	Geben Sie es auf, die Welt der Frauen auf logische Art und Weise erkunden zu wollen, und begeben Sie sich auf Pfade, die Ihnen völlig unlogisch erscheinen mögen.
Ares:	Es geht nicht darum, Frauen zu besiegen, sondern sie zu verstehen.

Umsetzungstipps

Umsetzungsstrategien für Marks Konzept:

- Mit Frauen gemeinsam Produktideen entwerfen, die deren zukünftigen Wünsche vorwegnehmen
- Für Verkaufsgespräche indirekte Fragen sammeln, die den Frauen die Möglichkeit geben, zu erzählen, was ihnen wichtig ist
- Den Außendienst in einer Art und Weise auswählen und trainieren, dass es für Frauen ein Vergnügen ist, mit solch einem Mann in einem Raum zu sein
- Ein Beschwerdemanagement entwickeln, das es Frauen leichter macht zu äußern, was ihnen nicht gefällt, anstatt einfach die Marke zu wechseln
- Einladungen zu Frauen-Workshops und Einkaufs- und Beratungspartys

4. Frauen lieben Loyalität und verabscheuen Geschmacklosigkeit

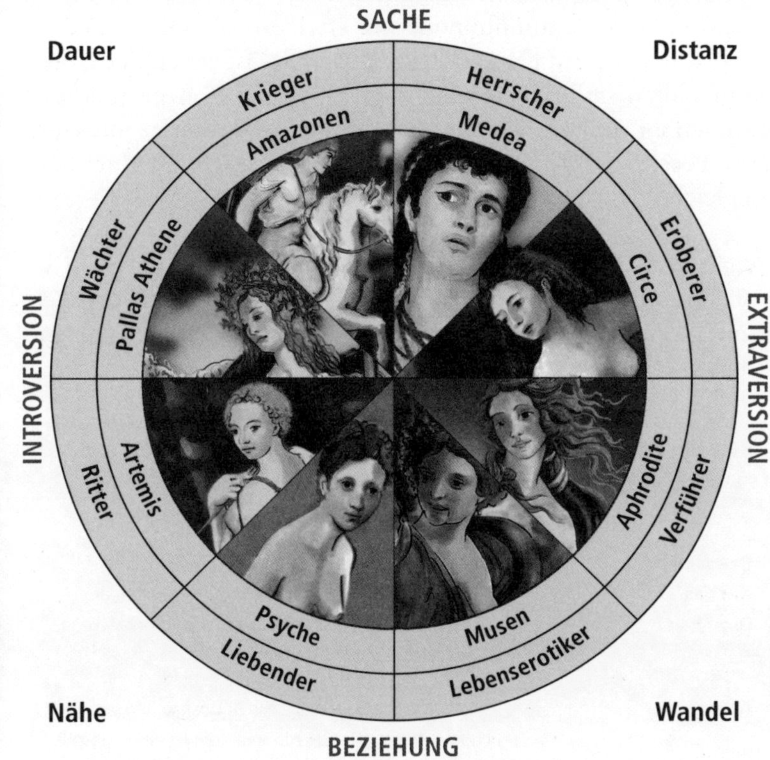

Der letzte Grundsatz gilt wieder für alle Frauen: Frauen verabscheuen Geschmacklosigkeit jeglicher Art, seien es schlechte Witze oder geschmacklose Verpackungen, Aufmachungen oder Werbeaussagen. So setzte zum Beispiel die WDR-Intendantin Monika Piel die Wiederholung einer Jubiläumssendung von Harald Schmidt mit besonderen Geschmacklosigkeiten gegen Frauen kurzerhand ab. Außerdem will sie eine Diskussion über die Grenzen von Comedy führen. Frauen würden nicht eine Freundschaft riskieren, nur um eine Pointe zu platzieren. Diese Tatsache muss sowohl in Marketing und Werbung, vor allem aber im persönlichen Verkauf beachtet werden. Wie viele Verkäufer vermasseln sich ihre Abschlüsse bei potenziellen Kundinnen einfach dadurch, dass sie gedankenlose und geschmacklose Sätze von sich geben. Macht man sie darauf aufmerksam, erwidern sie häufig, dass sie es doch so gar nicht gemeint hätten. Und das ist genau der Punkt, dann sollten sie es eben auch nicht so sagen. Konzentration ist also gefragt und ein Mindestmaß an guten Manieren mit einer Prise Poesie, und schon wird ein Verkaufsgespräch mit einer Frau viel leichter zum Erfolg führen.

Es gilt also, Marken zu schaffen, die sympathisch sind, und sie von Verkäufern vertreiben zu lassen, die die Herzen und den Verstand ihrer Zielgruppe erobern. Dazu gehören Intellekt, Witz und Empathie.

Herakles/Ares:	Bedenken Sie, dass die meisten Frauen feingeistiger sind als Sie und blutrünstige Geschichten über die Niederlage Dritter ihnen keine Freude machen.
Odysseus/ Narziss/ Dionysos:	Selbstgefällige Geschichten darüber, wie man andere Frauen herumgekriegt oder sie zum Narren gehalten hat, wirken auf die meisten Frauen eher abschreckend als anziehend.
Amor:	Sie laufen nicht Gefahr, Geschmacklosigkeiten von sich zu geben, wenn Sie zu Ihrem feingeistigen Gespür stehen und es einsetzen.
Apollon/Prometheus:	Geschmacklosigkeiten liegen Ihnen ohnehin nicht, da Sie sich am liebsten über die reinen Fakten unterhalten möchten.

Umsetzungstipps

Umsetzungsstrategien für Marks Konzept:

Das Wichtigste für Marks Präsentation wird sein, dass er es generell vermeidet, Witze zu machen, die unter die Gürtellinie gehen. Er muss dabei beachten, dass seine Toleranzschwelle für Geschmacklosigkeit durchschnittlich ungefähr fünfmal so hoch angesiedelt ist wie die von Frauen. Wenn er also Scherze einbaut, sollten es solche sein, die sich in geschmackvoller Form über die Männer lustig machen – nicht über Frauen! Ferner ist die Kontrolle über seine Körpersprache ein wichtiger Punkt. Männer, die Verachtungsmuster gegenüber Frauen haben, werden sich leicht durch unhöfliche Gesten ihres Körpers verraten. Frauen spüren dies unbewusst und wenden sich innerlich ab. Um die Körpersprache gegenüber anderen kommunikationsfreundlich zu gestalten, hilft es, sich über die eigenen Gedanken und Konzepte klar zu werden und menschenfreundlicher zu denken.

Nach dem Seminar

Nach drei Tagen fahren die fünf mit den unterschiedlichsten Gedanken und Gefühlen wieder nach Hause. Eric hat ihnen gesagt, dass sich nach einer so tiefen Seminarerfahrung einiges ändern könne, manches sehr schnell, manches erst nach einer gewissen Zeit. Er hat sie aufgefordert, sich selbst und ihre Gefühle häufiger zu hinterfragen und sich immer wieder einmal zu überlegen, wie sich ihre Entscheidungen auf ihr Umfeld auswirken. Und so gehen die Freunde mit ihren Erlebnissen im Kloster um:

Oliver

Oliver versucht gleich nach dem Seminar, wieder Kontakt zu Julienne aufzunehmen, aber ihre Reaktion ist nicht so, wie er es sich erhofft hat, und so stellt er nach und nach sein Bemühen um sie ein. Ein Jahr später wird ihm ein interessantes Aufstiegsangebot gemacht, allerdings muss er dazu wieder umziehen. Er willigt ein, seine Frau Bettina allerdings zieht nicht mit, und so führen sie eine Wochenendehe. Eines Tages lernt Bettina einen ruhigen, zugewandten Mann kennen, verliebt sich in ihn und reicht sofort konsequent die Scheidung ein. Oliver ist zunächst geschockt, findet sich aber damit ab und bleibt eine Zeit lang allein. Dann trifft er Julienne wieder – nicht ganz zufällig. Sie ist solo wie er und so lassen sie ihre Liebesbeziehung noch einmal aufleben, reden über all das, was vor Jahren passiert ist, und finden wieder zueinander. Die Beziehung ist jetzt reifer und tiefer. Julienne hat sich auch verändert, sie hat das Anlehnungsbedürftige verloren, das gibt ihr mehr emotionale Freiheit. Sie bleiben zusammen, aber Julienne weigert sich, Oliver zu heiraten. Zu groß ist ihre Angst vor Eintönigkeit und auch davor, als betrogene Ehefrau zu enden. Er ist ihr treu, sie besteht auf größtmöglicher Unabhängigkeit und auf zwei Wohnungen.

Mark Mark hat die vier Wochen vor der Präsentation genutzt, um sowohl mit Eric als auch mit einer freiberuflichen Marketing- und Werbeexpertin alles über Frauenmarketing zu erkunden. Er liest jedes Frauenbuch und beginnt langsam zu verstehen. Er gewinnt den Pitch, allerdings mit der Auflage, sehr eng mit der Marketingchefin Rebecca Winterfeld-Krone und ihrem Team zusammenzuarbeiten. In dieser Arbeit lernt er mehr und mehr die Seelen der Frauen zu verstehen, wird weicher, ohne dabei seine Power zu verlieren, und so gelingt es ihm, sein Unternehmen in den nächsten Jahren zu vergrößern und eine der anerkanntesten Unternehmensberatungen in Sachen Marketing zu führen. Qualität und Dauer seiner Beziehungen nehmen zu. Er heiratet nicht, aber die Frauen, die er jetzt verlässt, sprechen wesentlich besser über ihn als seine Verflossenen vor Jahren.

Bernd Bernd verabredet sich, beflügelt von der Idee mit Pollock, mit der Rechtsanwältin Konrad. Sie ist tatsächlich an Kunst interessiert und so gehen sie häufiger gemeinsam in Ausstellungen und in Restaurants. Sie reden über Juristerei, Kunst und das Leben an sich. Es entwickelt sich eine Freundschaft, aus der jedoch nicht mehr wird. Bernd ist sehr dankbar für den Esprit dieser Frau. Sie überredet ihn schließlich sogar dazu, einen Kunstkurs zu besuchen. Er sträubt sich zunächst. Als sie ihm aber einen Kurs zum Geburtstag schenkt, geht er doch hin. Dort trifft er eine junge Kunststudentin und experimentelle Malerin und verliebt sich in sie. Sie heiraten – und der einzige Punkt, über den sie ins Streiten geraten, ist der ihrer Unordentlichkeit im Vergleich zu seinem Ordnungssinn. Eric nennt die beiden Goldmann und Gustafson – ein verrücktes Paar.

Florian Frederike verliert das Baby in der fünften Woche. Sie ist sehr unglücklich und Florian gelingt es, sie zu trösten. Sie bleiben zusammen und heiraten nach fünf Jahren, danach bekommen sie eine

Tochter. Florian bleibt Kreativer und ist der Stolz der gesamten Abteilung. Mit seiner neuen Chefin kommt er bestens zurecht. Es wird ihm klar, dass er beruflich nur eines will, nämlich Produktideen entwickeln. Als er merkt, mit welchen politischen, budgettechnischen und personellen Aufgaben sich seine Vorgesetzte herumschlagen muss, ist er heilfroh, diesen Posten nicht bekommen zu haben, und unterstützt sie, wo er kann, indem er das tut, was seine größte Leidenschaft und sein größtes Talent ist, kreative Ideen zu realisieren. Als Frederike das Kind bekommt, bleibt er sogar in Absprache mit seiner Firma für ein halbes Jahr zu Hause und arbeitet von dort aus. Das hätte er als Führungskraft niemals gekonnt. Die beiden führen eine glückliche Ehe und sprechen mittlerweile über ein zweites Kind.

6. Senseability: Die weichen Prinzipien als Erfolgselement nicht nur im Business

»Frauen kommen langsam, aber gewaltig.«

Diese Welt verändert sich, sie hat sich schon verändert. Das haben die vier Freunde gerade erfahren. Findet man auch heute noch bei Weitem mehr Männer in Führungspositionen als Frauen und verdienen Männer bei gleicher Leistung immer noch mehr, so ist es nur eine Frage der Zeit, bis die Frauen gleichziehen. Und lassen wir es 10, 20 oder 30 Jahre dauern – wie lange auch immer die Frauen brauchen werden, um sich von ihrer inneren Diktatur aus Erziehung und gesellschaftlicher Anpassung zu befreien genauso wie von der Diktatur des Mannes, der gerade in ihrem Leben das Sagen hat. Eines ist sicher: Das weibliche Zeitalter wird kommen. Es kündigt sich an in der Anzahl der Hochschulabgängerinnen, die die der männlichen Examenskandidaten deutlich übersteigt, in den ersten Dirigentinnen und Pilotinnen und nicht zuletzt durch eine deutsche Bundeskanzlerin. Die Tatsache, dass eine Frau Bundeskanzlerin ist, bringt vermutlich mehr für das Selbstbewusstsein der Frauen – und die Zweifel der Männer –, als es sich politisch auswirkt. Jede Frau kann sich jetzt voller Stolz sagen: Wenn diese kleine Angie es geschafft hat, Bundeskanzlerin zu werden, dann kann auch ich alles schaffen, was ich will. Und jeder Mann muss sich fragen: Wenn so eine kleine Ostfrau ganz an die Spitze der Macht gelangt, wie lange wird es dann dauern, bis eine ehrgeizige Kollegin mir meinen Platz streitig machen wird?

Weil dies alles so ist, ist es für Männer äußerst wichtig, jetzt schon Vorsorge zu treffen und die neuen Spielregeln zu erlernen, um sich mit der Veränderung wohlzufühlen, die Vorteile zu erkennen, die es hat, nicht länger die ganze Verantwortung alleine tragen zu müssen, die Kindererziehung nicht mehr nur den Frauen zu überlassen, sondern darin einen aktiven Part zu spielen – und eben auch zu lernen, wie angenehm es sein kann, eine Chefin zu haben.

Dass die Zielgruppen der Produktwerbung mehr und mehr weiblich werden, haben schon viele erkannt, man merkt es in den TV-Spots, die sich ganz bewusst immer stärker an Frauen richten, auch und gerade in bislang männlich dominierten Branchen. Schaut man etwa auf die Mercedeswerbung (»Folge deinem Stern«), so spricht diese deutlich die weiblichen Anteile der Konsumentenseele an. Selbst die Automobilbranche ist also dazu übergegangen, statt mit technischen Raffinessen mit den emotionalen Werten des Fahrvergnügens zu werben.

Was können Männer und natürlich auch diejenigen Frauen, die sich in den letzten 20 Jahren mehr und mehr dem männlichen Prinzip verschrieben haben, tun, um in diesem weiblichen Jahrhundert erfolgreich und vor allem glücklich zu werden?

Außen und Innen ausbalancieren

Während das männliche Element Frauen wie Männern das Tor nach draußen in die große Welt öffnet, erschließt ihnen das weibliche Element den Weg nach innen. Wichtig ist beides. In den letzten Jahrzehnten wurde das Außen über das Innen gestellt. Wir leben am Wendepunkt. In diesem Jahrhundert wird es um das Innen gehen. Wem es nicht gelingt, seinen Mittelpunkt in sich selbst zu finden, der wird in der sich rasant drehenden Welt nicht mehr zurechtkommen, weder im Business noch privat. Wir müssen fähig werden, die Welt mit Sinn und Sinnlichkeit zu erfassen und entsprechend zu handeln. Dieses Vermögen nenne ich *Senseability*. Der Begriff beschreibt eine innere Einstellung, die sich in einer äußeren Haltung ausdrückt; es geht dabei vor allem um Einfühlung und Verständnis. Fünf Prinzipien können uns hier helfen:

- das Prinzip »Systemische Awareness«,
- das Prinzip »Empathie«,
- das Prinzip »Intuition«,
- das Prinzip »Charme durch Wertschätzung«,
- das Prinzip »Absichtslosigkeit«.

Die nachfolgenden Abschnitte beschreiben diese Prinzipien. Sie sollen Anregungen geben, wie weibliche Eigenschaften in jedem (jedem Mann, jeder Frau) zu entdecken sind. Es sei hier aber gesagt, dass die Lektüre alleine nicht ausreicht, es braucht vielmehr das häufige Hinterfragen des eigenen Fühlens, Denkens und Handelns, um nach und nach diese Haltung zu erlangen, die mehr Fragen stellt als Antworten sucht. Als Kind hatten wir alle feine Antennen, verbunden mit einer großen Freude an der Lebendigkeit – mit der Erziehung und der Anpassung an das harte Arbeitsleben haben wir oft diese Wahrnehmung, aber vor allem die innere Lebensfreude verloren.

Das Prinzip »Systemische Awareness«

Das systemische Denken ist zurzeit in aller Munde und erscheint sehr modern. Was aber genau ist systemisches Denken? Wie denkt das Individuum systemisch und wie blickt man systemisch auf ein Unternehmen? Systemisches Denken meint in erster Linie den Blick auf das Ganze und nicht nur auf einen Teilbereich. Es wurde in der Naturwissenschaft entwickelt und später auf die Wirtschafts- und Gesellschaftswissenschaften übertragen. Bahnbrechend war hier unter anderem Peter Senges Arbeit *Die fünfte Disziplin* über systemisches Denken in Organisationen.

Systemische Phänomene in der Natur

Ein typisches Beispiel für ein biologisches System ist die Froschpopulation in einem Teich. Sie wird genau in dem Maße wachsen, in dem ausreichend Nahrung für die Frösche vorhanden ist. Nimmt die Zahl der Frösche infolge des reichen Nahrungsangebotes zu, so verringert sich die zur Verfügung stehende Menge an Nahrung, was eine Verringerung der Froschpopulation nach sich zieht. Ist nun die Zahl der Frösche auf ein niedrigeres Niveau gesunken, wird sich das Nahrungsangebot wieder vergrößern, so dass die Zahl der Frösche wieder wachsen kann – und der Kreislauf kann von Neuem einsetzen. Wesentlich ist, dass bei so einem Prozess nicht sinnvoll entschieden werden kann, wo er anfängt und wo er aufhört, dass er somit niemals endet.

Systemische Phänomene im Unternehmen

Überträgt man dieses Phänomen auf Unternehmen, zum Beispiel eine Vertriebsgesellschaft, kann man – vereinfacht – folgende Wechselwirkungen beobachten: Der Vertrieb hat eine gewisse Anzahl von Mitarbeitern, die einen bestimmten Umsatz erzielen. Um nun den Umsatz zu vergrößern, werden mehr Mitarbeiter eingestellt. Die Einstellung neuer Mitarbeiter bewirkt aber nach einer bestimmten Zeit – genau wie bei der Nahrungsknappheit der Frösche –, dass der Umsatz des einzelnen Mitarbeiters wieder zurückgeht, da die Konkurrenz zunimmt. Trennt man sich dann wieder von diesen »schlechten« Mitarbeitern, steigt die Produktivität der anderen Kollegen und das Spiel beginnt von vorne.

Systemisches versus nichtsystemisches Denken

Während nichtsystemisches Denken ausschließlich den Teilbereich fokussiert, in dem ein Problem vermeintlich entstanden ist, betrachtet das systemische Denken keinen Problembereich isoliert, sondern fragt stets nach den Wechselwirkungen zwischen Teilen des Systems. Die eingeschränkte Betrachtung nur des symptomatischen Teils des Ganzen birgt die Gefahr, dass durch Lösung des Symptoms das Gesamtproblem sich verschlimmert. Beim nichtsystemischen Denken wird jeder Faktor so behandelt, als wäre er von den anderen Faktoren unabhängig. Das systemische Denken hingegen behandelt jeden Faktor so, als hinge er mit allen anderen zusammen, denn Grundlage des systemischen Denkens ist die Tatsache, dass in unserer Welt alles mit allem verbunden ist und dass dieses System niemals endet.

Grundsätze systemischen Denkens

Nach Peter Senges Theorie gelten folgende Grundsätze für systemisches Denken:

- Es gibt keine richtigen Antworten.
  Es gibt nicht die eine richtige Antwort auf eine Frage,

da jede Antwort wieder eine eigene Wechselwirkung im System mit sich bringt. Somit eröffnet das System immer eine breite Palette von Handlungsmöglichkeiten mit unterschiedlichen Wechselwirkungen.

- Kleine Veränderungen können eine Riesenwirkung haben – aber die Maßnahmen mit der stärksten Hebelwirkung sind häufig zugleich die unauffälligsten.
  Man denke hier zum Beispiel an den berühmten Schmetterlingsflügelschlag, der Tausende Kilometer weiter einen Hurrikan auslöst.

- Systemisches Denken erlaubt nur ganzheitliches Vorgehen, das System darf nicht geteilt werden.
  Es ist nicht möglich, ein System umzugestalten, indem man es in kleine Teile aufspaltet. Alle Mitarbeiter müssen das Ganze im Auge haben. Das Systemdenken lenkt die Aufmerksamkeit automatisch auf wechselseitige Abhängigkeiten und die Notwendigkeit der Zusammenarbeit.

- Systemisches Arbeiten braucht Zeit und Geduld.
  Nichtsystemische Lösungen sind häufig schneller, können aber größere Probleme in der Zukunft schaffen.

- Die nichtsystemischen Lösungen von gestern sind die Probleme von heute.
  Die Lösungen von heute können die Probleme von morgen sein. Unsere Denkweise von gestern hat unsere Probleme von heute verursacht. Hierzu ein klassisches Beispiel des Kommunikationswissenschaftlers Paul Watzlawick:
  Ein Ehemann sagt: »Ich gehe in die Kneipe, weil sie zu Hause nur an mir herumnörgelt.« Seine Frau zum selben Thema: »Ich nörgle ja nur an ihm herum, weil er immer in die Kneipe geht und mich im Stich lässt.«

Systemische Awareness ist weiblich

Systemische Awareness bedeutet, mit dem gesamten Bewusstsein das Systemische einer Situation zu erfassen, aufmerksam zu sein für »Nebenwirkungen« einer Handlung. Auf dieser Fähigkeit bauen alle anderen Kompetenzen auf. Wer systemische Awareness entwickelt, nimmt das Ganze wahr, nicht lediglich seine Teile, er kann die Auswirkungen einer Entscheidung auf die Gesamtheit extrapolieren. Das Weibliche in uns hat automatisch diesen systemischen Blick, weil es von Natur aus integrierend ist. Das Männliche in uns grenzt lieber aus, und so ist die periphere Sicht für den nur auf das Ziel fokussierten Mann manchmal schwierig und er entscheidet häufig mit einem Tunnelblick. Das Resultat sind kurzfristig gedachte Lösungen, die wichtige Auswirkungen außer Acht lassen. Das Prinzip systemischer Awareness – oder besser sein Fehlen – lässt sich gut in Unternehmensstrukturen beobachten.

Systemische Awareness im Unternehmen

Stellen wir uns eine Abteilung mit einem sehr fordernden und wenig wertschätzenden Abteilungsleiter vor. Alle Mitarbeiter leisten zunächst überdurchschnittliche Arbeit und geben ihr Bestes. Da der Chef es nicht gelernt hat, Leistung anzuerkennen, lobt er seine Mitarbeiter nicht, sondern macht sie nur auf das aufmerksam, was nicht gut läuft. Nun nimmt die Leistung eines Mitarbeiters über den Zeitraum eines halben Jahres immer mehr ab. Der Vorgesetzte entlässt diesen Beschäftigten, auch mit dem Gedanken, bei den anderen ein Zeichen zu setzen. Für ihn wird ein neuer, ehrgeiziger Mitarbeiter eingestellt. Was innerhalb der nächsten zwei Jahre passiert, ist, dass immer wieder Mitarbeiter Leistungsabfälle zeigen und entlassen werden und dafür neue Mitarbeiter eingestellt werden, nach dem Motto: »Entweder ich sehe andere Zahlen oder ich sehe andere Köpfe.«

Dieses Spiel wird gerade in Vertriebsorganisationen oft in der Endlosschleife betrieben. Was geschieht hier? Man versucht, ein systemisches Problem nicht systemisch, sondern symptombezogen zu lösen. Es wird nicht bedacht, dass sich Systeme Stellen suchen, um verdeckte Themen zu zeigen. In diesem Fall wird dann meist ein prädestinierter Mitarbeiter das ausdrücken, was das eigentliche Problem ist, hier: »Ihr seid nichts wert, es sei denn, ihr leistet Außergewöhnliches.« Die robusteren Naturen haben weniger Zugang zu diesem Phänomen und können länger Leistung erbringen, die sensibleren, und davon gibt es im Vertrieb und Verkauf sehr viele, fühlen sich zwar unwohl, können dies aber nicht genau benennen. An bestimmten Mitarbeitern, die durch ihre Biografie für Geringschätzung sensibilisiert sind, weil sie sie in ihrer Kindheit schon ständig erlebt haben, findet das Thema dann entsprechend seinen Ausdruck. Das ist der Mitarbeiter, der entweder Leistungsabfall zeigt, häufig krank ist oder unbequem als Rebell auftritt. Um an die Wurzeln dieses Problems zu kommen, ist eine Betrachtung des Systems zwingend notwendig. Im obigen Fall kam bei einer Aufstellung heraus, dass sich die Mitarbeiter der Abteilung nicht als Menschen wertgeschätzt sahen und das Gefühl hatten, dass Leistung als selbstverständlich angesehen wurde und die Kritik bei Leistungsabfall immer den Menschen an sich betraf und nicht seine Fähigkeiten.

Entlässt man nun den Mitarbeiter, statt an dem Thema zu arbeiten, wird es sich immer und immer wiederholen. Im Weggang des Mitarbeiters, der sowohl das Problem als auch die Lösung in sich trägt, wird Potenzial verschenkt, wenn man es versäumt, ihn noch einmal genau anzuhören und zu fragen, worin denn die Probleme lagen. Hat man, wie in diesem Fall, die Quelle gefunden, kann mit Trainingsmaßnahmen eine Verbesserung des Ganzen erreicht werden. Eine Möglichkeit der Intervention ist hier natürlich die direkte Ansprache des Problems, indem man der Führungskraft klarmacht, dass sie durch die Art und Weise, wie sie ihre Mitarbeiter führt, Verantwortung für den Leistungsabfall und die Fluktuation trägt. Vermutlich wird der Vorgesetzte auf diese Kritik allerdings genauso reagieren, wie seine sensiblen Mitarbeiter auf ihn reagieren, nämlich mit Abwehrmechanismen wie Flucht und Verdrängung, um sich vor der schmerzenden Selbsterkenntnis zu schützen. Diese Gefahr ist zu bedenken. Bekommt die Führungskraft die Chance, in einem geschützten Rahmen ihr eigenes Familien- und Beziehungssystem zu betrachten, lernt sie durch das Begreifen der eigenen Muster und Beziehungsgeflechte den anderen das zu geben, was sie vermutlich selbst nicht erfahren hat, nämlich Anerkennung und Wertschätzung.

Und nur in einer Atmosphäre von Wertschätzung und Anerkennung lassen sich auf Dauer Spitzenleistungen realisieren. Systemische Awareness ist auch wirtschaftlich sinnvoll.

Die Kunst des Fragens

Ein wichtiges Instrument zum wertschätzenden Miteinander in Organisationen ist die systemische Fragetechnik. Vor dem Hintergrund eines systemischen Verständnisses von zwischenmenschlichen Beziehungen macht sie uns das Denken, Wollen und Fühlen von anderen stärker bewusst.

- *Einfache hypothetische Fragen*
  Sie führen eine fiktive Situation in das Gespräch ein (»Als-ob«-Technik):
  - »Stellen Sie sich vor, Ihr Mitarbeiter versagt bei der nächsten Präsentation. Was dann?«
  - »Angenommen, dass …«
  - »Gesetzt den Fall, …«

- *Rekursive hypothetische Fragen*
  Sie hinterfragen das linear-kausale Denkmodell:
  - »Unterstellen wir einmal, Sie möchten, dass Ihr neuer Mitarbeiter im Projekt X versagt, wie können Sie das erreichen?«
  - »Welche Möglichkeiten haben Sie, Ihre demotivierte Truppe noch weiter zu demotivieren?«
  - »Wenn Sie die Fluktuation in Ihrer Belegschaft unverändert hoch halten wollen, was müssten Sie da tun?«

- *Zirkuläre Fragen*
  Sie führen die vermutete Ansicht einer dritten Person in das Gespräch ein:
  - »Wenn ich Ihre Mitarbeiter fragen würde, wie belastbar Sie sind, was würden sie mir antworten?«
  - »Wie sieht Ihr Vertriebspartner diese Entwicklung?«
  - »Was glauben Sie, stört Ihren Lebenspartner am meisten an Ihnen?«
  - »Was meinen Sie, geht in mir vor, wenn Sie …?«

- *Skalierungsfragen*
  Sie dienen dazu, abstrakte Aussagen konkreter zu machen:
  - »Wie hoch schätzen Sie Ihre Durchsetzungsfähigkeit auf einer Skala von 0 bis 10 ein?«

- »Sie sagen, alle Ihre Mitarbeiter verhalten sich Ihnen gegenüber distanziert. Wenn Sie sich eine Skala von 0 (extrem distanziert) bis 10 (extrem nah) vorstellen, wie empfinden Sie dann die einzelnen Kollegen?«

- *Internalisierende Fragen*
  Sie führen den Befragten in einen ressourcevollen Zustand:
  - »Stellen Sie sich vor, Sie wachen eines Morgens auf und Ihr Problem hat sich gelöst – woran würden Sie dies erkennen?«
  - »Gab es einen Tag, an dem Sie den Stress als weniger belastend empfunden haben?«

Durch diese systemische Art zu fragen gelingt es in ganz unterschiedlichen Situationen, den wahren Bedürfnissen, Wünschen und Themen des Gegenübers auf die Spur zu kommen und so den Weg in eine tiefe statt breite und oberflächliche Kommunikation zu finden, nicht nur im Verkaufs- oder Mitarbeitergespräch.

Das Prinzip »Empathie«

Das Wort »Empathie« wird immer mehr verwendet – in der Kommunikation, im Verkauf und vor allem im Bereich Human Resources. Was aber genau bedeutet es? Wie viel davon ist nützlich, wie viel eher schädlich? Zunächst eine wissenschaftliche Begriffsklärung:

Empathie kommt vom griechischen *Pathos*, das Leid und Mitfühlen bedeutet. Empathie heißt: das Verstehen und das Vermögen, einen anderen in seinen Konflikten, seinen Gefühlen und Einstellungen zu erkennen und gefühlsmäßig nachzuvollziehen. Empathie ist der Weg zum unmittelbaren Verständnis fremdseelischer Vorgänge. Der Empathie nahe verwandt ist der Begriff der *Symbiose*, der das Miteinander-Verschmelzen und das wortlose Verstehen enthält. Empathie beinhaltet das Wahrnehmen bewusster und unbewusster kognitiver und emotionaler Prozesse.

Was bedeutet Empathie im weiblichen Jahrhundert?

Empathie – Mitleid – Symbiose

Empathie ist eines der weiblichen Elemente, gerade Frauen legen größten Wert darauf, empathisch behandelt zu werden, was jede Form von »Hardselling« ihnen gegenüber ad absurdum führt, zum anderen sind Frauen, wenn sie ihre weiblichen Anteile leben, von Natur aus empathischer als Männer. Selbstverständlich gibt es auch empathische Männer. Und Empathie ist erlernbar. Die Fähigkeit eines Menschen, die momentane Gefühlswelt seines Gegenübers dezidiert zu erfassen und zu verstehen, ohne selbst darin zu versinken, ist eine große Gabe im Umgang mit Menschen – sei es in Therapie, Führung oder Verkauf oder in jeder anderen Kommunikationssituation. Wer empathisch ist, ist sich dessen selbst bewusst. Versinken wir im Leid des Gegenübers, so sprechen wir nicht von Empathie, sondern von Mitleid, das ist hier keineswegs gemeint. Bei Empathie geht es darum, zugewandt zu sein, aber bei sich selbst zu bleiben. Anders als die Empathie läuft die Symbiose (Verschmelzung) unbewusst ab.

Empathie ist ein Teil der emotionalen Intelligenz. Dazu gehören ebenfalls die Selbstreflexion, die Selbstkontrolle (die sich aus der Selbstreflexion ableitet, denn nur wer weiß, was er tut, kann es kontrollieren) und die Selbstmotivation (die sich auch wieder aus der Reflexion ableitet; intrinsisch motiviert ist nur der, der weiß, was er im Leben erreichen will und was nicht).

Empathie, eine angeborene Fähigkeit

Nach wissenschaftlichen Erkenntnissen ist ein großer Teil der Empathie angeboren (vermutlich dann, wenn ein Mensch viele weibliche Anteile besitzt). Der andere Teil wird durch Erziehung und Lebenserfahrung erworben. Letzterer kann in jedem Alter durch Kurse und Selbstreflexion erlernt werden. Selbstverständlich gibt es Menschen, die ein Naturtalent dafür besitzen, die Emotionen und Gefühle anderer zu spüren und nachzuempfinden. Solche Menschen können sehr gute Therapeuten werden, wie etwa Fritz Pearls, Milton Erickson, Virginia Satir und andere, oder, wenn sie dazu über genügend Dynamik verfügen, große Verführer oder Verkäufer.

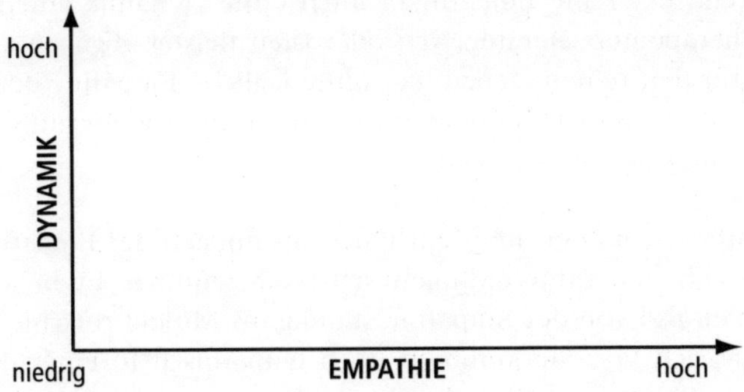

Die meisten Menschen haben entweder die Fähigkeit zur Empathie (weibliches Element der Erde) oder eine hohe Dynamik (männliches Element des Feuers) in die Wiege gelegt bekommen. Diejenigen, die beides gleichermaßen besitzen, können sich glücklich schätzen, das ist aber eher selten. Von solchen Menschen handeln Romane. Lord Byron beschreibt in seinem *Don Juan* einen Mann, der sowohl über eine hohe Dynamik als auch über eine extrem sensible Empathie verfügt – und dafür natürlich von den Frauen umschwärmt wird.

Dynamik und Empathie integrieren

Während die Empathiker dazu neigen, sich selbst und ihr Ziel aus den Augen zu verlieren, haben die Dynamiker nur ihr Ziel im Kopf und verlieren ihr Gegenüber aus dem Sinn. So könnte es also die Lebensaufgabe eines geborenen Feuer-Dynamikers sein, ein empathischer Dynamiker zu werden, seine Dynamik zu behalten und die Fähigkeit der Empathie durch Zurücknahme des eigenen Egos zu erlernen. Wer könnte ihm eine bessere Lehrmeisterin sein als Psyche, jene Erd-Frau, die durch und durch von Empathie erfüllt ist. Umgekehrt könnte es die Lebensaufgabe eines Erd-Empathikers sein, ein dynamischer Empathiker, also zielorientierter zu werden, ohne seine Empathie zu verlieren. Hier ist der Lehrer wiederum der Dynamiker. Allerdings eignet sich hierfür nur ein empathischer Dynamiker wie Odysseus oder Circe, da der reine Dynamiker gar nicht wissen wird, wovon wir sprechen.

Während der reine Empathiker auch ohne Dynamik einen guten Therapeuten, Berater, Arzt oder Dienstleister abgeben kann, wird für den reinen Dynamiker ohne jegliche Empathie der Berufsmarkt in der zunehmenden Dienstleistungsorientierung eines weiblichen Jahrhunderts eng.

Fluch und Segen der Empathie

Empathie ist immer dann ein Fluch, wenn sich der Empathiker nicht von den Empfindungen seines Gegenübers lösen kann, wenn er also von der Empathie ständig ins Mitleid rutscht. Stellen Sie sich vor, Sie kommen hoch empathisch in einen Kreis von Menschen, die alle schlechter Stimmung sind. Obwohl Sie eigentlich gute Laune haben, springt Sie das Leid jedes Einzelnen an und Sie können sich nicht dagegen wehren. Besonders in Gruppensituationen ist es von größter Wichtigkeit, sich vor den Gefühlen anderer zu schützen, gerade dann, wenn man sie gut wahrnehmen kann. Der Dynamiker muss sich nicht schützen, er merkt sowieso nichts.

Empathie in Dienstleistung und Führung

Wer sich in den anderen hineinversetzen kann, ist immer im Vorteil, wenn es darum geht, etwas zu verkaufen, jemanden zu beraten, zu führen oder sonst mit Menschen zusammenzuarbeiten. Gerade in der Dienstleistungsbranche ist Empathie daher erwünscht. Wer die Gefühlslage und die Sehnsüchte seines Gegenübers erfasst, kann den anderen dort abholen, wo er gerade steht, und mit ihm gemeinsam einen gangbaren Weg zu einer Lösung finden. Genau diese Fähigkeit mit der Bereitschaft, diese Kunst im Sinne einer Win-win-Situation einzusetzen, schafft begeisterte Kunden und motivierte Mitarbeiter. Der dynamische Empathiker lässt sich allerdings möglicherweise zur Manipulation verlocken, indem er sein Verständnis für den anderen gegen ihn verwendet. Wird Empathie manipulativ eingesetzt, also nicht im Sinne des Gegenübers, sondern ausschließlich im eigenen Interesse, bleibt ein schaler Beigeschmack und das Storno droht oder die innere Kündigung des Mitarbeiters. Als Teil der emotionalen Intelligenz wird richtig verstandene Empathie heute selbstverständlich von Führungskräften gefordert.

Das Prinzip »Intuition«

Wollten wir im Zeitalter der Informationsüberflutung alles mit dem Verstand entscheiden, wären wir komplett überfordert. Wir brauchen ein anderes Medium, um schnelle und richtige Entscheidungen zu treffen. Der Volksmund spricht davon, dass die besten Entscheidungen diejenigen sind, die aus dem Bauch kommen. Das genau ist Intuition – zu spüren und zu wissen, was das Richtige für einen Menschen in einer bestimmten Situation ist, ohne genau erklären zu können, warum dies so ist. Intuition ist in der rechten Gehirnhälfte angelegt, während die Ratio in der linken Hemisphäre angesiedelt ist. Frauen folgen im Allgemeinen lieber ihrer rechten Hirnhälfte, also ihrer Intuition. Intuition erlaubt nicht nur schnellere Entscheidungen, sie spart auch Energie. Malcolm Gladwell schreibt in seinem Buch *Blink*, dass das Gehirn zu diversen Themen bereits Millionen von Informationsfetzen gesammelt hat, ehe es zum ersten Mal intuitiv entscheiden kann. »Informationsscheibchen« nennt er diese, das intuitive Vorgehen des Gehirns »Scheibchenschneiden«: *»Auf Grundlage extrem dünner Scheiben von Erfahrung entdeckt unser Unbewusstes Muster in Situationen und Verhaltensweisen.«* (vgl. Gladwell, S. 29)

Intuition kann Leben retten

Wer auf seine Intuition hören will, darf sich keine Gelegenheit geben, über sein Handeln nachzudenken. Die besten Notärzte sind diejenigen, die schnell und dabei sicher handeln. Notärzte haben keine Zeit, lange zu überlegen, welche Maßnahme die richtige ist, sie müssen intuitiv agieren. Dasselbe gilt für Feuerwehrmänner. Wie oft schon wurden Menschen gerettet, weil ein Feuerwehrmann intuitiv rief »Alle raus!«, kurz bevor ein Haus zusammenstürzte. Fragt man diese Männer anschließend, können sie nicht erklären, warum sie wussten oder ahnten, dass passieren würde, was passiert ist. Erst auf beharrliche Nachfrage von Psychologen erinnern sie sich: Es sei ungewöhnlich still gewesen, das vertraute Rauschen des Feuers habe gefehlt und gleichzeitig sei es sehr heiß gewesen. »Weil das nicht zusammenpasste, habe ich gemerkt, dass etwas nicht stimmt.«

Es gibt unzählige solcher Beispiele, von Schachprofis bis zu Handballspielern, die uns immer wieder zeigen, dass intuitive Entscheidungen bei kürzester Zeit von wesentlich höherer Qualität sind als verstandesmäßig bewusst getroffene.

Das »Liebeslabor«

Malcolm Gladwell beschreibt in *Blink* ein Langzeitexperiment, das der amerikanische Psychologe John Gottman unter 3000 Ehepaaren durchführte. Gottman nahm Gespräche der Paare auf Video auf, bei denen es um einen harmlosen Alltagsstreit ging. Er betrachtete anschließend folgende Verhaltensmuster der Partner:

- Verachtung,
- Verteidigung,
- Blockade,
- Kritik.

Die Auswertung ergab, dass Frauen häufiger kritisch reagieren, Männer eher abblocken. Was besonders erstaunlich war: Schon auf Grund der Analyse von 15 Minuten eines einstündigen Gesprächs konnten Gottman und seine Assistenten mit einer Trefferquote von 90 Prozent vorhersagen, ob die Ehe der Probanden nach 15 Jahren noch Bestand haben würde. Sogar die Betrachtung von lediglich drei Minuten solcher Videos war schon hinlänglich verlässlich, um zu prognostizieren, ob ein Paar zusammenbleiben würde oder nicht. Insbesondere wenn Verachtung im Spiel war, war die Beziehung derart schlecht, dass ihr Scheitern eine Frage der Zeit war. Verachtung ist ein ätzendes Gefühl, das sowohl dem Verachter wie dem Verachteten niemals gut tut und jegliches Miteinander vergiftet. Die Wissenschaftler konnten mit Hilfe weniger Indikatoren also nach kürzester Zeit intuitiv das Verhältnis zwischen zwei Menschen beurteilen.

Dieses Experiment zeigt, dass wir sehr schnell wissen, wie es um eine Beziehung bestellt ist, wenn wir die Muster erkennen, die die Beziehung ausmachen, und innerhalb dieser Muster die apokalyptischen Reiter identifizieren. Das kann jedem Menschen gelingen, wenn er andere und sich selbst kritisch beobachtet und Sensibilität für psychologische Dispositionen entwickelt. Dazu brauchen wir weniger analytischen Sachverstand als vielmehr Intuition. Intuitiv erfassen wir, wie Menschen miteinander reden und was das für ihre Beziehung bedeutet.

Der Psychologe Barry Schwartz vom Swarthmore College in Pennsylvania stellte fest, dass intuitive Menschen, die sich vor einer Entscheidung mit wenigen Informationen begnügen, insgesamt mit ihrem Leben zufriedener sind und optimistischer als Perfektionisten, die stets nach noch genaueren Daten suchen.

Das Prinzip »Charme durch Wertschätzung«

Was genau ist Charme und warum sollte er durch Wertschätzung entstehen?

»Charme« stammt vom lateinischen »carmen« ab. Carmen ist der Gesang, das Lied, ein Gedicht. Carmen ist aber auch ein betörender Zauberspruch. Das entsprechende Verb »carminare« bedeutet »verzaubern«. Charme ist ein weicher und weiter, deshalb schwer zu definierender Begriff. Trotzdem wissen wir, hören wir die Titulierung »ein charmanter Mann«, »eine charmante Frau«, sofort, was gemeint ist.

Charme schafft Vertrauen

Der französische Schriftsteller Albert Camus verstand unter Charme die Chance, ein Ja als Antwort zu bekommen, ohne zuvor eine klare Frage gestellt zu haben. Diese Beschreibung trifft es auf den Punkt. Wir sagen »Ja« zu einem Menschen, wenn sein Charme echt ist. In der Gegenwart dieser charmanten Menschen entwickelt sich eine angenehme Atmosphäre – wogegen sich bei aufgesetztem Charme das Gefühl von Abwehr und Misstrauen breitmacht.

Wo liegt der Unterschied? Echter, bezaubernder Charme ist geboren aus Wertschätzung. Diese aufrichtige Wertschätzung für den anderen signalisiert Wohlwollen, Sympathie und Respekt in jeder Geste und in jedem Kompliment. Nur der wertschätzende

Charme versetzt sein Gegenüber in das Gefühl, etwas Besonderes zu sein. Und so hilft der wertschätzende Charme jedem, sei es im beruflichen oder privaten Umfeld, während der narzisstische und berechnende Charme schal wirkt und Misstrauen weckt, da mag sich jemand noch so gut inszenieren. Wertschätzung heißt das Zauberwort, das Feinde und Konkurrenten zu Verbündeten machen kann. Mit dem aus ehrlicher Wertschätzung geborenen Charme schafft es ein Don Juan, dass ihm keine Frau widerstehen kann.

Das Prinzip »Absichtslosigkeit«

Was macht Parzival zu dem Auserkorenen, der als Einziger in der Lage ist, den goldenen Gral zu erlangen? Es ist die Absichtslosigkeit, mit der er ins Leben geht, kein Ehrgeiz, kein Ziel. An dieser Stelle spätestens wird jeder Manager das Buch aus der Hand legen und sagen, dass das nun aber wirklich nicht geht: Erfolge ohne Absicht. Aber je mehr ich mir Erfolge und Misserfolge von Menschen im Zusammenspiel mit anderen Menschen ansehe, desto mehr komme ich zu der Annahme, dass wir erfolgreicher sind, je absichtsloser wir an die Dinge herangehen.

Absichtslosigkeit meint Gelassenheit

Mit Absichtslosigkeit ist keineswegs Gleichgültigkeit gemeint. Sie ist vielmehr ein Zustand von höchster Gewissheit, das Richtige im Leben zu tun. Hat ein Mensch diese Gewissheit und kann sich quasi dem Leben hingeben, so erreicht er alles viel leichter und spielender. Er muss sich nicht länger an den Widerständen des Lebens reiben. Er weiß, welche Entscheidung für ihn die richtige ist und welche nicht. Diese Gelassenheit gibt auch seinen Kunden, Mitarbeitern und allen, die mit ihm umgehen, das angenehme Gefühl, zu nichts gedrängt zu werden. Der Absichtslose überzeugt sie mit seiner Persönlichkeit, mit seiner inneren Sicherheit. Als Verkäufer schafft er es, Sog zu erzeugen, statt Druck auszuüben. Der Kunde hat das Gefühl, dass es etwas Besonderes ist, bei diesem Verkäufer zu kaufen. Der Teilnehmer hat das Gefühl, dass es eine Ehre ist, bei diesem Trainier ein Seminar besuchen zu dürfen.

Die Gelassenheit dieser Menschen lässt sie dort loslassen, wo sie erkennen, dass jeglicher weitere Versuch sinnlos wäre. Es lässt sie aber an einem Menschen dranbleiben, wenn sie das Gefühl haben, dass der Zeitpunkt noch nicht reif für eine Entscheidung ist. Der Kontakt mit diesen Menschen ist angenehm, weil sie die Begegnung an sich suchen, den Menschen im Gegenüber sehen, nicht nur den Kunden, den Mitarbeiter, den Geschäftspartner.

Wer über genügend Awareness, Empathie und Intuition verfügt, dem gelingt es auch, die Absichtslosigkeit für sich zu erobern. Wer dann noch mit dem Charme der Wertschätzung seinen Mitmenschen begegnet, dem gehört die Zukunft in diesem weiblichen Jahrhundert.

Schlusswort

Weibliches gewinnt an Attraktivität

Das Weibliche gewinnt an Ansehen, was nicht heißt, dass das Männliche zurückgeht. Es bekommt nur einen anderen Stellenwert. Daher geht es darum, in dieser neuen Welt, in der die weiblichen Fähigkeiten mehr und mehr gefragt sein werden, ein neues Zusammenleben zu gestalten.

Lebenszeit löst Arbeits- und Freizeit ab

Die Welt wird ganzheitlicher – in jeder Beziehung. Die strikte Trennung zwischen Arbeits- und Freizeit schwindet. Wir haben heute die Möglichkeit, ein Leben zu leben, in dem wir Arbeit und Privates miteinander verbinden. Die moderne Technik von Internet, Handy und Blackberry, die jeden ständig erreichbar sein lässt, durchbricht die strenge Abgrenzung von Privat- und Berufsleben. In erster Linie werden diese Techniken von Managern genutzt, aber auch von Vertriebsleuten und eben von all jenen Menschen, denen ihre Arbeit so viel bedeutet, dass sie ein Teil ihres Lebens geworden ist, der nicht mehr durch starre Arbeitszeiten von der Freizeit getrennt werden soll. Der Trend geht dahin, die Arbeit ins Leben zu integrieren. Je höher jemand in der Hierarchie steigt, desto selbstverständlicher wird es, dass er am Wochenende mit seinem Laptop inklusive UMTS-Karte im sonnigen Café sitzt und seine Mails bearbeitet oder seine Konzepte schreibt. Warum auch nicht? Gibt es einen Grund, den seine Arbeit liebenden Menschen von denen, die privat unterwegs sind, zu separieren? Und gibt es einen vernünftigen Grund, die Arbeit, der man nachgeht, nicht in sein Leben einzubeziehen? Es ist doch eine positive Entwicklung, dass immer mehr Menschen den Sinn in ihrer Arbeit finden – und sei es an einem sonnigen Sonntagnachmittag im Café. Gerade das gleichzeitige Erledigen mehrerer Aufgaben ist weiblich: Während man kreativ über ein neues Konzept nachdenkt, Freunde zu treffen oder Kinder zu beaufsichtigen und in jeder Ablenkung Inspiration zu finden – das ist die Zukunft.

Aus all diesen Gründen wurde in diesem Buch die private Person nicht von der beruflichen abgegrenzt. Denn schließlich sind wir immer nur *ein* Mensch – mit *einem* Wertesystem, mit einer Art zu denken und in die Welt zu blicken. Wer erst eine zweite Persönlichkeit aufbauen muss, bevor er an seinen Arbeitsplatz geht, wird dort schwerlich seine Erfüllung finden. Wie will er sie auch finden, wenn nicht er, sondern nur sein zweites Ich dort ist?

Was hilft Männern, in dieser veränderten Welt klarzukommen?

Der erste Schritt ist die Akzeptanz dessen, dass sich die Welt gedreht hat. Der zweite heißt Selbsterkenntnis. Sehr geehrte Herren, das Ende einer männlichen Herrschaft birgt doch die größten Vorteile für Männer und für Frauen. Wie sollte diese Welt weiterbestehen, wenn das Männliche sich selbst ausbeutet? Die weibliche Seite zu erkunden heißt nichts anderes, als die Gefühlswelt zuzulassen. Und um Zugang zu dieser Gefühlswelt zu bekommen, ist es für Männer erforderlich, sich mit ihrem Mannsein zu beschäftigen, wie es für die Frauen notwendig ist, sich mit dem Frausein auseinanderzusetzen. Wie könnten Männer und Frauen das besser tun, als indem sie von ihren archaischen Vorgängern lernen? Viele Geschichten der griechischen Mythologie zeigen optimal das typische (archaische) weibliche und männliche Fühlen, Denken und Handeln – fern der stigmatisierten Zuschreibungen, die wir heute kennen. So wie ein Herakles erkennen musste, dass nicht das Verrichten all seiner Arbeiten ihm die Unsterblichkeit verliehen hat, sondern das Verzeihen einer Frau, so kann jeder Mensch sein Leben dazu nutzen, sich von dem Mythos, der ihn umgibt oder den er um sich herum gebaut hat, zu befreien. In dieser Befreiung liegt die Erlösung aus den eigenen Mustern. Ist das geschafft, können wir aufhören, uns mit Ersatzhandlungen auf Nebenkriegsschauplätzen die Zeit zu vertreiben, und beginnen zu leben.

Literaturverzeichnis

Bücher

Bandelow, Borwin: *Celebrities. Vom schwierigen Glück, berühmt zu sein.* Reinbek bei Hamburg: Rowohlt, 2006

Bauer, Joachim: *Warum ich fühle, was du fühlst.* Hamburg: Hoffmann und Campe Verlag, 2006

Beauvoir, Simone de: *Sie kam und blieb.* Reinbek bei Hamburg: Rowohlt Verlag, 2004

Berne, Eric: *Spiele der Erwachsenen.* Reinbek bei Hamburg: Rowohlt Taschenbuch Verlag, 1997

Berne, Eric: *Was Sagen Sie, nachdem Sie »Guten Tag« gesagt haben?* Frankfurt am Main: S. Fischer Verlag GmbH, 2004

Cameron, Julia: *Der Weg des Künstlers.* München: Droemersche Verlagsanstalt Th. Knaur Nachf., 2000

Campbell, Joseph: *Der Heros in tausend Gestalten.* Frankfurt am Main: insel taschenbuch, 1999

Capra, Fritjof: *Wendezeit.* München: Knaur Taschenbuch, 2004

Dommermuth-Gudrich, Gerold: *50 Klassiker. Mythen. Die bekanntesten Mythen der griechischen Antike.* Hildesheim: Gerstenberg Verlag, 2000

Freud, Sigmund: *Das Ich und das Es. Metapsychologische Schriften.* Frankfurt am Main: S. Fischer Verlag, 1992

Fromm, Erich: *Die Kunst des Liebens.* Frankfurt am Main / Berlin: Ullstein, 1995

Gladwell, Malcolm: *Blink! Die Macht des Moments.* Frankfurt am Main: Campus, 2005

Goleman, Daniel: *Emotionale Intelligenz.* München: Carl Hanser Verlag, 1996

Grant, Michael und Hazel, John: *Lexikon der antiken Mythen und Gestalten.* München: Deutscher Taschenbuch Verlag, 2004

Gray, John: *Männer sind anders. Frauen auch.* München: Wilhelm Goldmann Verlag, 1998

Gray, John: *Männer sind vom Mars. Frauen von der Venus.* München: Wilhelm Goldmann Verlag, 1998

Grochowia, Klaus und Castella, Joachim: *Systemdynamische Organisationsberatung.* Heidelberg: Carl-Auer-Systeme Verlag, 2002

Häusel, Hans-Georg: Brain Script. *Warum Kunden kaufen.* Planegg / München: Rudolf Haufe Verlag, 2006

Hollstein, Walter: *Männerdämmerung: Von Tätern, Opfern, Schurken und Helden.* Göttingen: Vandenhoeck & Ruprecht, 1999

Hollstein, Walter: *Nicht Herrscher, aber kräftig: Die Zukunft der Männer.* Hamburg: Hoffmann und Campe Verlag, 1988

Jacobi, Jolande / von Franz, Marie-Louise / Henderson, Joseph / Jaffé, Aniela: *Der Mensch und seine Symbole.* Zürich / Düsseldorf: Walter Verlag, 1968

Jacobi, Jolande: *Die Psychologie von C. G. Jung.* Frankfurt am Main: S. Fischer Verlag, 2001

Jacoby, Edmund: *50 Klassiker. Mythen und Sagen des Nordens.* Hildesheim: Gerstenberg Verlag, 2007

Jordan, Michael: *Mythen der Welt.* Bern / München / Wien: Otto Wilhelm Barth Verlag, 1997

Jung, Carl Gustav: *Typologie.* München: Deutscher Taschenbuch Verlag, 1990

Jung, Carl Gustav: *Archetypen.* München: Deutscher Taschenbuch Verlag, 1990

Jung, Carl Gustav: *Die Beziehungen zwischen dem Ich und dem Unbewussten.* München: Deutscher Taschenbuch Verlag, 2001

Kast, Bas: *Die Liebe, und wie sich Leidenschaft erklärt.* Frankfurt am Main: S. Fischer Verlag, 2004

Maaz, Hans-Joachim: *Der Lilith-Komplex. Die dunklen Seiten der Mütterlichkeit.* München: C.H. Beck, 2005

Matussek, Matthias: *Die vaterlose Gesellschaft. Eine Polemik gegen die Abschaffung der Familie.* Frankfurt am Main: Fischer Taschenbuch Verlag, 2006

Ovid: *Metamorphosen. Das Buch der Mythen und Verwandlungen*. Düsseldorf: Albatros Verlag, 2005
Patrzek, Andreas: *Fragekompetenz für Führungskräfte*. Leonberg: Rosenberger Fachverlag, 2003
Peter, Rita: *Die großen Frauen. 100 Lebensbilder*. München: Pattloch Verlag, 2001
Philip, Neil: *Mythen visuell*. Hildesheim: Gerstenberg Verlag, 1999
Popcorn, Faith und Marygold, Lys: *Evalution. Die neue Macht des Weiblichen*. München: Wilhelm Heyne Verlag, 2001
Prose, Francine: *Das Leben der Musen*. München: Nagel & Kimche, 2004
Ranke-Graves, Robert: *Griechische Mythologie. Quellen und Deutung*. Reinbek bei Hamburg: Rowohlt Taschenbuch Verlag, 1986
Riemann, Fritz: *Grundformen der Angst*. München: Ernst Reinhardt, 1961
Rilke, Rainer-Maria: *Die Gedichte*. Frankfurt am Main: Insel Verlag, 1999
Röhr, Heinz-Peter: *Narzissmus. Das innere Gefängnis*. München: Deutscher Taschenbuch Verlag, 1999
Schmidt-Dubro, Eckkhard: *Urkraft Eros. Faszination griechischer Mythos*. Brensbach: Satyr-Verlag, 1998
Schulz von Thun, Friedemann: *Miteinander Reden 2*. Reinbek bei Hamburg: Rowohlt Taschenbuch Verlag, 1995
Schwanitz, Dietrich: *Männer. Eine Spezies wird besichtigt*. München: Goldmann, 2003
Schwarzer, Alice: *Simone de Beauvoir. Rebellin und Wegbereiterin*. Köln: Verlag Kiepenheuer & Witsch, 2001
Senge, Peter M.: *Die fünfte Disziplin*. Stuttgart: J.G. Cotta'sche Buchhandlung Nachfolger, 2003
Shakespeare, William: *Gesammelte Werke in sechs Bänden*. Hrsg. von Hans Jürgen Meiners. Übersetzung: Schlegel/Tieck. Bertelsmann Lesering (Textgrundlage: Alois Brandl). Gütersloh, 1958
Sichtermann, Barbara: *50 Klassiker. Frauen. Die berühmtesten Frauengestalten*. Hildesheim: Gerstenberg Verlag, 2000
Sichtermann, Barbara: *50 Klassiker. Paare. Die berühmtesten Liebespaare*. Hildesheim: Gerstenberg Verlag, 2000
Sichtermann, Barbara und Rose, Ingo: *Männer am Rande des Nervenzusammenbruchs*. Berlin: Edition Ebersbach, 2006
Simm, Hans-Joachim (Hrsg.): *Deutsche Gedichte*. Frankfurt am Main: Insel Verlag, 2000

Sparer, Insa und Varga von Kibéd, Matthias: *Ganz im Gegenteil. Für Querdenker und solche, die es werden wollen.* Heidelberg: Carl-Auer-Systeme Verlag, 2000

Steiner, Claude: *Wie man Lebenspläne verändert.* München: Deutscher Taschenbuch Verlag, 1992

Wardetzki, Bärbel: *Weiblicher Narzissmus. Der Hunger nach Anerkennung.* München: Random House, 2007

Wiek, Wilfried: *Männer lassen lieben. Die Sucht nach der Frau.* Frankfurt am Main: Fischer Taschenbuch Verlag, 2003

Wilber, Ken: *Eine kurze Geschichte des Kosmos.* Frankfurt am Main: S. Fischer Verlag, 1997

Wunderlich, Dieter: *Eigensinnige Frauen,* Regensburg: Friedrich Pustet, 1999

Zinsem, Vera: *Lilith, Adams erste Frau.* Tübingen: Klöpfer und Meyer Verlag, 1999

Studien

Feldmann, Lars: *Familiy Business.* Zürich, Gottlieb Duttweiler Institut, 2003

Frick, Karin: *Die Zukunft der Frau.* Zürich, Gottlieb Duttweiler Institut, 2003

Scharioth, Joachim: *Horizons 2020. Ein Szenario als Denkanstoß für die Zukunft.* München, TNS Infratest

Staib, Daniel: *Die Zukunft des Mannes.* Zürich, Gottlieb Duttweiler Institut, 2003

Stichwortverzeichnis

Über die Autorin

Susanne Kleinhenz ist Trainerin aus Leidenschaft. Sie leitet eine Akademie für Persönlichkeits-, Kommunikations- und Leadership-Trainings für Führungskräfte der Dienstleistungsbranche. Ihre Karriere startete sie mit einer Ausbildung zur Versicherungskauffrau. Danach nahm sie sich den Grundsatz »Lebenslanges Lernen« zu Herzen. Ihr Streben nach Wissen verbunden mit der Neugierde, Neues auszuprobieren, ließ sie diverse Aus- und Fortbildungen durchlaufen, unter anderem zu Marketing, Psychologie und NLP. Das Erlernte entwickelt sie zu außergewöhnlichen Methoden des Persönlichkeitstrainings weiter. Ihr Schwerpunkt liegt in der Erarbeitung und Durchführung individueller Trainingsansätze, sei es im Charisma-Training mit Pferden oder im Einsatz der Theaterarbeit bei Team- und Changeprozessen.

Durch ihre langjährige Tätigkeit in einem männerdominierten Berufsumfeld kennt sie die Themen der Frauen und Männer in dieser harten Karrierewelt. Ihr Anliegen ist es, Frauen und Männer zu bemächtigen, alle Chancen zu ergreifen und diese Businesswelt in eine ganzheitlichere und weiblichere zu verwandeln. Sie glaubt fest daran, dass eine Zeit des Wandels angebrochen ist und dieses Jahrhundert den Frauen und den Männern neue Chancen für ein besseres Miteinander bietet. Ohne dass Frauen ihre Weiblichkeit und Männer ihre Männlichkeit aufgeben müssen.

GABAL **Management**

Susanne Kleinhenz
Das 21. Jahrhundert ist weiblich
256 Seiten, gebunden
ISBN 978-3-89749-667-5

Wir stehen am Anfang eines Jahrhunderts, in dem Frauen erstmals die gleichen Chancen im Beruf haben wie die Männer. Wenn sie sie ergreifen! Ressentiments dagegen existieren nicht nur bei den Männern, sondern sind auch bei den Frauen selbst zu finden, die sich oft weniger zutrauen als sie könnten. Susanne Kleinhenz zeigt, welche Strategien Frauen für sich entwickeln können, um innerlich klarer und nach außen erfolgreicher zu sein.

»Dieses Buch ist eine Ode an das Leben! Frech, provokant und fordernd rüttelt es an vielen Stereotypen.«
Barbara Zuber, Unternehmensberaterin

»Ein Buch von einer Frau für Frauen. Und gerade deshalb so lesenswert für uns Männer. Hier schreibt keine Emanze, die den Männern das Leben unnötig schwer machen möchte. Susanne Kleinhenz bietet schlüssige Gedanken, die uns das unbekannte Wesen Frau auf neue Art näherbringen. Achtung, Männer! Umdenken!«
Cristián Gálvez, Moderator

»Ich halte dieses Buch für das Beste, was bisher zu dem Themenkomplex Frau, Karriere, Persönlichkeit und Lebensklugheit geschieben wurde!«
Hans-Uwe L. Köhler, Managementtrainer

Informationen über weitere Titel unseres Verlagsprogrammes erhalten Sie in Ihrer Buchhandlung, unter **info@gabal-verlag.de** oder **www.gabal-shop.de.**

8-037

GABAL

Business-Bücher für Erfolg und Karriere

GABALs großer Methoden-koffer Arbeitsorganisation
306 Seiten
ISBN 978-3-89749-454-1

GABALs großer Methoden-koffer Managementtechniken
336 Seiten
ISBN 978-3-89749-504-3

Methodenkoffer Führung und Zusammenarbeit
368 Seiten
ISBN 978-3-89749-587-6

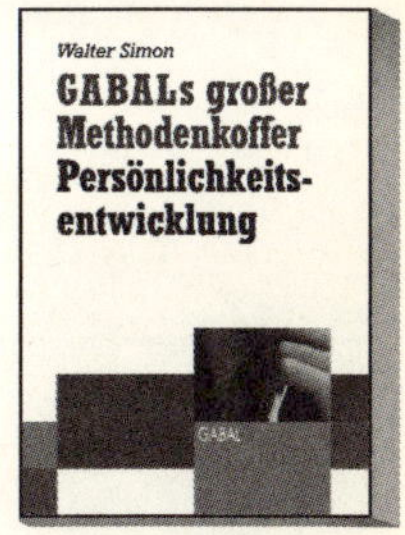

Methodenkoffer Persönlichkeitsentwicklung
344 Seiten
ISBN 978-3-89749-672-9

Wenn die anderen das Problem sind
218 Seiten
ISBN 978-3-89749-586-9

Kontern – aber wie?
136 Seiten
ISBN 978-3-89749-182-3

Clever kommunizieren
176 Seiten
ISBN 978-3-89749-734-4

Small Talk von A bis Z
168 Seiten
ISBN 978-3-89749-673-6

Vertrauen und Führung
162 Seiten
ISBN 978-3-89749-670-5

Führungsfaktor Gesundheit
160 Seiten
ISBN 978-3-89749-732-0

Beschwerdemanagement
184 Seiten
ISBN 978-3-89749-733-7

Projektmanagement
208 Seiten
ISBN 978-3-89749-629-3

Informationen über weitere Titel unseres Verlagsprogrammes erhalten Sie in Ihrer Buchhandlung, unter **info@gabal-verlag.de** oder **www.gabal-shop.de.**

7-065